工业和信息化普通高等教育
“十三五”规划教材立项项目

21世纪高等院校
电子商务系列规划教材

电子商务
概论与案例分析

微课版

陈德人 / 主编

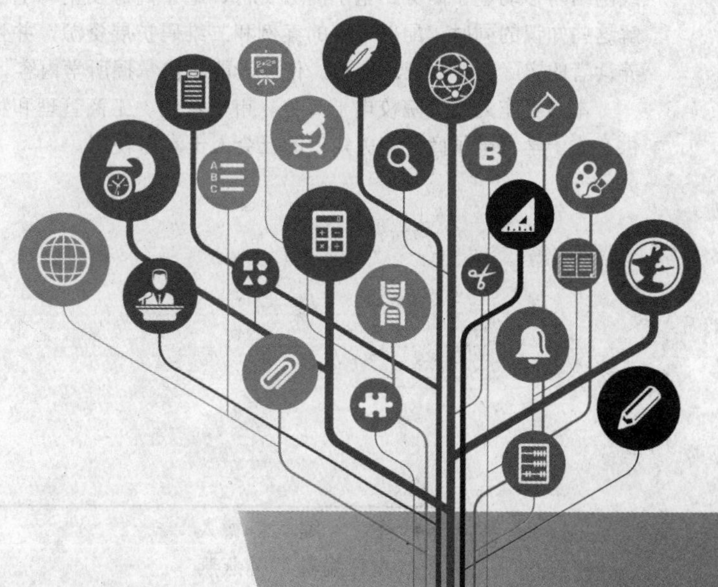

Electronic Commerce
and Case Analysis

人民邮电出版社
北京

图书在版编目（CIP）数据

电子商务概论与案例分析 : 微课版 / 陈德人主编
. -- 北京 : 人民邮电出版社, 2017.8（2019.6重印）
21世纪高等院校电子商务系列规划教材
ISBN 978-7-115-46326-5

Ⅰ. ①电… Ⅱ. ①陈… Ⅲ. ①电子商务－高等学校－教材 Ⅳ. ①F713.36

中国版本图书馆CIP数据核字(2017)第209902号

内 容 提 要

本书对电子商务的相关知识进行了系统的介绍，包括电子商务概论、电子商务基础知识、电子商务组织与管理、电子商务商业模式、网络营销、网络商店的建设与运营、电子商务物流配送、无线网络与移动电子商务、电子商务支付、电子商务安全和电子商务相关法律法规等内容。本书在讲解这些知识的同时，配以丰富的案例和二维码扩展资源，并且还提供了案例分析与实践训练，以培养读者的实际分析与应用能力，使读者能尽快掌握所学内容。

本书可作为高等院校电子商务、市场营销、工商管理和物流管理等专业相关课程的教材，也可供有志于学习电子商务相关知识的社会人士参考使用。

◆ 主　　编　陈德人
　责任编辑　孙燕燕
　责任印制　焦志炜
◆ 人民邮电出版社出版发行　　北京市丰台区成寿寺路 11 号
　邮编　100164　　电子邮件　315@ptpress.com.cn
　网址　http://www.ptpress.com.cn
　北京天宇星印刷厂印刷
◆ 开本：787×1092　1/16
　印张：16.5　　　　2017 年 8 月第 1 版
　字数：389 千字　　2019 年 6 月北京第 7 次印刷

定价：45.00 元

读者服务热线：(010)81055256　印装质量热线：(010)81055316
反盗版热线：(010)81055315
广告经营许可证：京东工商广登字 20170147 号

前 言

1994 年 IBM 在美国提出了电子商务新概念，中科院也在同年接入了第一条互联网专线。20 多年来，世界和中国的变化可以用天翻地覆来形容。互联网极大地改变了人类的生产和生活方式。仅以 2016 年粗略统计，中国大陆的电子商务交易规模就达到了 22.97 万亿元，直接或间接从事电子商务的创业或就业人员达到了 2 545 万人。仅阿里巴巴及通过阿里平台运营的网店或服务商就为国家缴纳了 2 200 多亿元的税金。显然，电子商务已经成为中国最具发展潜力的新实体经济代表行业，以电子商务为核心的互联网经济正在国家的社会经济发展中起到越来越重要的作用。

20 多年来，电子商务的发展经历了 4 个不同的阶段，即从提出新概念、创建网商群、形成产业链到今天的新实体经济。这 4 个阶段的每一步都是创新之路，从“60 后”“70 后”“80 后”到今天的“90 后”，一批又一批的大学生投身到电子商务这一互联网大潮的热土中。无数个成功和失败的案例构成了今天中国电子商务快速发展的主旋律。要了解和学习电子商务，就必须要从这些成功或失败的电子商务鲜活案例着手，尤其是那些成功的电子商务案例。当然，每一个案例的成功之处各不相同，并且它们成功的领域也可能完全不同（虽然都在电子商务范畴内）。那么，它们是如何取得成功的？其成功的关键环节在什么地方？凡此问题需要大家的集体智慧和共同交流，才有可能获得相对准确的答案。本书就是按照这样的思路进行策划和编写的。

本书具有以下特点。

（1）思路清晰，知识分布合理。本书从“宏观”角度出发，合理布局，全面围绕支撑电子商务活动的各项内容进行介绍，即先从最基础的知识开始，循序渐进，层层深入，使读者对电子商务有一个全方位的了解。

（2）理论与实践相结合。本书除了介绍电子商务的基本理论外，还在每章末设计了“案例分析”和“实践训练”板块，以帮助读者更好地运用这些知识；每一篇章的首页以案例导读的方式引导读者进行学习，并在正文知识讲解的过程中穿插对应的案例，便于读者快速理解所学知识。

（3）形式新颖。本书对应章节配有二维码，二维码内容既有对书中知识点的说明、补充和扩展，也有对重难点知识讲解的微课视频。通过扫描二维码，读者可直接查看相关知识和观看视频，利于读者学习和理解。

（4）配套资源丰富。本书不仅提供精美 PPT 课件、参考答案等教辅资源，还提供模拟试卷、电子教案等资源，有需要的读者可自行通过人邮教育社区网站免费下载（http://www.ryjiaoyu.com）。

在本书编写过程中，编者参考了国内多位专家、学者的著作或译著，也参考了许多同行的相关教材和案例资料，在此对他们表示崇高的敬意和衷心的感谢！

2017 年 6 月 1 日于杭州

目 录

第 1 章　电子商务概论

【学习目标】

- 了解电子商务的形成和发展趋势。
- 掌握电子商务的概念模型及参与对象。
- 了解电子商务与传统商务的区别及优势。
- 掌握电子商务的分类。
- 了解电子商务的发展趋势。

引导案例

随着互联网的快速发展与人们日常生活的需要，电子商务逐渐兴起，并成为社会运行的基本要素和基础支撑。具体来说，电子商务带来的改变有以下几点。

1. 消费者行为改变

网上购物是电子商务在人们日常生活中最明显的体现，它改变了传统的消费方式，让消费者足不出户就能货比三家，通过购物网站搜索需要的信息并进行商品质量、价格等的筛选。除了购物外，电子商务环境下，人们还能进行在线水、电和燃气费的缴纳，酒店、车票的预订等。这都为消费者提供了更加便利的消费与服务方式。

2. 劳动市场结构和操作改变

电子商务时代的来临及快速发展，促进了电子商务人才的需求，增加了新的就业机会，改变了原有的劳动力市场结构，计算机、信息和电子商务人员等岗位变得炙手可热。传统的手工作业被计算机人工智能操作取代，更便捷、迅速的操作方式取代了旧有的方式，节省了大量的人力、财力和物力资源。

3. 物流的改变

电子商务环境下，物流企业承担着非常重要的任务，既是生产企业的仓库，又是用户的实物供应者，其重要程度不言而喻。电子商务对传统物流组织产生极大影响，改善了传统供应链渠道产品从生产企业流到消费者手里要经过很多分销商的问题，缩短了供应链的距离，使企业可以直接与客户进行沟通，降低了流通成本，缩短了流通时间。

其次，出现了第三方物流方式，即由物流劳务的供方、需方之外的第三方去完成物流服务，这种方式下，第三方物流企业既非生产方，又非销售方，只作为生产到销售的整个物流过程中的服务方，它一般不拥有商品，只为客户提供仓储、配送等物流服务。第三方物流是电子商务发展的必然产物，也是未来物流的发展方向。

除以上几点外，电子商务还对商业模式、经济形态和组织业务流程等产生了巨大影响，它的应用无所不在，电子商务正在引发社会和经济的变革。这意味着，我们不仅能够拥有更加便捷的服务，还需要用一种全新的思维方式来深入理解互联网思维，掌握电子商务的基本知识和技能，适应电子商务的发展，这无论对个人还是企业、社会都是十分有必要的。

【本章要点】

电子商务的发展　电子商务的概念　电子商务的分类　电子商务的趋势

1.1 电子商务导论

随着互联网技术的成熟与经济的不断发展，电子商务日益蓬勃发展起来，逐渐成为当前商务活动中的主流形态。电子商务的发展与应用极大地改变了人们的生活方式，成为人们日常生活密不可分的一部分，如在线购物，水费、电费缴纳，车票和机票预订等。本节将对电子商务的形成、发展、现状及发展趋势进行介绍，让读者对电子商务有一个基本的了解。

1.1.1 电子商务的形成

早在 1839 年，人们就开始运用电子手段进行商务活动讨论。20 世纪 70 年代，电子数据交换（Electronic Data Interchange，EDI）和电子资金转账（Electronic Funds Transfer，EFT）作为企业间电子商务应用的系统雏形诞生。随着 Internet 的快速发展和网络应用在全球范围内的普及，电子商务的生命力逐渐旺盛，特别是进入 21 世纪后，信息技术不断更新、创新，信息资源成为重要的生产要素、无形资产和社会财富，互联网成为人们工作生活不可缺少的载体。

扫码看视频：

电子商务的形成与发展

随着互联网的普及和经济全球化的趋势，国内、国外市场逐渐融为一体，市场范围不断扩大，竞争对手和竞争内容日益激烈，而电子商务活动则可以在这个激烈的市场环境中优化企业资源配置，改善信息流管理，增强企业的协同能力，降低经营成本。

1.1.2 电子商务的发展

电子商务最早产生于 20 世纪 60 年代，发展于 90 年代，其产生和发展主要是基于计算机的广泛应用、网络的普及和成熟，以及全球经济一体化的趋势。总的来说，电子商务的发展主要包括 3 个阶段：基于电子资金转账和电子数据交换技术的电子商务阶段、基于互联网的电子商务阶段、E 概念电子商务阶段。

1. 基于电子资金转账和电子数据交换技术的电子商务阶段

随着计算机在金融领域的应用，电子资金转账于 20 世纪 70 年代出现在金融市场中，它是以电子的方式实现金融机构之间以及少数大型企业之间的资金转移。以银行为例，它在一定程度上能将现钞、票据等实物表示的资金，转变成由计算机储存的数据表示的资金，将现金、票据流动转变成计算机网络中的数据流动。这种以数据形式存储在计算机中并能通过网络使用的资金被称为“电子货币”。该电子货币赖以生存的银行计算机网络系统，即为电子资金转账系统。

到 20 世纪 70 年代后期至 80 年代早期，电子数据交换成为电子商业贸易的一种工具，将订单、发票、货运单、报关单和进出口许可证等商业文件，按统一的标准编制成计算机能够识别和处理的数据格式，从一台计算机传输到另一台计算机，用以消除处理延迟和避免数据的重新录入。

电子数据交换技术将电子交易活动从单纯的金融领域扩展到其他领域，企业范围也不断扩大，囊括了制造业、零售业等多种类型的企业，股票交易系统、旅游预定系统等应用也相继出现并得到广泛应用。电子数据交换技术通过减少纸质工作并增加自动化工作流程的模式，已经具备了互联网电子商务的主要特征，可以视为电子商务的初级阶段。

但由于交易的安全，以及早期网络技术的局限性，电子数据交换技术都建立在功能单一的专用网络上，这类网络被称为增值网（Value Added Network，VAN）。增值网的使用费用极为昂贵，对技术、设备和人员等都有较高的要求，因此只有某些发达国家和地区的大型企业才会使用，其应用范围和普及程度并不高。

2. 基于互联网的电子商务阶段

20 世纪 90 年代，互联网在全球得到迅速普及和发展，到 1999 年年底，全球互联网用户就达到了 1.5 亿。截至 2015 年，全球网民人数已经高达 31.74 亿，这也引发了大量的企业开拓互联网业务，更多的商业应用开始融入互联网领域，电子商务开始成为互联网的热点应用，并得到了广泛认可，如网络零售企业淘宝网、网络直销企业戴尔（Dell）公司、搜索引擎谷歌（Google）等都是通过互联网提供产品和服务而发展起来的。

3. E 概念电子商务阶段

2000 年以后，人们对电子商务的认识逐渐提高到 E 概念的高度。E 概念是指将电子商务信息技术与各项社会活动相结合的综合运用，如电子信息技术与医疗结合产生了远程医疗；与教育结合产生了远程教育；与金融结合产生了电子金融业务，如在线银行和在线证券交易；与军事结合产生了远程指挥；与政务结合产生了电子政务等。

并且，在国家政策的大力扶持下，“互联网+”概念的提出，推动了移动互联网、云计算和大数据等未来电子商务的发展方向。随着电子信息技术的发展和社会需求的不断增加，电子信息技术将应用到更多的新领域，创造出更多的新技术和新应用。

1.1.3 电子商务的发展现状

随着国民经济的快速发展与国民经济和社会发展信息化的不断进步，中国电子商务行业快速发展并取得了傲人成绩。据有关数据统计，2014 年上半年，全国电子商务交易额达 5.85 万亿元，与 2013 年同期相比增长 34.5%。B2B 电子商务占比 76.9%，市场交易额达 4.5 万亿元，同比增长 32.4%。此外，B2C 网络零售交易规模市场份额达到 18.5%；网络团购占比 0.5%；其他占 4.1%。B2B 电子商务服务商营收份额中，阿里依旧保持龙头地位，市场份额为 40.5%。

B2C 网络零售市场，京东占比提升迅速，与阿里旗下天猫形成“双巨头”局面。2014 年第三季度中国电子商务市场交易规模为 2.95 万亿元，同比增长 17.7%，环比增长 4.5%，整体继续增长。从市场结构来看，B2B 电子商务仍然是电子商务市场的主体，其中，中小企业 B2B 电子商务交易规模占比达 46.3%，同比略减少；而网络购物占比有小幅度提升。网络购物以 49.8% 的强劲同比增长率，中小企业 B2B 电子商务市场（交易额同比增长 11.7%）与在线旅游市场（交易额同比增长率为 20.0%）以超过 10.0%的同比增长率，拉动了中国电子商务整体交易规模的继续增长。

1.1.4 电子商务的发展趋势

电子商务在中国的发展相当迅速，到目前为止，已经初步形成了功能完善的业态体系。其发展趋势主要体现在以下 4 个方面。

（1）电子商务平台之间的竞争更加激烈，电子商务零售化趋势日益明显。电子商务市场日益集中，逐渐出现一种新型的垄断局面。

（2）电商平台的地位和作用越来越重要，政府监管部门、电子商务平台与电子商务企业之间正形成一种新的市场治理结构。

（3）其他类型的电子商务逐渐发展并开始蓄力，如跨境电子商务、移动电子商务、生活服务电商、农村电商等，但尚未形成有效的发展模式。

（4）长三角、珠三角和北京等经济发达地区是电子商务的主要集中地，其他地区的发展还比较落后，呈现出不平衡的发展趋势。

其次，在互联网和电子商务的普及下，更多的电子商务服务将会出现，仓储物流、生活服务电商、移动电商和农村电商等将成为未来的热点发展项目。

2014 年 5 月 22 日，京东正式在纳斯达克上市。阿里巴巴于美国时间 9 月 19 日在纽交所正式挂牌交易，打破了电子商务美国独大的局面，也标志着中国的电子商务已面向全世界，这也为跨境电商的发展提供了强有力的后台。

阅读材料

电商生态重构+农村电商的先锋——浙江遂昌

浙江遂昌是最早开始进行电商生态重构、发展农村电商的县城之一，2012 年遂昌县全县电商交易 1.5 亿元，2013 年 1 月淘宝网遂昌馆上线，2014 年“赶街”项目（该项目是为了打通信息化在农村的流通，让农村享受和城市一样的网购便利与品质生活，让城市吃到农村的农产品，实现城乡一体）启动，全面激活了农村电商的发展。遂昌初步形成以农特产品为特色、多品类协同发展、城乡互动的县域电子商务“遂昌现象”。借助该现象的带动，遂昌继续进行探索，以本地化电子商务综合服务商为驱动，带动县域电子商务生态发展，促进地方传统产业，如农产品加工业的发展，逐渐形成了遂昌县自己的农村电商“遂昌模式”。即“电子商务综合服务商+网商+传统产业”，构建了新型的电子商务生态，助力遂昌县的发展。

1.2 电子商务的概念

电子商务是21世纪新经济的发展方向，了解并熟悉电子商务的概念能够帮助我们更好地理解经济和信息全球化，掌握未来经济和社会发展的新趋势。下面我们主要对电子商务的定义、概念模型以及参与对象等相关知识进行介绍。

1.2.1 电子商务的定义

电子商务是一个不断发展的概念，关于它的定义，不同的学者、组织和企业从不同角度对电子商务有不同的理解。最早，IBM 公司于 1996 年提出了 Electronic Commerce（E-Commerce）的概念，是仅指在互联网上开展的交易或与交易有关的活动。到了1997年，该公司又提出了 Electronic Business 的概念，是指利用信息技术使整个商务活动实现电子化，包括利用互联网、内联网和外联网等网络形式，以及信息技术进行的商务活动。简单来说就是将所有的商务活动业务流程电子化，如网络营销、电子支付等外部业务流，以及企业资源计划、客户关系管理和人力资源管理等企业内部的业务流程。

可以将 Electronic Commerce 看作是狭义的电子商务，将 Electronic Business 看作是广义的电子商务。综合来说，可以将电子商务看作是利用互联网及现代通信技术进行任何形式的商务运作、管理或信息交换，包括企业内部的协调与沟通、企业之间的合作以及网上交易等内容。

阅读材料

中国电子商务协会对电子商务的定义

在中国电子商务协会发布的《中国电子商务发展分析报告》中对电子商务的定义为：电子商务是以电子形式进行的商务活动。它在供应商、消费者、政府机构和其他业务伙伴之间通过电子方式，如电子函件、报文、互联网技术、智能卡、电子资金转账、电子数据交换和数据自动采集技术等，实现非结构化或结构化的商务信息的共享，以管理和执行商业、行政和消费活动中的交易。

1.2.2 电子商务的概念模型

电子商务的概念模型是对现实世界中电子商务活动的一种抽象描述，它由电子商务实体、电子市场（Electronic Market，EM）、交易事务和信息流、资金流、商流和物流等基本要素构成。图1-1所示为电子商务的概念模型示意图。

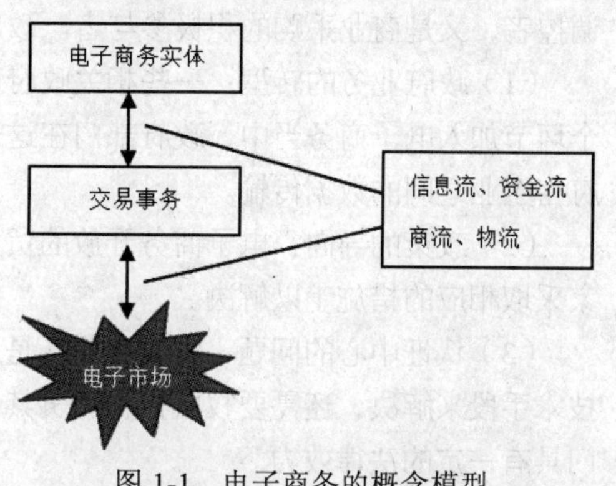

图 1-1 电子商务的概念模型

电子商务概念模型中各对象的含义如下。

（1）电子商务实体是指能够从事电子商务活动的客观对象，可以是企业、银行、商店、政府机构、科研教育机构或个人等。

（2）电子市场是指电子商务实体从事商品和服务交换的场所，由各种商务活动参与者利用各种通信装置，通过网络连接成一个统一的经济整体。

（3）交易事务是指电子商务实体之间所从事的具体的商务活动的内容，如询价、报价、转账支付、广告宣传和商品运输等。

（4）电子商务中的任何一笔交易，包括4种基本的“流”，即信息流、资金流、商流和物流。其中，信息流是指商品基本信息的流动，如商品信息的提供、促销、技术支持、售后服务、询价、报价和付款通知等；资金流是指资金的转移过程，如付款、转账、结算和兑换等；商流是一种买卖或者说是一种交易活动过程，通过商流活动发生商品所有权的转移。物流是指商品和服务从供应商向需求者的移动，包括配送、运输、保管、包装和装卸等多项活动。它们的关系可以表述为：以物流为物质基础，以商流为表现形式，以信息流贯穿始终，引导资金流正向流动的动态过程。

提个醒

电子商务的任何一笔交易都离不开这几个基本要素。在电子商务环境下，信息流、资金流和商流的处理都可以通过计算机和网络通信设备来实现。物流则较为特殊，电子出版物、软件和信息咨询服务等商品或服务可以直接通过网络传输的方式进行配送。

1.2.3 电子商务的参与对象

电子商务的参与对象指从事电子商务的客观对象，除了企业和消费者外，还包括政府和中介机构。

1．企业和消费者

企业和消费者是电子商务最直接的参与者，企业一般作为电子商务的推动者和受益者；消费者是经济活动的体验者，一般作为商品和服务的接受方，可以反馈市场信息、提供更多的意见。

2．政府

政府在电子商务中起着十分重要的作用，对于中国来说，政府既是宏观政策的制定者和调控者，又是商业采购的积极参与者。政府的作用具体表现在以下3个方面。

（1）政府业务的转型：一些相关政府部门，因为其职能需要，必须要作为贸易模型的一个环节加入电子商务当中，政府部门在这个加入的过程中就存在相应的业务转型问题，如政府与企业之间的数据传输。

（2）政策的导向：电子商务开放的贸易环境，与一些民族工业存在一定的矛盾，需要国家采取相应的措施予以解决。

（3）认证中心的问题：安全和信任是电子商务中最重要的问题，这个问题不仅需要通过技术手段来解决，还需要权威机构负责其中的仲裁和信誉保证。由政府指定的相关机构或部门具有一定的法律效力。

3. 中介机构

电子商务中的中介机构是指为完成一笔交易，在买方和卖方之间起桥梁作用的各种代理实体。它随着电子商务的发展将会越来越多，如银行、保险公司、信用卡公司、基金组织、风险投资公司、代理人和仲裁机构等。

中介机构一般可分为 3 类：一是类似金融机构，为商品所有权的转移过程（即支付制止）服务；二是电子商务软硬件、通信服务和解决方案的提供商，如 IBM 和微软；三是像雅虎、谷歌这样的提供信息及搜索服务的信息服务增值商。

提个醒

电子网页设计及咨询结构、网上信息发布媒体、搜索引擎和市场咨询服务等都可看作中介机构。

1.3 电子商务与传统商务的区别及优势

传统商务（Commerce）就是商品的买卖或交易活动。从广义上来说，也可以将商务活动看作是一种至少由两方参与的有价值物品或服务的协商交换过程，包括买卖双方为完成交易所进行的各种活动。传统商务到电子商务的过程是人类社会进步的过程，通过分析两者的关系与区别，可以帮助读者更好地理解商务与电子商务的概念。

1.3.1 商务与电子商务

远古时代，当人们开始进行日常活动分工时，商业活动就开始了。最早的商业活动是“以货易货”，人们用剩余产品或是生产活动所得的产品来换取所需的物品。随着分工的细化，交换活动逐渐变得越来越复杂，且成为人们生活的必须。1839 年，电报开始出现，人们开始了对运用电子手段进行商务活动的讨论。随后电话、传真、电视和移动通信等电子工具陆续出现，商务活动的工具得到进一步扩充。

20 世纪 70 年代，随着电子数据交换技术的产生，电子商务开始真正应用于商务活动，并且随着计算机技术和网络通信技术的不断发展，电子商务成为企业商业活动的必备条件，并逐渐发展成一个独立且全新的商务领域。

1.3.2 传统商务与电子商务的比较

传统商务与电子商务可以从其运作过程、流转机制和所涉及的范围等几方面来进行比较。下面我们分别进行介绍。

1. 传统商务与电子商务的运作过程的比较

传统商务和电子商务的交易过程中的实务操作都是由交易前的准备、贸易磋商、合同与执行、支付与结算等环节组成，但其交易具体适用的运作方法却是完全不同的。表 1-1 所示为传统商务与电子商务运作过程的比较。

表 1-1 传统商务与电子商务运作过程的比较

运作过程	传统商务	电子商务
交易前的准备（即商品信息的发布、查询和匹配的过程）	交易双方通过报纸、电视、户外媒体等途径了解有关产品或服务的供需信息，并进行信息的匹配	交易的供求信息一般通过网络进行获取，可以实现快速和高效的信息沟通
贸易磋商	交易双方进行口头协商或书面单据的传递，询价单、订购合同、发货单、运输单、发票和验收单等	交易双方通过网络进行协商，将书面单据变成电子单据，并将其在网络上进行传递
合同与执行	交易双方必须以书面形式签订具有法律效应的商贸合同	电子商务环境下的网络协议和电子商务应用系统的功能保证了交易双方所有的交易协商文件的正确性和可靠性，并且在第三方授权的情况下具有法律效应，可以作为在执行过程中解决纠纷的仲裁依据
支付与结算	一般通过支票和现金两种方式进行支付与结算，其中支票多用于企业的交易过程	一般采取网上支付的方式，如信用卡、电子现金和电子钱包等方式

2. 传统商务与电子商务的商品流转机制的比较

传统商务下的商品流转是一种“间接”的流转机制。制造企业所生产出来的商品大部分都经过了一系列的中间商，才能到达最终用户手中。这种流转机制无形中给商品流通增加了许多无谓环节，也增加了相应的流通、运输和存贮费用，加上各个中间商都要获取自己的利润，这样就造成了商品的出厂价与零售价有很大的差价。对此一些制造企业就采取了直销的方式（把商品直接送到商场销售），这种方式降低了商品的销售价格，深受消费者的欢迎。但是，并不能给生产企业带来更大的利润，因为直销方式要求制造厂商有许多销售人员经常奔波在各个市场之间。

电子商务的出现使得每一种商品都能够建立最直接的流转渠道，制造厂商可把商品直接送达用户那里，还能从用户那里得到最有价值的需求信息，实现无障碍的信息交流。

3. 传统商务与电子商务所涉及的地域范围和商品范围的比较

传统商务所涉及的地域范围和商品范围是有限的，而互联网的推广与普及，特别是各类专业网站的出现，打破了这一限制，人们可以毫无顾忌地在任何地方和任何时间进行商务活动。从某种意义而言，电子商务其实就是传统商务的发展，电子商务下的客户可能就是传统商务下的客户群，电子商务的物流系统也可以建立在传统商务的物流系统基础上，电子商务是传统商务的一种延伸与升华。

提个醒

电子商务中的许多活动都可以沿袭传统商务中的活动方式，并对其加以改进延伸，使之适应新的商务条件。最后，传统商务的已有销售渠道、信息网络等也可为电子商务所用。

1.3.3 电子商务的特点

传统商务下的企业生产经营过程具有标准化、连续性的特点，能够推动生产经营过程对先进技术的应用，提高企业的信息化能力，由此奠定了电子商务的发展条件。总的来说，电子商务具有以下几个特点。

（1）流程虚拟化、数字化：电子商务是科学技术与信息技术发展的产物，是一种虚拟的数字化信息经济，能够提供更加方便、快捷的经营方式，并且降低了企业的成本风险，也为消费者提供了更加便利的信息获取途径，使消费者足不出户就能浏览各种信息并完成商务活动。

（2）开放性和全球性：基于互联网全球信息传播与覆盖的特点，电子商务拥有更加广阔的空间，消除了传统商务的地理和空间障碍限制，并且其无限的信息存储空间可以便捷地检索和迅速地传输，因而使不同地域的经济联系更加便利。电子商务重新定义了传统的流通模式，减少了中间环节，使得生产者和消费者的直接交易成为可能，从而在一定程度上改变了整个社会经济运行的方式。

（3）自动化和智能化：电子商务环境下，自动化的交易流程提高了生产率，出现了创造价值、协调分工等新形式、新产品和新市场。经济的发展不再依靠体力，渐渐转变为以知识和信息为主；对财富的认知也开始向所拥有信息、知识和智力的多少转变；并且随着科技与互联网技术的不断发展，未来智能工具将日益占据社会的主导地位，生产、交换和分配等各种经济活动将朝智能化的方向发展。

1.3.4 电子商务的优势

与传统商务相比，电子商务具有以下一些优势。

（1）电子商务交易流程的电子化、数据化，大大减少了人力、物力，降低了交易成本。

（2）电子商务的开放性和全球性，突破了时间和空间的限制，使得交易活动可以在任何时间、任何地点进行，并且为交易双方创造了更多的交易机会。

（3）由于互联网信息共享的特点，电子商务还能获取更加丰富的信息资源，使得交易行为更加公平、透明。

（4）通过互联网，商家可以直接与消费者交流，消费者也可以把自己的想法及时反馈给商家，而商家可以根据消费者的反馈及时改进、提高产品或服务质量。

1.4 电子商务的分类

按照电子商务的交易对象、交易过程、商品交易过程完整程度、适用网络类型和交易地域范围，可以对电子商务进行不同的分类。

扫码看视频：

电子商务的分类

1.4.1 按交易对象划分

企业（Business）、政府部门（Govenment）和个人消费者（Consumer）是电子商务中最常见的3类群体，按照不同的群体流向，可以将电子商务分为不同的类型。

1. 企业与企业之间的电子商务

企业与企业之间的电子商务（Business to Business，B2B）是指企业与企业之间通过互联网进行的商务活动，如谈判、订货、签约、接受发票和付款以及索赔处理、商品发送管理和运输跟踪等活动。

B2B 是目前应用最广泛的一种电子商务，它可以分为两种：一种是非特定企业间的电子商务，在开放的网络中为每笔交易寻找最佳伙伴，并与伙伴进行从订购到结算的全面交易行为；另一种是特定企业间的电子商务，是指与过去一直有交易关系并且今后要继续进行交易的企业间围绕交易进行的各种商务活动。目前最具有代表性的 B2B 电子商务网站有阿里巴巴、中国制作网和敦煌网等。

2. 企业与个人消费者之间的电子商务

企业与个人消费者之间的电子商务（Business to Consumer，B2C）是指企业与个人消费者之间进行的商品或服务的交易，即网络零售。这类电子商务基本上表现为在线零售，企业通过建立自己的网站，推销自己的产品（如食品、汽车等消费品）、服务（远程教育、在线医疗等网络服务），消费者可以通过访问网上商店浏览商品，进行网上购物或接受服务。随着近年来互联网的快速发展与全球网民的增多，B2C 得到了快速发展，目前最典型的 B2C 电子商务网站有亚马逊、当当网、京东商城和天猫等。

3. 个人消费者与企业之间的电子商务

个人消费者与企业之间的电子商务（Consumer to Business，C2B）是指先由消费者提出需求，然后由生产或商贸企业按需求组织生产、货源。该方式是由消费者根据自身需求来定制产品和价格，或主动参与产品设计、生产和定价，彰显消费者的个性化需要。

4. 个人消费者与个人消费者之间的电子商务

个人消费者与个人消费者之间的电子商务（Consumer to Consumer，C2C）是指个人消费者之间通过网络商务平台实现交易的一种电子商务模式。该方式能够让消费者出售所持有的闲置物品，如在淘宝网中开店并发布物品信息，物品需求者也可以在此平台上购买或出价购买所需要的物品。

5. 企业与政府之间的电子商务

企业与政府之间的电子商务（Business to Government，B2G）涵盖了政府与企业间的各项事务，包括政府采购、税收、商检、管理条例发布，以及法规和政策颁布等。该方式下，政府作为消费者可以通过互联网发布自己的采购清单，公开、透明、高效和廉洁地完成所需物品的采购；并且，政府还能对企业起到宏观调控、监督管理等职能，政府既是电子商务的使用者，又是电子商务的宏观调控者，对电子商务起到管理与服务的作用。

6. 个人消费者与政府之间的电子商务

个人消费者与政府之间的电子商务（Consumer to Government，C2G）涵盖个人与政府之间的若干事务，如个人公积金缴纳、养老金的领取以及个人向政府纳税等。C2G 方式具有透明的特点，在该方式下，公民可以快速了解政府发布的各项信息。例如，全国大学生就业公共服务立体化平台等就属于 C2G 模式。

7. 其他类型

除了以上几种类型外，还有消费者与企业之间的电子商务（Consumer to Business，C2B）、企业与员工之间的电子商务（Business to Employee，B2E）、企业联合体与消费者之间的电子商务（Business to Business to Consumer，B2B2C）、线上线下（Online to Offline）等，这些我们将在第 4 章中进行更详细的介绍。

1.4.2 按交易过程划分

按照交易过程进行划分，可以将电子商务划分为交易前、交易中和交易后 3 类。

1. 交易前电子商务

交易前电子商务主要是指买卖双方和参与交易的其他各方在签订贸易合同前的准备活动，主要包括 3 个方面，如图 1-2 所示。

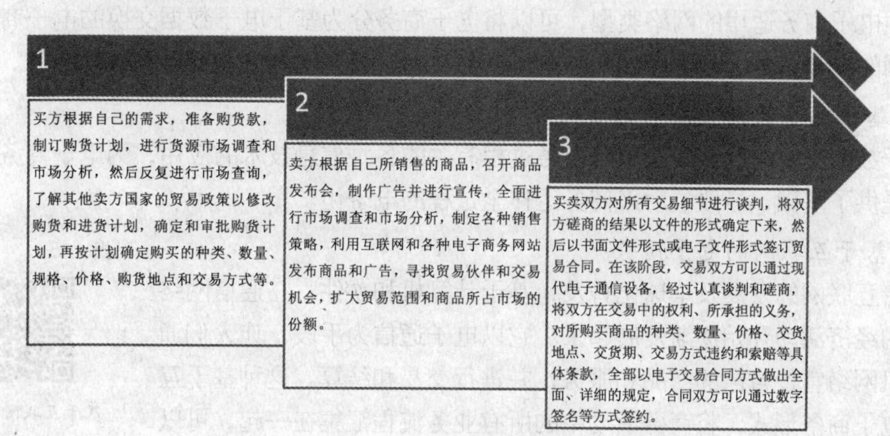

图 1-2　交易前电子商务

2. 交易中电子商务

交易中电子商务主要是指买卖双方签订合同后到开始履行合同前办理各种手续的过程，该过程主要涉及中介方、银行金融机构、信用卡公司、海关系统、商检系统、保险公司、税务系统和运输公司等。买卖双方要利用电子商务系统与有关各方进行各种电子票据和电子单证的交换，直到办理完这一过程的一切手续为止。

3. 交易后电子商务

交易后电子商务从买卖双方办完所有手续之后开始，卖方要备货、组货，同时进行报关、保险、取证和发信用证等。卖方将所售商品交付给运输公司包装、起运和发货，买卖双方可以通过后台管理工具跟踪这一过程，银行和金融机构也按照合同处理双方收付款进行结算，直到买方收到自己所购商品，完成整个交易过程。

1.4.3 按商品交易过程完整程度划分

以产品形成为商品交易过程的起点，以产品交付或实施服务为终点，按照交易过程在网上的完成程度，可以将电子商务划分为完全电子商务和不完全电子商务。

1. 完全电子商务

完全电子商务是指交易过程中的信息流、资金流、商流和物流 4 个流都能够在网上完成，商品或服务的整个商务过程都可以在网络上实现的电子商务。该方式适用于数字化的无线产品或服务，如计算机软件、电子书籍、远程教育和网上订票等，供求双方可以直接在网络上完成订货或申请服务、货款的电子支付与结算、实施服务或产品交付等全过程，无须借助其他手段。

2. 不完全电子商务

不完全电子商务是指先基于网络，解决好信息流的问题，使交易双方在互联网上结识、洽谈，然后通过传统渠道，实现资金流和物流。不完全电子商务只是实现了信息流的电子化和网络化，并在一定程度上减少了商流，但并未实现资金流和物流的电子化和网络化。

1.4.4 按适用网络类型划分

按照电子商务适用的网络类型，可以将电子商务分为基于电子数据交换的电子商务、基于互联网的电子商务、基于内部网的电子商务、基于外部网的电子商务和移动商务。

1. 基于电子数据交换的电子商务

电子数据交换的发展促进了与商务过程有关的各种信息技术的应用，为电子商务的发展与创新提供了基础，导致了后来商务运作全过程的电子化。

2. 基于互联网的电子商务

随着互联网的发展及全球化普及，基于计算机和软件，在通信网络上从事的经济活动开始逐渐发展起来。它以电子通信为手段，让人们通过计算机网络宣传自己的产品和服务，并进行交易和结算。这种基于互联网的电子商务形式，将商务活动中的所有业务流程汇集在一起，可以降低经营成本、加速资金周转。

扫一扫：

基于互联网的电子商务的优势

3. 基于内部网的电子商务

内部网（Intranet）也称企业内部网，是应用 Internet 中的 Web 浏览器、Web 服务器、超文本标记语言（HTML）、超文本传输协议（HTTP）、TCP/IP 网络协议和防火墙等先进技术建立的供单位内部进行信息访问的独立网络。内部网是一种不公开的网络，可以在保证企业网络通信与共享的同时，保障信息的安全，不受外部的非法访问。这种方式下，可以将企业分布在各地的分支机构及企业内部有关部门和各种信息通过网络连接起来，方便企业管理人员获取信息并处理相关事宜，提高了工作效率与经营效益。

4. 基于外部网的电子商务

外部网（Extranet）是内部网的外部扩展和延伸，通过将一些企业的内部网通过访问控制和路由器予以连接，构成一个虚拟网络。一般在外联网中，允许网内访问外部的互联网信息，但不允许非法和身份不明的访问者进入网络，因此这种模式是一种半封闭的企业间电子商务模式。它既具有内部网的安全性，又能够通过互联网实现内外部网之间的连接，具有互联网覆盖面广和成本低廉的优点。

5. 移动商务

移动商务是在移动通信网络和互联网技术的基础上发展起来的，主要通过手机、平板电脑和其他移动智能终端设备来进行商务活动。与其他电子商务类型相比，移动商务拥有更加便捷的操作方法和更广泛的用户基础，是目前较为流行的一种电子商务方式。

1.4.5 按交易地域范围划分

按照交易地域范围进行划分，可以将电子商务分为本地电子商务、远程国内电子商务和全球电子商务。下面我们分别对这 3 种电子商务的形式进行讲解。

1. 本地电子商务

本地电子商务是指在本地区范围内开展的电子商务，具有涉及的区域范围小，货物配送速度快、成本低等特点。它通过利用互联网、内联网或专用网络将用于商务活动的系统连接在一起，很好地解决了支付、配送和售后服务等问题。本地电子商务一般包括如下系统。

（1）参加交易各方的电子商务信息系统，包括买方、卖方及其他各方的电子商务信息系统。

（2）银行金融机构电子信息系统。

（3）保险公司信息系统。

（4）商品检验信息系统。

（5）税务管理信息系统。

（6）货物运输信息系统。

（7）本地区电子数据交换（EDI）中心系统，是连接各个信息系统的中心。

2. 远程国内电子商务

远程国内电子商务是指在本国范围内进行的网上电子交易活动，其交易的地域范围比本地电子商务更大，参与商务活动的各方可能分布在国内不同的省市或地区，对软硬件和技术的要求更高。远程国内电子商务要求在全国范围内实现商业电子化和自动化，实现金融电子化，要求交易各方具备一定的电子商务能力、经营能力、技术能力和管理能力等。

3. 全球电子商务

全球电子商务是指在全世界范围内进行的电子商务，是范围最广泛的电子商务活动。与一般的电子商务相比，全球电子商务的交易行为涉及更加广泛，包括政府的行政管理部门、贸易伙伴和相关的结算、运输、商检等商业部门，但并不直接针对消费者，只是包括了商业机构对商业机构和商业机构对行政机构的电子商务活动。总的来说，全球电子商务的业务内容繁杂，数据来往频繁，其相关的协调工作和法律惯例规范都是全球性的，要求具有严格、准确、安全和可靠的电子商务系统，并制定全球统一的电子商务标准和电子商务贸易协议。

1.5 电子商务发展的新趋势

随着科技与互联网技术的快速发展，大数据、云计算、虚拟现实和人工智能等新技术与应用的出现，推动了电子商务新技术的发展，为电子商务注入了新的活力，明确了未来电子商务的发展方向。

阅读材料

亚马逊创新实体店布局新零售

作为电商界的巨头，2016 年 12 月初，亚马逊在西雅图开设了一家线下便利店——Amazon Go。消费者在购物时，只需用智能手机打开虚拟购物篮，在超市中选购时，一个超大规模的传感器系统会跟踪定位，自动识别消费者手中的物品以及其最终带走的物品。当消费者走出超市时，这个传感器就会自动通过系统，对消费者带走的商品进行计价，并传送到消费者的手机 App 中进行结算。这种方式彻底抛弃了传统超市的收银流程，创造了新的购物方式。这种便捷的购物方式与舒适的购物体验是所有商家都在努力实现的，也是未来零售的主要发展方向。

1.5.1 移动电子商务

互联网发展到 2015 年，移动电子商务发展迅速，据不完全统计，PC 端的用户数量是 5.9 亿，而手机用户数量达到了 5 亿。随着 4G 网络的商用以及智能手机的普及，移动设备终端将成为未来电子商务的主要战场。电子商务移动化的特点主要有以下 4 点。

（1）移动设备小巧、便捷，不仅可作为通信工具，还能更方便地实现实时购物、支付、交易等活动，如水、电和煤气等费用的收缴，移动互联网接入支付系统，登录商家的 WAP 站点购物等。

（2）移动电子商务是电子商务的一种延伸，不仅拥有电子商务的优势，还能随时随地获取所需的服务、应用和信息。

（3）移动电子商务是一种无线化的方式，使人们可以更方便地使用网络，具有比普通电子商务更广阔、开放的条件。

（4）随着智能手机的普及，越来越多的网络移动平台被人们熟知并使用。通过这些平台可以进行语音、视频、图片和文字等信息的传送，这已经成为人们生活和工作的一部分。

提个醒

移动电子商务的发展空间很大，是未来电子商务的主要发展方向之一。关于移动电子商务的相关知识，将在第 9 章中进行更详细的介绍。

阅读材料

速递易智能快递箱

速递易是一个快递包裹箱，用于为收件人提供便捷服务。当顾客不在时，可以将物品放在小区的快递智能箱中，智能系统将自动向收件人的手机发送一个提取码。收件人把提取码输进去，对应的箱门会打开，里面就是收件人的包裹。这种方式可以让顾客凭验证码自助取件，避免了快件的丢失与误取，方便顾客随时取件。

1.5.2 物联网

2012 年的国务院政府工作报告，将物联网定义为通过信息传感设备[射频识别（RFID）装置、红外感应器、全球定位系统、激光扫描器等]，按照约定的协议，把任何物品与互联网连接起来，进行信息交换和通信，以实现智能化识别、定位、跟踪、监控和管理的一种网络。它是在互联网基础上延伸和扩展的网络，其用户端延伸和扩展到任何物品与物品之间的信息交换和通信。

物联网具有网络化、物联化、互联化、自动化、感知化和智能化等特征，是一种基于互联网的高级网络状态。它与互联网的最大区别是，物联网连接主体从人向“物”延伸，网络社会形态从虚拟向现实拓展，信息采集与处理从人工转向智能。二维码、射频识别、传感器、智能芯片和无线传输网络等都是物联网的关键技术，通过这些技术，人们可以实现信息的无障碍沟通。

物联网是互联网虚拟社会连接现实社会的重大成果，是实现泛在网络的伟大实践。也可以说，物联网+互联网就是泛在网络的一种表现，即运用无所不在的智能网络、先进的计算技术及其他领先的数字技术基础设施，帮助人们实现任何时间、任何地点、任何人和物的通信。目前，中国的物联网尚处于起步阶段，已具备了一定的技术、产业和应用基础，表现出良好的发展趋势。2012 年 2 月 14 日，工业和信息化部正式发布的《物联网“十二五”发展规划》中指出，智能工业、智能农业、智能物流、智能电网、智能环保、智能安防、智能医疗和智能家居是中国物联网未来发展的重点方向。在电子商务体系中，物联网将电子商务中涉及的人、资金、实体店和商品等都定位成“物”，这些“物”通过电子系统或平台进行连接，以实现数据的同步和实时处理、信息的共享和透明，保证整个供应链系统无缝链接，提升商务流程的自动化和安全化。目前的电子商务在产品的生产、仓储和物流配送等流程还有较大的提升空间，通过物联网的应用，可以有效改善目前电子商务在运营和管理中的一些问题。

移动通信技术的不断发展和通信设备的更新，智能手机已经成为人们生活必不可少的通信工具。定位功能也随之发展起来。利用定位技术，手机用户可以自动定位当前位置，查看当前位置附近的休闲、住宿、银行、购物和医疗等商家信息；也可以输入目的地，导航路线；或者扫描二维码查询商品信息或对不同商场进行比价，为用户提供更加方便、快捷和智能的消费方式。

目前，电子商务的支付方式主要包括转账汇款、第三方支付工具（支付宝、财付通、百度钱包等）、手机网银、信用卡等方式，随着物联网的发展，可以发展更加多样化的手机支付业务，使支付操作变得更加便捷。例如，将手机支付的芯片（射频识别物联网智能芯片）植入手机中，实现无互联网环境下的支付、小额支付等，并扩展到电子门票、身份识别、公交地铁等应用，实现多卡合一，提供更便捷的服务。

物联网环境下，不仅可以对物流体系进行实时监控，还能对产品在供应链各阶段的信息进行分析与预测，预估未来的趋势或意外发生的概率，提前准备好应对措施，提高电子商务企业对市场的反应能力和反应速度。

借助物联网和定位技术，可以实现物流体系的配送包裹模块化，即对包裹进行统一的电子产品码编码，并在包裹中嵌入电子产品码标签，在物流途中通过射频识别技术读取电子产品码信息，并传输到处理中心供企业和消费者查询，实现对物流过程的实时监控，以便及时发现物流过程中的问题，提高物流服务的质量。

利用物联网的射频识别技术，可以为产品贴上“身份证”——射频识别芯片。该芯片上记录了产品的生产厂商和生产日期等信息，消费者可通过网络进行查询，了解商品的具体来源和整个物流过程，提高消费者对商品的信心，提高消费者的消费积极性。

1.5.3 云计算

云计算是国家战略性新兴产业，《2012 年国务院政府工作报告》中将云计算定义为基于互联网的服务的增加、使用和交付模式，通常涉及通过互联网来提供动态易扩展且经常是虚拟化的资源，是传统计算机和网络技术发展融合的产物。

云计算技术是硬件技术和网络技术发展到一定阶段而出现的新的技术模型，是对实现云计算模式所需要的所有技术的总称。分布式计算技术、虚拟化技术、网络技术、服务器技术、数据中心技术、云计算平台技术和分布式存储技术等都属于云计算技术的范畴，同时也包括新出现的 Hadoop、HPCC、Storm 和 Spark 等技术。一般来说，为了达到资源整合输出目的的技术都可以被称为云计算技术。云计算技术意味着计算能力也可作为一种商品通过互联网进行流通。

云计算技术中主要包括 3 种角色，分别为资源的整合运营者、资源的使用者和终端客户。资源的整合运营者负责资源的整合输出，资源的使用者负责将资源转变为满足客户需求的应用，而终端客户则是资源的最终消费者。

云计算技术作为一项应用范围广、对产业影响深的技术，正逐步向信息产业等各种产业渗透，产业的结构模式、技术模式和产品销售模式等都会随着云计算技术发生深刻的改变，进而影响人们的工作和生活。

随着云计算技术产品、解决方案的不断成熟，云计算技术的应用领域不断扩展，衍生出了云制造、教育云、环保云、物流云、云安全、云游戏和移动云计算等各种功能，对医药医疗领域、制造领域、金融与能源领域、电子政务领域、教育科研领域的影响巨大，在电子邮箱、数据存储和虚拟办公等方面也提供了非常大的便利。

1. 云安全

云安全是云计算技术的重要分支，在反病毒领域获得了广泛应用。云安全技术可以通过网状的大量客户端对网络中软件的异常行为进行监测，获取互联网中木马和恶意程序的最新信息，自动分析和处理信息，并将解决方案发送到每一个客户端。

云安全融合了并行处理、网格计算和未知病毒行为判断等新兴技术和概念，理论上可以把病毒的传播范围控制在一定区域内，且整个云安全网络对病毒的上报和查杀速度非常快，在反病毒领域中意义重大，但所涉及的安全问题也非常广泛。从最终用户的角度而言，云安全技术在用户身份安全、共享业务安全和用户数据安全等问题上需要格外关注。

（1）用户身份安全：用户登录到云端使用应用与服务，系统在确保使用者身份合法之后才为其提供服务，如果非法用户取得了用户身份，则会对合法用户的数据和业务产生危害。

（2）共享业务安全：云计算通过虚拟化技术实现资源共享调用，可以提高资源的利用率。

但是共享也会带来新的安全问题，不仅需要保证用户资源间的隔离，还要针对虚拟机、虚拟交换机、虚拟存储等虚拟对象提供安全保护策略。

（3）用户数据安全问题：数据安全问题包括数据丢失、泄露和篡改等，因此必须对数据采取复制、存储加密等有效的保护措施，确保数据的安全。此外，账户、服务和通信劫持，不安全的应用程序接口、操作错误等问题也会对云安全造成隐患。

“云安全”系统的建立并非轻而易举，要想保证系统的正常运行，不仅需要海量的客户端、专业的反病毒技术和经验、大量的资金和技术投入，还必须提供开放的系统，让大量合作伙伴加入。

2. 云存储

云存储是一种新兴的网络存储技术，可将储存资源放到云上供用户存取。云存储通过集群应用、网络技术或分布式文件系统等功能将网络中大量不同类型的存储设备集合起来协同工作，共同对外提供数据存储和业务访问功能。通过云存储，用户可以在任何时间、任何地方，以任何可连网的装置连接到云上存取数据。

在使用云存储功能时，用户只需要为实际使用的存储容量付费，不用额外安装物理存储设备，减少了 IT 和托管成本。同时，存储维护工作转移至服务提供商，在人力物力上也降低了成本。但云存储也反映了一些可能存在的问题，如果用户在云存储中保存了重要数据，则数据安全可能存在潜在隐患，其可靠性和可用性取决于 WAN 的可用性和服务提供商的预防措施等级，而对于一些具有特定记录保留需求的用户，在采用云存储的过程中还需对云存储进行进一步的了解和掌握。

3. 云游戏

云游戏是一种以云计算技术为基础的在线游戏技术，云游戏模式中的所有游戏都在服务器端运行，并通过网络将渲染后的游戏画面压缩传送给用户。

云游戏技术主要包括云端完成游戏运行与画面渲染的云计算技术，以及玩家终端与云端间的流媒体传输技术。对于游戏运营商而言，只需花费服务器升级的成本，而不需要不断投入巨额的新主机研发费用；对于游戏用户而言，不需要用户的游戏终端拥有强大的图形运算与数据处理能力、高端处理器和显卡等，只需具备基本的视频解压能力即可。

1.5.4 大数据

数据是指存储在某种介质上包含信息的物理符号，进入电子时代后，人们生产数据的能力和数量得到飞速的提升，而这些数据的增加促使了大数据的产生。大数据是指无法在一定时间范围内用常规软件工具（IT 技术和软硬件工具）进行捕捉、管理和处理的数据集合。对大数据进行分析，不仅需要采用集群的方法获取强大的数据分析能力，而且需要研究面向大数据的新数据分析算法。

针对大数据进行分析的大数据技术，是指为了传送、存储、分析和应用大数据而采用的软件和硬件技术，也可将其看作面向数据的高性能计算系统。从技术层面来看，大数据与云计算的关系密不可分，大数据必须采用分布式架构对海量数据进行分布式数据挖掘，这使它必须依托云计算的分布式处理、分布式数据库、云存储和虚拟化技术。

在以云计算为代表的技术创新背景下，收集和处理数据变得更加简单方便，国务院在印发的《促进大数据发展行动纲要》中系统地部署了大数据发展工作。通过各行各业的不断创新，大数据也将创造更多的价值。下面对大数据的典型应用案例进行介绍。

（1）高能物理：高能物理是一个与大数据联系十分紧密的学科，高能物理科学家往往需要从大量的数据中去发现一些小概率的粒子事件，如比较典型的离线处理方式，由探测器组负责在实验时获取数据，而最新的 LHC 实验每年采集的数据高达 15PB。高能物理中的数据不仅海量，且没有关联性，要从海量数据中提取有用的事件，可以使用并行计算技术对各个数据文件进行较为独立的分析处理。

（2）推荐系统：推荐系统可以通过电子商务网站向用户提供商品信息和建议，如商品推荐、新闻推荐和视频推荐等，而实现推荐过程则需要依赖大数据。用户在访问网站时，网站会记录和分析用户的行为并建立模型，将该模型与数据库中的产品进行匹配后，才能完成推荐过程。为了实现这个推荐过程，需要存储海量的客户访问信息，并基于大量数据的分析，推荐出与用户行为符合的内容。

（3）搜索引擎系统：搜索引擎是非常常见的大数据系统，为了有效地完成互联网上数量宠大的信息的收集、分类和处理工作，搜索引擎系统大多基于集群架构。搜索引擎的发展历程为大数据研究积累了宝贵的经验。

阅读材料

银泰网借助云计算转型新零售

立足中国 18 年、拥有 45 家大型百货商场和购物中心的银泰一直走在传统零售转型的最前列。早在 6 年前，银泰就设立了自己的网站——银泰网，通过与银泰百货共享 200 多万名会员和推广资源，所有商品采取自营、自采和自销的模式，对所有货物进行统一管理，既有整体化的客户服务管理，又保证了品牌形象与产品品质。

随着电子商务的不断发展与银泰网规模的扩大，原来支撑网站运营的技术构架需要进行升级，为了保证网站的稳定运行，继续为用户提供更加便利的服务，银泰网采用了混合云构架。通过 VPN+专线打通网络，快速借用公共云的计算力量，充分发挥云计算的弹性伸缩能力，这种云构架也被银泰网 CTO（首席技术官）张宇称为“三朵云”。首先基于阿里云的云服务器 ECS、云数据库 RDS、对象存储 OSS、内容分发网络 CDN、云盾和数加等基础产品，搭建公共云上的基础架构。同时，将代码仓库、构件仓库和测试环境等自有管理软件部署于私有云上，构建“银泰云”进行保底，做开发支持及灾备使用。除此之外，顺应移动办公需求，进行桌面虚拟化，节省桌面运维的成本，保障企业的信息安全，构建“办公区”，以此来节约大量的人力和物力成本，并提供更加智能的体验。

大数据是新零售时代下的新能源，并且将是企业发展新零售的重要能源。未来，以云计算为代表的新技术、以大数据为代表的新能源探索将成为电子商务转型的新方向。

提个醒

在（移动）互联网+、大数据和云计算等科技不断发展的背景下，企业需要对市场、用户、产品和企业价值链乃至整个商业生态进行重新审视和思考，才能适应当前的发展需要。

1.6 案例分析——美食内容电商的互联网经营

随着电子商务的不断发展，2015 年电商行业涌现出了一批新鲜的概念，将淘宝、京东等划分为交易型电商，另一种新的电商——内容电商正在逐步进入人们的生活。其实，早在很久以前，电商就分为以 eBbay 为代表的平台模式与以 Amazon 为代表的自营模式两种，对应到国内，即阿里巴巴与京东。除此之外，还有唯品会、聚美优品等更加垂直的服饰、美妆等电商平台。

随着科学技术的进步，智能手机的出现彻底改变了人们的生活，移动端的便捷让消费者意识到随时随地购物和信息分享更符合他们的要求，于是，移动电商不断发展甚至展现出比 PC 端更有活力的发展潜力。易观智库 2015 年研究报告显示，2014 年移动互联网产业飞跃发展，市场规模突破万亿大关，达到 13437.7 亿元人民币；移动购物在整体移动互联网结构占比逐年显著提升，预计 2017 年将达到整体移动互联网的 72.7%，移动购物俨然成为移动互联网市场增长的动力源。电商的发展，已经从最初的网站流量入口的补充和购物渠道的延伸发展到了无线电商时代，移动电商将成为未来国内的主流电商。

其实不管是什么类型的电商，都是与当前的社会发展和用户需求密切相连的，至于继交易型电商之后出现的内容电商，则被认为是 2016 年最具商业影响力的营销活动，它营销的关键是能否让顾客选择。它与交易型电商的区别是，消费者不是在购物的过程中买到商品，而是怀着悠闲的心态看着自媒体的文章或者美妆达人直播。这种方式使用户的目的与心态发生了变化，导致用户偏好、选择标准和决策方式发生了巨大变化。这是因为内容电商给了消费者一种“感觉模式”。这种模式下，消费者更容易感受到商品给他们带来的改变和商品本身的设计、表达的艺术气息，消费者能够被引导或自己寻找其中的亮点，使用户更容易接受复杂的决策信息。

总的来说，内容电商就是通过有价值的内容沉淀消费行为，通过内容影响消费决策，提高流量转化率。最近一款专注海外食品的移动 App——门牙，就是通过网红与短视频的形式，形成专业的原创视频，通过 30 秒的动态小电影来展示每种商品，让用户直观地感受美食的乐趣。门牙 App 专注垂直细分的食品领域，从零食、保健、滋补和生鲜等下手，其具体运营方式是：通过美食、健康生活等领域的知名网红，再结合品牌的特性，拍摄一系列短视频，让消费者看到这些网络红人们品尝或推荐该食品之后，产生购买的欲望。从载体的角度来看，门牙 App 属于移动电子商务的范畴；从运营方式上来看，又属于内容电商，通过结合目前最具发展潜力的两种电商模式，已将北美中小企业聚集并形成品牌跨境联盟。

门牙 App 是一款以实现内容传播来带动交易的移动购物平台，通过一系列的视频内容的影响力来引导用户购物，并将视频中的核心价值理念和消费观念传达给目标用户。这种新的商业模式，不仅反映了文化的变迁，还弥补了传统零售业的不足，更容易满足消费者不断变化的需求。目前，国内的内容电商正在兴起，还没有比较规范的市场，但这仍然不会改变它成为未来电商的发展方向。

根据上述材料分析以下问题。

（1）内容电商的运营模式是什么？门牙 App 的具体运营方式是什么？

（2）与传统电商相比，内容电商具有哪些优点？

（3）门牙 App 的运营模式还有哪些地方可以优化？

实践训练

为了更好地理解电子商务的概念，并掌握相关的基础知识，下面我们将通过一系列实践训练来进行练习。

【实训目标】

（1）了解传统企业现有的营销模式及商业模式。

（2）理解传统商务与电子商务的区别。

（3）了解电子商务的分类，明确电子商务的基本概念。

（4）理解电子商务对企业发展的重要性，并从电子商务的发展过程中加以总结。

【实训内容】

（1）调查身边熟悉的传统中小企业，掌握企业的基本经营情况，并分析企业现有的营销渠道。

（2）为调查的传统观企业设计实施电子商务的具体步骤，主要包括业务流程重组、营销模式改变和交互工具的使用等。

（3）对比实施电子商务后，与原来的传统营销模式的区别，并预测变化的效果。

（4）举例说明目前的电子商务新技术与发展趋势，并说说你的看法。

【实训要求】

（1）要求调查的企业创建时间至少为 5 年以上，并且保证有成功和失败两种情况。

（2）企业分析的内容要从市场定位、网站内容、商业模式和营销推广等方面展开，包括但不仅限于以上内容。

（3）对分析的问题进行剖析，找到原因并试图找到解决办法。

（4）设计一张表格，将目前的电子商务新技术与其应用填入其中，并举例说明。

课后习题

1. 名词解释

（1）电子商务　（2）电子市场　（3）C2C　（4）物联网

2. 单项选择题

(1) 电子商务中的基本技术，电子数据交换的简称是（　　）。

A. WBI　　B. ICP　　C. EBD　　D. EDI

(2) 电子商务是科学技术与信息技术发展的产物，是一种（　　）。

A. 虚拟的数字化信息经济　　B. 实时的虚拟信息经济

C. 全球化的数字信息经济　　D. 智能化的虚拟信息经济

(3) 狭义的电子商务用 E-Commerce 表示，广义上的电子商务表示为（　　）。

A. Electronic Internet　　B. Electronic Intranet

C. Electronic Business　　D. Electronic Consumer

(4)（　　）是先由消费者提出需求，然后由生产或商贸企业按需求组织生产、货源的电子商务方式。

A. B2C　　B. C2B　　C. B2B　　D. C2C

(5) 移动电子商务需要借助无线端设备，下列哪些是无线设备（　　）。

A. 智能手机和平板电脑　　B. 笔记本电脑和小灵通

C. 智能手机和传呼机　　D. 平板电脑和笔记本电脑

3. 多项选择题

(1) 电子商务中所包含的几种流有（　　）。

A. 信息流　　B. 资金流　　C. 商流　　D. 物流

(2) 按交易过程的完整程度划分，可以将电子商务分为（　　）等。

A. 交易前电子商务　　B. 交易后电子商务

C. 完全电子商务　　D. 不完全电子商务

(3) 随着通信与互联网技术的快速发展，电子商务将向（　　）方向发展。

A. 移动电子商务　　B. 物联网

C. 大数据　　D. 云计算

4. 思考题

(1) 传统商务与电子商务的区别有哪些？

(2) 电子商务系统的概念模型中，有哪些基本要素？每个要素的功能是什么？

(3) 电子商务的产生经过了哪些阶段？每个阶段的特点是什么？

(4) 谈谈你对电子商务目前的发展情况的理解，并说说你对它的看法。

5. 技能实训题

(1) 访问淘宝网观察网站的结构并搜索商品，感受电子商务与传统商务的不同。

(2) 通过在淘宝网中进行操作，分析并归纳淘宝所属的电子商务交易模式。

第2章 电子商务基础知识

【学习目标】

- 了解互联网的相关基础知识。
- 掌握电子商务的系统框架。
- 了解电子商务的相关标准。

引导案例

中国民航网隶属于上海友程航空票务服务有限公司，是国内领先的通过互联网、呼叫中心以及无线技术开展航空旅游产品、机票和酒店预订的网络服务商。中国民航网于2009年投资创建，通过与民航订座GDS系统连接，提供权威的机票实时预订服务。图2-1所示为中国民航网首页。

图2-1 中国民航网首页

中国民航网的服务宗旨是力争为每一位顾客提供全方位的、周到的和以航空旅行为主的管家式旅行服务。最先在国内推出了“机票实时定”服务，然后用了不到两年的时间，帮助了近3600万旅客顺利出行。同时，凭借以公司客户需求为设计思路的公司商旅管理系统，先后为包括联想、华为、比亚迪和中兴等百余家国内知名企业签约。经过6年的发展，现在已成为国内最大的从事机票销售的专业公司之一，代理了国内外100余家航空公司的客运业务，在国内建立起了广泛的业务联系航空服务网。

中国民航网的建立和发展离不开互联网和IT技术，依托中国民航交易平台，中国民航网创造性地将计算机技术、电信技术、信息技术、分账技术、第三方支付技术、客户管理技术和机票、酒店、火车票、租车、保险、彩票、手机充值、游戏、短信和彩铃等销售系统相结合，集成技术先进的一站式自动交易平台。并广泛应用于民航、铁路、公路、旅游、保险、租车、电信和商务等航空旅游服务业。目前，中国民航网已经成为营销能力最强、交易成本最低的电子商务交易平台之一。

除了技术上的优势外，中国民航网还拥有专业的技术团队和后台管理客服团队，能够为平台的运行提供良好的支撑和完善的客户服务，其专业的技术开发能力和售后服务能力在业界遥遥领先。

互联网、IT技术、软件管理和客户服务等，都是维持一个电子商务网站正常运转的基本条件，任何需要进行电子商务业务开发的企业或个人，都需要先了解并熟悉电子商务的这些基础知识，理清电子商务的基本理论和体系结构，为后面章节内容的学习奠定基础。本章将介绍电子商务的基础知识，主要包括互联网基础、电子商务系统框架和电子商务标准。

【本章要点】

互联网协议　　IP地址与域名　　电子商务的系统框架　　电子商务标准　　O2O

2.1 互联网基础

互联网（Internet）又称网际网络、因特网或英特网，是全球最大、连接能力最强、由遍布全世界的众多大大小小的网络相互连接而成的计算机网络，是由美国军方的高级研究计划局的阿帕网（ARPAnet）发展起来的。互联网是进行电子商务活动的基础，下面我们将对互联网的基础知识进行介绍，包括互联网的产生和发展、互联网协议、IP地址与域名、企业电子商务系统和移动互联网。

2.1.1 互联网的产生和发展

扫码看视频：

互联网基础知识

互联网出现的时间不长，但迅速席卷世界各个角落，成为世界上覆盖面最广、规模最大和信息资源最丰富的计算机信息网络。互联网在国际上的产生与发展阶段如下。

（1）互联网最早起源于美国国防部高级研究计划署DARPA（Defence

Advanced Research Projects Agency）的前身 ARPAnet，并于 1969 年投入使用。

（2）1971 年，美国 BBN 公司的雷·汤姆林森（Ray Tomlinson）开发了电子邮件，将 ARPAnet 原本只用于军事研究的技术普及开来，开始面向大学研究机构。

（3）ARPAnet 的鲍勃·凯恩和斯坦福大学的温登·泽夫于 1974 年提出 TCP/IP，定义了在计算机网络之间进行报文传送的方法。

（4）1983 年，ARPAnet 宣布将过去的通信协议 NCP（网络控制协议）向新协议 TCP/IP 过渡。

（5）1986 年，美国国家科学基金会 ASF（National Science Foundation）建立了基于 TCP/IP 技术的主干网 NSFnet，按地区划分计算机广域网并将这些地区网络和超级计算机中心互联起来。

（6）1990 年 6 月，NSFnet 彻底取代 ARPAnet 成为了互联网的主干网。

（7）1991 年，欧洲粒子物理研究所的提姆·伯纳斯李开发了万维网（Word Wide Web）。

（8）1993 年，第一个真正的浏览器 Mosaic 被伊利诺斯大学美国国家超级计算机应用中心的学生马克·安德里森等人开发出来。

（9）1995 年，NSFnet 宣布商业化，商业机构的介入促进了互联网的飞跃发展，互联网广泛应用于各行各业，进入人们的日常生活。

（10）目前，互联网已经成为世界上覆盖面最广、规模最大和信息资源最丰富的，连接世界各国的国际性网络。

对于中国来说，互联网的发展历程可以分为 3 个阶段，分别是 1986—1993 年的研究试验阶段、1994—1996 年的起步阶段、1997 年至今的发展阶段。第一阶段主要进行 Intenet 联网技术的研究，该阶段的网络应用仅限于小范围内的电子邮件服务。第二阶段主要实现 TCP/IP 连接，从而开通 Internet 全功能服务，使互联网进入公众生活并开始发展。第三阶段是互联网的快速发展阶段，在该阶段互联网得到普及并广泛应用到各行各业。同时，中国的网络用户快速增长，电子商务也顺势得到发展并逐渐兴起，至今已成为人们工作生活密不可分的一部分。

2.1.2 互联网协议

互联网协议包括多种协议，主要有 TCP/IP、HTTP、SMTP、POP3 和 IMAP 等，下面分别对这些协议进行介绍。

1. TCP/IP

传输控制协议/因特网互联协议（Transmission Control Protocol/Internet Protocol，TCP/IP），又名网络通信协议，是供已连接互联网的计算机进行通信的通信协议，使网络上各个计算机可以相互交换各种信息。目前，Internet 通过全球的信息资源和覆盖七大洲的 160 多个国家的数百万个网点，在网上可以提供数据、电话、广播、出版、软件分发、商业交易、视频会议以及视频节目点播等服务。Internet 在全球范围内提供了极为丰富的信息资源。一旦连接到 Web 节点，就意味着你的计算机已经进入 Internet。

TCP/IP 定义了电子设备连入互联网的方式，以及数据在设备之间传输的标准。TCP/IP 协议采用了 4 层的层级结构，每一层都通过呼叫它的下一层所提供的协议来完成自己的需求。这 4 层分别是应用层、传输层、网络层和网络接口层。其关系与应用如图 2-2 所示。

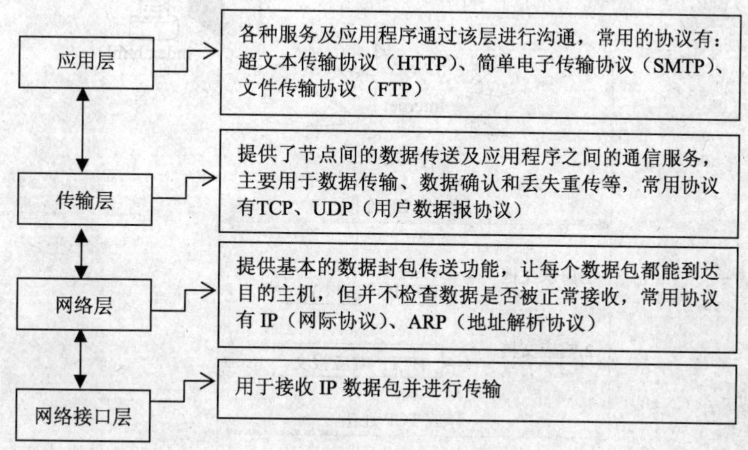

图 2-2　TCP/IP 协议的层级结构

2. HTTP

超文本传输协议（Hyper Text Transfer Protocol，HTTP）是客户端浏览器或其他程序与 Web 服务器之间的应用层通信协议。其中，超文本（Hyper Text）是指包含有超链接（Link）和各种多媒体元素标记（Markup）的文本，这些超文本文件彼此链接，使用统一资源定位符（Uniform Resource Locator，URL）来表示链接。HTTP 即按照 URL 指示，将超文本文档从一台主机（Web 服务器）传输到另一台主机（浏览器）的应用层协议，以实现超链接的功能。

HTTP 是客户端与服务器端请求和应答的标准（TCP），通常由客户端发起请求，建立一个到服务器指定端口（默认为 80 端口）的 TCP 连接，HTTP 服务器则在端口监听客户端发送的请求。

阅读材料

URL

统一资源定位符（Uniform Resource Locator，URL）是客户在浏览器地址栏中输入的网站网址，互联网上的每个文件都有唯一的 URL，它包含的信息可以指出文件的位置以及浏览器处理的方式。URL 包含模式（或称协议）、服务器名称（或 IP 地址）、路径和文件名，如"http://www.study.com/product/index.html"，其中各项的含义如下。

http://表示超文本传输协议，通知 study.com 服务器显示网页。

www 代表一个 Web（万维网）服务器。

study.com/表示装有网页的服务器的域名，或站点服务器的名称。

product/表示服务器上的子目录，类似计算机中的文件夹。

index.html 表示文件夹中的一个 HTML 文件。

HTTP 通过 URL 链接地址的工作原理如图 2-3 所示。

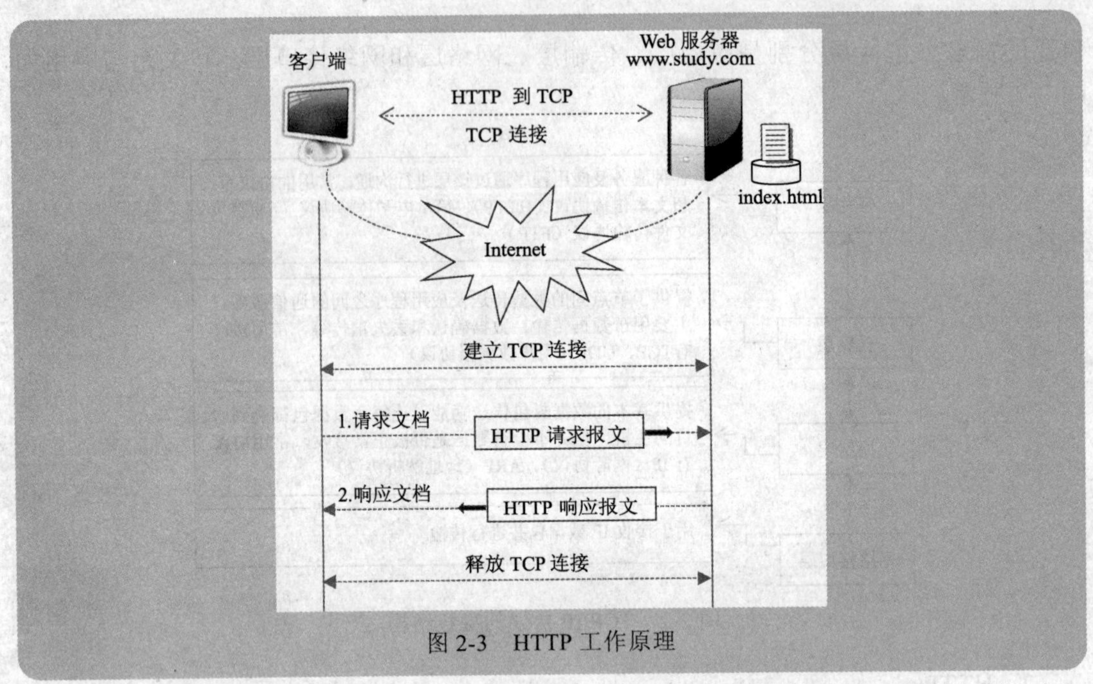

图 2-3 HTTP 工作原理

3. SMTP、POP3 和 IMAP

除了 TCP/IP、HTTP 外，SMTP、POP3 和 IMAP 也是互联网通信中的常用协议，下面分别对这 3 个协议的相关知识进行介绍。

（1）SMTP

简单邮件传输协议（Simple Mail Transfer Protocal，SMTP）是一组用于由源地址到目的地址传送邮件的规则，由它来控制信件的中转方式。其目标是向用户提供高效、可靠的邮件传输。跟大多数应用层协议一样，SMTP 也存在客户端和服务器端，其工作方式包括两种：一是电子邮件从客户端传输到服务器端；二是电子邮件从一个服务器端传输到另一个服务器端。

（2）POP3

邮局协议（Post Office Protocol，POP），发展到目前已经是第 3 版，因此称为邮局协议版本 3（Post Office Protocol - Version 3，POP3），主要用于电子邮件的接收。POP 支持"离线"邮件处理，当邮件发送到服务器上时，电子邮件客户端调用邮件客户机程序以连接服务器，并下载所有未阅读的电子邮件，将邮件从邮件服务器端送到个人终端机器上，一旦邮件发送成功，邮件服务器上的邮件将会被删除。目前的 POP3 邮件服务器支持"只下载邮件，服务器端并不删除"。

（3）IMAP

互联网邮件访问协议（Internet Message Access Protocol，IMAP），与 POP 类似，都是一种邮件获取协议，可以从邮件服务器上获取邮件的信息、下载邮件等。不同的是，POP 允许电子邮件客户端下载服务器上的邮件，但在电子邮件客户端的操作（如移动邮件、标记已读等），并不会反馈到服务器上；而 IMAP 电子邮件客户端的操作都会反馈到服务器上，服务器上的邮件也会做相应的响应。

2.1.3 IP 地址与域名

进行电子商务活动的每台计算机，都需要连接 Internet，并以唯一的编号或名称作为其在 Internet 的标识。IP 地址与域名则是目前最常用的计算机标识方法，下面分别对 IP 地址和域名的相关知识进行介绍。

1. IP 地址

IP 地址即网络协议地址。连接在 Internet 上的每台主机都有一个在全世界范围内唯一的 IP 地址。采用 IPv4 技术，IP 地址由 32 位二进制组成，被分为 4 段，每段 8 位，通常用 4 组 3 位的十进制数表示，中间用小数点分开，每组十进制数的范围为 0~255，如 192.168.1.51 就是一个 IP 地址。

IP 地址由两部分组成，一部分为网络地址，另一部分为主机地址。其中，网络地址用来标识连入互联网的网络，主机地址用来标识这个网络上的主机。IP 地址可以分为 A、B、C、D 和 E 5 类，具体分类如表 2-1 所示。

表 2-1 IP 地址的分类

网络地址		主机地址	地址分类
0	7 位网络	24 位主机	A 类地址
10	14 位网络	16 位主机	B 类地址
110	21 位网络	8 位主机	C 类地址
1110	28 位多点广播组标号		D 类地址
1111	保留使用		E 类地址

A 类地址常用于大型网络，B 类地址用于中型网络，C 类地址用于小型网络，D 类地址用于特殊的网络，E 类地址保留使用，一般常用的是 B 类和 C 类两种。

提个醒

由于网络的迅速发展，已有协议（IPv4）规定的 IP 地址已不能满足用户的需求，IPv6 采用 128 位地址长度，几乎可以不受限制地提供地址。IPv6 除了解决地址短缺问题以外，还解决了在 IPv4 中存在的其他问题，如端到端 IP 连接、服务质量（QoS）、安全性、多播、移动性和即插即用等。未来 IPv6 将成为新一代的网络协议标准。

2. 域名

数字形式的 IP 地址难以记忆，故在实际使用时常采用字符形式来表示 IP 地址，即域名系统（Domain Name System，DNS）。Internet 中的每个主机都有一个 IP 地址和域名，必须建立相应的 DNS 服务才能实现 IP 地址与域名的对应。域名系统由若干子域名构成，子域名之间用小圆点来分隔。

域名的层次结构如下：

n 级子域名…….三级子域名.二级子域名.顶级子域名

每一级的子域名都由英文字母和数字组成（不超过 63 个字符，并且不区分大小写字母），级别最低的子域名写在最左边，级别最高的顶级域名则写在最右边。一个完整的域名不超过 255 个字符，其子域级数一般不予限制。

例如，西南财经大学的 www 服务器的域名是：www.swufe.edu.cn。在这个域名中，顶级域名是 cn（表示中国），第二级子域名是 edu（表示教育部门），第三级子域名是 swufe（表示西南财经大学），最左边的 www 则表示某台主机名称。

顶级域名可分为机构性域名与地理性域名，机构性域名如表 2-2 所示。地理性域名用于表示该域名源自的国家或地区，常见的地理性域名如表 2-3 所示。

表 2-2　常见的机构性域名代码

域名代码	机构类型	域名代码	机构类型
int	国际组织	com	商业组织
mil	军事组织	arts	文艺艺术实体
edu	教育机构	gov	政府部门
net	网络服务机构	web	与万维网相关的实体
org	非营利性组织	inf	提供信息服务的实体
firm	商业或公司	rec	娱乐休闲资源
info	信息服务	nom	个人

表 2-3　常见的地理性域名代码

国家或地区代码	代表的国家或地区	国家或地区代码	代表的国家或地区
cn	中国	jp	日本
de	德国	in	印度
fi	法国	gr	希腊
au	澳大利亚	ca	加拿大
uk	英国	sg	新加坡

2.1.4　企业电子商务系统

企业电子商务系统主要包括企业内部网、企业外部网，以及由内部网和外部网共同组建出的企业电子商务系统。下面我们分别进行介绍。

扫码看视频：

企业电子商务系统

1. 企业内部网

企业内部网（Intranet）又称内部网、内联网和内网，是 Internet 技术在企业内部的应用。企业内部网是指采用 Internet 技术，以 TCP/IP 为基础，以 Web 为核心应用，建立的企业内部专用的、以实现企业内部资源共享的网络，如文件传输、电子邮件。

企业内部网与因特网的区别是：内部网上的绝大部分资源仅供企业内部使用，不对外开放。为了防止外界用户的非法侵入，通常采用防火墙或者其他安全技术，将内联网和因特网隔离开来。图 2-4 所示为企业内部网的组成与使用情况。

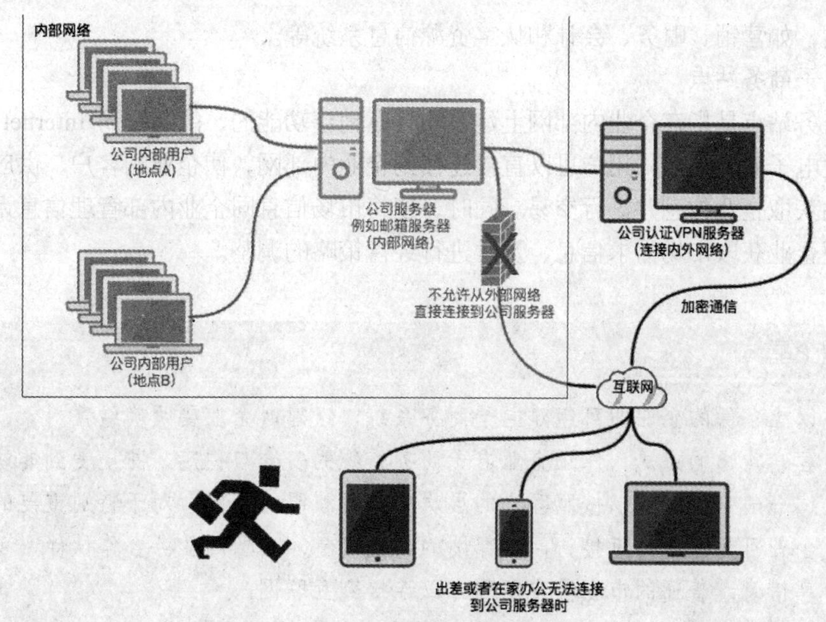

图 2-4 企业内部网的组成与使用情况

2. 企业外部网

企业外部网（Extranet）也叫外联网，基于互联网标准将企业与供应商、经销商及经营伙伴连接起来的网络。它是企业内部网的扩展和延伸，其应用主要包括以下 3 个方面。

（1）信息传播和维护：分散在世界各地的企业销售人员可以通过企业外部网定期发送的信息来获取最新的销售信息，并且获得企业授权的用户还能通过浏览器对企业网络进行访问、信息更新、修改和通信。

（2）客户服务：企业外部网可以为客户提供更加有效和安全的服务，方便客户获取信息，如订购信息、物流信息和技术公告等，为客户提供解决基本问题的方案。

（3）项目管理和控制：企业管理人员通过外部网可以方便地生成和发布企业最新的产品、项目与其他信息，企业人员可以通过网络进行这些信息的共享与下载。并且，还能建立虚拟的工作空间进行跨地区的交流合作，方便管理企业不同地区的项目成员，为企业产品和项目的管理提供了更加便利的方式。

3. 企业电子商务系统

企业电子商务系统是由基于企业内部网（Intranet）的企业内部管理信息系统和电子商务站点组成。

（1）企业管理信息系统

企业管理信息系统是功能完整的电子商务系统的重要组成部分，主要用于企业内部信息的管理，发挥收集、处理、存储和传送信息，以及为组织经营管理提供决策和控制依据的作用。

实现企业管理信息最基本的一点是要具备数据库管理系统（Database Management System，DBMS），通过该系统，可以进行一切与企业经营相关的资料的收集、整理和存储，并对信息进行分类和处理。由于企业具有不同的功能组织，因此也可以按照相应的组织功能对信息系统进行分类，如营销、财务、会计和认字资源信息系统等。

（2）电子商务站点

电子商务站点是指在企业内部网上建设的具有销售功能的、能连接到 Internet 上的 Web 站点。通过电子商务站点，用户可以直接连接到企业内部网，使企业的客户、供应商可以直接通过网站获取企业信息并进行交易。同时，还将市场信息同企业内部管理信息系统连接在一起，方便企业获取市场需求信息，及时进行经营策略的调整。

提个醒

具备以上条件的企业即可组建电子商务系统，组建时企业要明确经营对象、经营策略以及与客户沟通的方式，保证企业电子商务系统的安全与稳定，防止受到非法入侵而损失惨重。一般来说，可以按照客户的层次来进行权限的设置，对于特别重要的战略合作伙伴，企业可允许他们直接访问内部网的相关信息；企业的业务合作伙伴，可建立外部网来分享信息；普通的市场客户，则可以连接到互联网。

2.1.5 移动互联网

随着互联网的快速发展，基于个人计算机方式的 PC 端互联网方式已经渐渐饱和，移动互联网方式开始快速发展并引发了全球热潮。移动互联网（Mobile Internet，MI）是一种通过智能移动终端，采用移动无线通信方式获取业务和服务的新兴业务，包含终端、软件和应用 3 个层面。

（1）终端层：包括智能手机、平板电脑、电子书和 MID 等。

（2）软件层：包括操作系统、中间件、数据库和安全软件等。

（3）应用层：包括休闲娱乐类、工具媒体类和商务财经类等不同应用与服务。

移动互联网是在宽带无线接入技术和移动终端技术的飞速发展下产生的，能够更简单、精准地体现消费者需求，拥有更加全面、立体的平台和强大的定位、搜索和精确的数据库功能服务，为企业提供了更加灵活的营销方式和新的资源整合方式。

2.2 电子商务的系统框架

要通过电子商务系统进行商务活动，需要具备完整的电子商务系统框架，了解电子商务的基本组成部分和一般框架。下面我们分别进行介绍。

2.2.1 电子商务的基本组成

扫码看视频：

电子商务的基本组成

电子商务系统主要由电子商务网络系统、供应方和需求方、认证机构、物流中心、网上银行和电子商务服务商等基本要素组成，其结构如图 2-5 所示。下面分别对电子商务的这几个基本组成要素进行介绍。

1. 电子商务网络系统

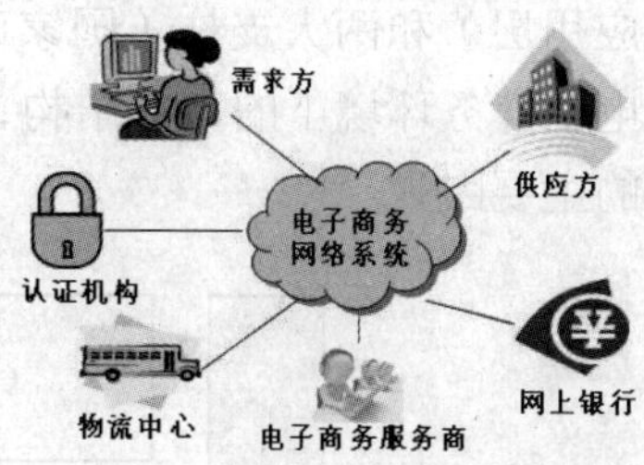

图 2-5 电子商务的基本组成

互联网、内联网和外联网都是电子商务网络系统的一部分，只有具备互联网的基础条件，才能实现电子商务网络系统的组建。内联网则是提供企业内部商务活动的场所。外联网是企业与企业、企业与个人进行商务活动的桥梁。每一部分都是电子商务网络系统中必不可少的组成部分，它们共同组成了一个开放、安全和可控制的信息交换平台，供企业、组织和消费者实现交易。

2. 供应方和需求方

供应方和需求方可统一看作是电子商务用户，主要包括个人用户和企业用户两种类型。个人用户通过个人计算机（PC）、个人数字助理（PDA）等接入网络；企业用户组建企业内联网、外联网和企业管理信息系统，统筹管理企业的人力、财力、物力、供销和仓储等资源。

3. 认证机构

认证机构（CA）负责发放和管理数字证书，以使网上交易的各方能够互相确认身份。认证机构是一种法律承认的权威机构，包括证书持有人、个人信息、公开密钥、证书序列号、有效期和发证单位的电子签名等内容的数字凭证文件。

4. 网上银行

网上银行是传统银行业务的网络化，通过网上银行，用户可以进行在线支付、在线转账等业务，且没有时间限制。为用户提供了十分便利的支付手段，这也间接为电子商务的发展提供了更加有利的空间。

5. 物流中心

物流中心从商家那里得到送货要求，并将货物按照要求通过各种物流运输手段运送到消费者手中。物流中心在这个过程中需要跟踪商品的运输进度，并确保商品按时、按质完成运输，保证消费者的利益不受损害。

6. 电子商务服务商

要通过互联网进行商业活动，需要有一大批专业工作者相互协作，为企业、组织和消费者在互联网上的交易提供技术支持。电子商务服务商就承担着这部分工作，如提供网络接入服务、信息服务及应用服务的信息技术厂商。

2.2.2 电子商务系统的一般框架

电子商务的出现改变了传统的市场组成结构，出现了信息商品、信息服务和电子支付等新兴的贸易形式，人们进行贸易活动的载体发生了变化，从而使得整个贸易过程呈现出更加多样化的面貌。要完成电子商务环境下的贸易活动，需要理解电子商务系统的一般框架。从宏观角度上看，电子商务系统的一般框架是指实现电子商务从技术到一般服务层次所应具备的完整的运作基础，也指实现电子商务的技术保证和电子商务应用所涉及的领域。完整的电子商务体系需要有相应层面的基础设施和众多支撑条件构成的环境，它们主要包括 4 个层次（网络层、信息发布与传输层、电子商务服务层、电子商务应用层）和两大支柱（国家政策及法律法规、技术标准和网络协议）。为了更好地理解电子商务环境下的市场结构，可参考图 2-6 所示的框架图，它简洁地描绘了这个环境中的主要因素。

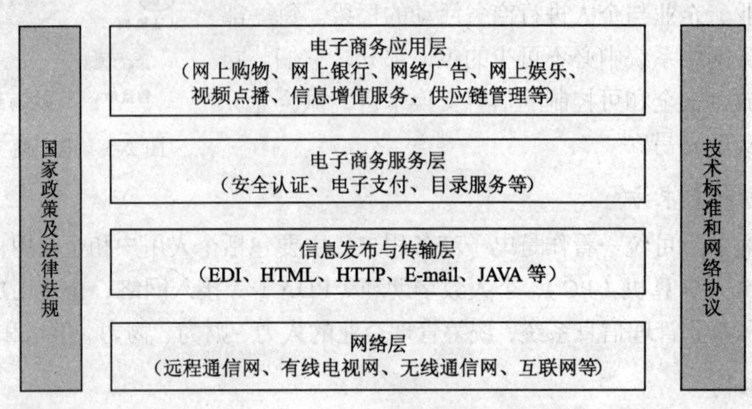

图 2-6　电子商务的一般框架

1. 网络层

网络层指网络基础设施，是实现电子商务的最底层的硬件基础设施，主要包括远程通信网（Telecom）、有线电视网（Cable TV）、无线通信网（Wireless）和互联网（Internet）等。这些网络都在不同程度上提供了电子商务所需的传输路线，是电子商务贸易活动的基础和最重要的部分。

2. 信息发布与传输层

信息发布与传输层用于解决电子商务活动在网络上进行信息传输的问题，通过网络层提供的信息传输路线，进行文本、数据、声音、图像和动画等信息的传输。目前较为常用的信息传输方式是超文本标记语言（Hyper Text Mark-up Language，HTML），文件传输方式是 E-mail、EDI 或点对点档案传输等。

3. 电子商务服务层

电子商务服务层是为了电子商务交易而提供的网上商务活动服务，包括电子认证（CA 认证）、电子支付、客户服务和商品目录服务等。其中，电子认证（CA 认证）是电子商务服务层的核心，因为 CA 认证保证了电子商务交易活动的安全，它通过给参与交易者签发数字证书，来确认互不谋面的交易双方的身份，然后通过加密和解密的方法实现网上安全的信息交换与安全交易。

4. 电子商务应用层

电子商务应用层是指电子商务在人们生活工作中的实际应用，主要包括网上购物、网上娱乐、供应链管理、企业资源计划和客户关系管理等各种实际的信息系统，以及在此基础上开展的企业知识管理与竞争情报活动等。

5. 国家政策及法律法规

俗话说："无规矩不成方圆"，不管是传统的商业活动，还是电子商务活动，都需要一定的政策与法律法规的约束，以维持市场的稳定并起到制约和规范的作用。国家政策一般是随着电子商务市场与整个国家经济的发展而制定和颁布的。如 2015 年 5 月，国务院发布的《关于大力发展电子商务加快培育经济新动力的意见》文件中，就提出要全面清理电子商务领域现有前置审批事项，从而降低准入门槛，以及合理降低从事电子商务活动企业的税赋等；2013 年发布的《国务院办公厅转发商务部等部门关于实施支持跨境电子商务零售出口有关政策的意见》文件中，探索发展了跨境电子商务企业对企业（B2B）进出口和个人从境外企业零售进口（B2C）等模式，以加快跨境电子商务物流、支付、监管和诚信等配套体系建设。

成熟、统一的法律法规能够为电子商务活动提供稳定的环境，对买卖双方的贸易纠纷提供解决办法，对违反规定的人予以制裁，保证交易的顺利进行，并且还能有效遏制侵权商品或仿冒产品的销售，有力打击侵权行为。总的来说，电子商务活动必须要遵守国家的相关法律、法规，活动的参与者还应该有道德和伦理的自我约束和管理，这样才能使商务活动更加稳定、有序。

阅读材料

支付漏洞导致消费者购物款项被盗

李先生在某购物网站上看中一款价值 38 260 元的数码相机，由于付款金额较大，李先生和卖家约定分多笔进行付款。后来，李先生根据支付机构网页提示登录到网上银行进行付款操作，收款方名为：××支付科技有限公司。完成付款后，李先生返回购物网站，发现订单消息仍显示为“等待买家付款中”，李先生询问网站后，网站告知当前付款人数过多，系统反应较慢，但并未收到付款，需要等待一段时间。

一天后，李先生再次登录网站，发现仍然显示待付款状态。随后，李先生到银行进行查询，银行告知该款项已经打到了支付机构，并被转入另一个银行账户，而该账户的账号并非本次交易卖家的账号。钱花出去了，东西却没买到，李先生非常生气，并查询了网上交易的相关法律法规。发现，按照支付机构交易规则，在买方没有确认收货前，支付机构不能将货款转出。于是，李先生将其起诉至人民法院，法院查明，支付机构未将货款转入卖方而转入他人账户，作为第三方资金管理方，其经营的网络系统、服务器和程序的安全性不足，未尽到安全管理义务，让他人用网络技术非法入侵，致使一方购物款被盗转，使李先生的财产受到损失。最终法院判决支付机构应赔偿李先生相应损失，共计 28 005 元。

6. 技术标准和网络协议

一个完整、安全的电子商务系统，必须保证有一个安全、可靠的通信网络，技术标准和网络协议就是一个这样的存在。技术标准是信息发布、传递的基础，定义了用户接口、传输协议和信息发布标准等技术细节，保证了网络信息的一致性。

网络协议使网络上各种设备能够相互交换信息，是计算机网络通信的技术标准，是计算机在网络中进行数据交换而建立的规则、标准或约定的集合。网络的各层中存在着许多协议，必须保证接收方和发送方同层的协议一致，才能识别发出的信息。目前 Internet 环境下计算机使用的网络协议为传输控制协议/互联网协议（Transmission Control Protocol/Internet Protocol，TCP/IP），是 Internet 采用的一种标准网络协议。

2.3 电子商务标准

标准是对重复性事物和概念所做的统一规定，电子商务标准即电子商务活动中各种标准、协议、技术范本、政府文件和法律文书等的集合。随着互联网技术与计算机的普及，电子商务开始飞速发展并席卷全球，成为今后商务活动的主要模式。电子商务的目标是实现真正意义上的全球经济一体化，这就要求其具有一定的国际化标准，才能使电子商务活动在全球范围内安全、灵活地进行。下面我们以国外、中国电子商务的相关标准和网络零售为例进行介绍。

2.3.1 国外电子商务标准发展

国外在电子商务发展的初期阶段，就开始注重电子商务的标准化，尤其对电子商务信息安全方面的标准特别重视。例如，美国政府 1977 年公布的由其国家标准技术研究院（NIST）制定的数据加密标准 DES，就制定了一系列有关密码技术的联邦信息处理标准。

国际组织也非常重视电子商务的标准化，主要由国际标准化组织 ISO/IEC JTC1（信息技术标准化委员会）所属的安全技术分委会（SC27）来负责电子商务安全标准的研制，主要负责信息技术安全的一般方法和技术的标准化，包括确定信息技术系统安全的一般要求、开发安全技术和机制、开发安全指南、开发管理支撑性文件和标准等。截止到 2003 年 12 月，已制定和研究了 70 多项国际标准，如密码算法、数字签名机制和安全评估准则等。

目前，国际上主流的安全协议，主要有 Netscape 公司研制的安全协议 SSL（安全槽层）协议、PKI（Public Key Infrastructure）公钥密码和对称密码体系、S-HTTP（安全的超文本传输协议）、UN/EDIFACT 报文协议——ISO9753（即 UN/EDIFACT 语法规则）、基于 PKI 的 SET（Secure Electronic Transaction）安全电子交易协议等。

随着电子商务的发展，越来越多的标准和规则需要制定和完善，国际性标准化组织万维网委员会（World Wide Web Committee，W3C）于 1997 年 12 月推出了可扩展标记语言 XML，是一个用于规定、认证和共享文件格式的数据交换标准，能够描述任意层次结构的数据或将原本杂乱的信息解析为清晰且通用的结构，使数据的交流和处理更加方便。

电子商务是一项综合性的新兴商业活动，除了需要信息技术外，所涉及的众多领域，如金融、法律和市场等都需要相关的标准来进行统一和规范。因此，未来电子商务标准化应该朝着体系流程的标准来推进，保证电子商务这个庞大且复杂的体系有一套完整且标准的规则。

2.3.2　中国电子商务相关标准发展

中国电子商务的起步阶段较晚，但发展迅速，目前，中国电子商务标准体系结构主要由基础技术标准、业务标准、支撑体系标准和监督管理标准 4 部分构成，并在此基础上不断扩展和延伸，如图 2-7 所示。

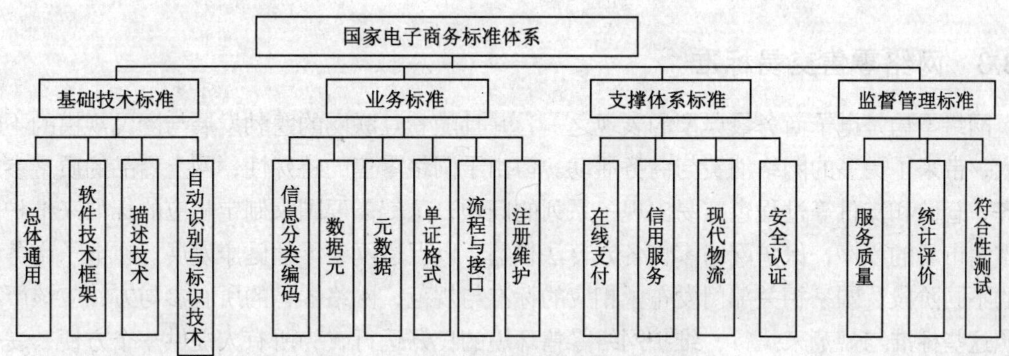

图 2-7　中国电子商务标准体系结构

中国电子商务标准的研究与制定工作早已经展开，1999 年 5 月，由北京市技术监督局主持召开的“99 北京电子商务标准化国际研讨会”是中国第一次以电子商务标准为主题的国际性学术研讨会，此后，中国电子商务标准的研究与制定工作逐渐展开，并在信息技术标准等方面取得了较好的成果。但在经济全球一体化和电子商务飞速发展的环境下，中国电子商务相关标准体系目前除一些 EDI 标准及部分网络标准是从国际相应标准等同或等效转换而来以外，由中国自主制定的、直接与互联网电子商务相关的标准几乎没有，因此，这一领域还需要不断加强和完善。

影响电子商务标准体系制定的因素很多，如技术、国家政策、法律法规和商务管理等，在进行中国电子商务标准的研究与制定时，要遵循以下原则。

（1）全面性：电子商务标准体系的建设不仅涉及计算机、通信、信息通信与编码、加密和认证等多种技术手段，还涉及企业、商家、消费者和各种中介结构。研究与制定电子商务标准时，必须将所涉及的各方面的标准分门别类地纳入其中，使参与各方根据相关的标准和协议开展商务活动，同时保证这些协议之间协调一致，构建一个全面、和谐和完整的体系。

（2）系统性：完整的电子商务标准体系应该具有协调、层次分明和结构合理的特点。这就要求组成电子商务标准体系的各个协议与标准要恰当地安排在体系的不同层次上，层次结构分明又相互依赖、衔接；且保证横向和纵向结构完整、科学，不要出现交叉与重复的现象。

（3）一致性：电子商务具有全球性，其各项标准应该等同或等效并采用国际标准、国外先进标准或技术标准，实现与国际标准的一致性或兼容性，保证中国的电子商务标准能够在国际通行并与国际接轨。

（4）独立性：电子商务标准与国家的经济利益与安全息息相关，既要保证与国际标准的一致性，又要具备独立自主的能力，尤其是加密算法和密钥长度等关键标准应该由中国自主研发，不应直接采用外国标准。这不仅能够使电子商务活动的环境更加安全，还能使生产同类产品或提供同类服务的其他企业在市场中失去竞争机会，抢占更多的市场。

（5）预见性：电子商务标准体系的编制既要符合当前中国的科学技术水平，又要对未来可能发生的情况有所预见，使标准体系能够最大程度地适应电子商务的各个领域和发展水平，延长标准体系的使用寿命。

（6）可扩充性：基于电子商务快速发展的特点，标准体系还应留有恰当的空间来进行调整，使其符合不断变化的市场和经济环境，发挥标准的最大作用。

2.3.3 网络零售交易标准

网络零售是电子商务最典型的表现之一，并且随着互联网的蓬勃发展与网民规模的不断扩大，带来了更多的网络消费与商务活动。但由于网络零售的特殊性，网上商品的质量参差不齐、仓储和支付等过程也容易出现一系列的问题，这就需要国家制定相应的标准来维护网络零售市场的秩序，保护网络零售各方合法权益，以促进网络零售健康发展。在电子商务发展的不同阶段，国家相关部门发布了相应的标准与规范，网络零售的所有参与方，应该严格按照这些标准与规范来执行，维护网络零售环境的良好运行，为所有人提供一个方便、安全和平稳的环境。表 2-4 所示为一部分相关的标准。

表 2-4 网络零售交易的部门标准

发布机构	相关标准
商务部	《商务部关于网上交易的指导意见（暂行）》（2007）
国家工商行政管理总局	《网络商品交易及有关服务行为管理暂行办法》（2010）
商务部	《电子商务第三方交易平台服务规范》（2011）
国家标准	《电子商务模式标准》（SB/T10518—2009）
国家标准	《网络交易服务标准》（SB/T10519—2009）
国家标准	《大宗商品电子交易标准》（GB/T18759—2003）
国家标准	《电子商务协议》（GB/T19252—2003）
工业和信息化部	《电子认证服务管理办法》（2009）
工业和信息化部	《互联网信息服务管理办法》（2000）

2.4 案例分析——红领服饰的互联网转型之路

青岛红领服饰股份有限公司是一家传统的服装企业，在 12 年前，它还只是一家每天只能完成几件定制西服的小型服装企业。后来，由于互联网带来的机遇，该公司改变了传统的生产和经营模式，成为了一家与互联网高度融合的传统企业。它既保持着传统的生产方式，又具有现代化的工作流程，与传统的 3~6 个月的生产周期相比，红领服饰股份有限公司每天的定制西服产量可以达到 2 000 套，一套西服的制作周期只需 7 个工作日。

那么，这家企业到底是怎样达到这样高效的生产效率的呢？目前，红领服饰股份有限公司的所有工作几乎都是在信息化的平台上完成的。通过这个信息化的平台，公司可以处理由网络提交的生产订单，这些订单中包含客户提供的各项数据（共 19 个部位测量的 22 个数据；客户的个性化需求，如配线颜色、绣字等），根据这些数据，生产线上的员工完成从裁剪、缝合、熨烫、质检和入库等每一道工序。红领按照服装的组成部分，将生产车间分为西装、衬衣和西裤 3 个车间，通过这 3 个车间的分工合作，快速高效地完成西服的生产。红领通过互联网与大数据的结合实现了传统企业向互联网企业的转型，中投证券研报显示，2014 年上半年，几乎大部分服装行业都面临着营业收入降低的情况，而红领 2014 年 1 ~ 9 月的生产、销售和利润都同比增长 150% 以上。

红领以互联网和大数据为基础，通过全程数据驱动，实现了全员互联网工作。红领的信息化平台通过从网络云端上获取信息、数据、指令，并与用户互动，探索了一条科学的服装生产模式。该模式充分融合了 3D 打印的逻辑和思想，依靠数据驱动生产，人机结合作为辅助，充分发挥智能制造深层融合，以工业化手段和效率生产个性化产品，实现个性化定制的大规模工业化生产，从而增强了企业的市场竞争力。

经过十多年时间的实践与发展，红领现已组建了自己的一套大数据平台系统——男士正装定制领域的大型供应商平台 RCMTM（Redcollar Made to Measure），该平台的核心是“酷特智能”，是一种由 C 驱动 M 完成直接销售的生态体系，即工商一体化的 C2M 电商生态体系。它通过网络由高度主权的 C 端发出源点需求，M 端的智能系统实时整合满足源点需求的价值链条，回到源点，满足需求。该平台的运用完整地实现了客户订单提交、产品设计、生产制造、采购营销、物流配送和售后服务等的自动化。世界各地的客户只需在这个平台上提出自己的需求，平台即可完成产品的设计、制作、直销与配送，这样节省了大量的人工与时间成本，且在加快企业资金周转的同时，为客户和企业带来更多的利益。

红领的这种模式是一种互联网平台化经营的创新模式，充分融合了互联网思维与 C2M，运用互联网平台化运营交互手段和价值交互的方法，真正为 C 端消费者创造价值。这种将人与互联网思维、智能制造和数据驱动相融合的方式，是更加符合当前经济社会发展的方式，这也是红领能够发展如此迅速的原因。

根据上述材料分析以下问题。

（1）与传统企业相比，红领的成功之处体现在哪些方面？

（2）红领的核心模式是什么？其经营的主要模式是怎样的？

实践训练

为了更好地理解电子商务的相关基础知识，下面我们将通过一系列实践训练来加以练习。

【实训目标】

（1）了解并掌握互联网的主要协议。

（2）理解 IP 地址与域名的含义与代表的意思。

（3）掌握电子商务的系统框架组成部分。

【实训内容】

（1）列举 5 个常见的电子商务网站，写下其网址，并对网址结构进行分析，指出每部分对应的内容。

（2）使用 ipconfig 命令查看本地计算机的网络配置信息，并修改计算机的 IP 地址，为其配置不同范围的 IP 地址。

（3）绘制一份电子商务的系统框架图，并说明每一部分所包含的内容并举例说明。

【实训要求】

（1）要求调查的企业创建时间至少为 5 年以上，并且保证有成功和失败两种情况。

（2）配置 IP 地址时，分别选择范围内、范围外的值进行实验，查看不同的实验效果。

课后习题

1．名词解释

（1）TCP/IP　　（2）IP 地址　　（3）域名　　（4）电子商务系统框架

2．单项选择题

（1）TCP/IP 是一个协议组，其中不包括以下（　　）协议。

A．ARP　　B．TCP　　C．OSI　　D．IP

（2）互联网上的每一台主机都有唯一的地址标识，它是（　　）。

A．IP 地址　　B．统一资源定位器

C．用户名　　D．计算机名

（3）目前使用的 IPv4 地址中，IP 地址分为（　　）段，每一段使用十进制描述时其范围为（　　）。

A．4，0~127　　B．4，0~255　　C．8，0~127　　D．8，0~255

（4）下面说法正确的是（　　）。

A．主机的 IP 地址和主机的域名可以通过 DNS 系统转换

B．主机的 IP 地址和主机域名完全是相同的

C．一个域名对应多个 IP 地址

D．一个 IP 地址只能对应一个域名

（5）四川教育网的网址为 http://www.scedu.net，该网站的顶级域名及其表示的含义是（　　）。

A．www　万维网　　B．net　网络服务机构

C．scedu　教育　　D．http　超文本传输协议

3．多项选择题

（1）因特网中常用的网络协议有（　　）。

A．SMTP　　B．HTTP　　C．HTML　　D．FTP

（2）下面论述正确的是（　　）。

A．目前的 IPv4 中，IP 地址适合用 4 个字节的数字来表示因特网上主机的地址

B．IP 地址由网络标识和主机标识两部分组成

C．IP 地址中的 A 类网络的权限级别最高

D．域名不可以多于 3 个层次

（3）数字证书包含下面哪些内容（　　）。

A. 证书持有者的姓名和公钥　　B. 公钥的有效期

C. 颁发数字证书的单位及数字签名　　D. 数字证书的序列号

（4）下列关于域名和 IP 地址的叙述中，哪些是正确的（　　）。

A. 在 Internet 中访问一台主机必须使用它的主机名

B. 200.201.202.203 是一个 C 类 IP 地址

C. IP 地址采用的是分层结构

D. 主机名与 IP 地址是一一对应的

（5）Internet 的地址主要有 IP 和域名两种方式，下面地址表示正确的是（　　）。

A. 192.168.0.132　　B. 192,168,0,132

C. www.11850.com　　D. 11850.cn.com

4. 思考题

（1）根据本章的介绍，再结合网上知识的收集，谈谈你对互联网的认识。

（2）企业电子商务系统的组成部分有哪些？

5. 技能实训题

（1）登录中国科技网的科技学习板块页面，分析该网站的主要应用领域及服务内容。

（2）查看 3 台不同计算机的 IP 地址，并分别指出各部分代表的内容。

第 3 章　电子商务组织与管理

【学习目标】

- 了解电子商务组织的演变过程。
- 掌握电子商务的运营过程。
- 了解并掌握客户关系管理。
- 了解并掌握供应链管理。
- 了解并掌握企业资源计划管理。

引导案例

海尔的前身是隶属于青岛二轻局家电公司的青岛电冰箱总厂，于 1984 年成立。成立之初，海尔有员工 800 多人，固定资产 500 万元，年产电冰箱 700 多台，销售收入不足以支撑企业的运转，是一家资不抵债、濒临倒闭的企业。就在这样的条件下，海尔引进了国外先进技术和设备，通过过硬的技术和值得信赖的品质打开了家电市场。发展至今，海尔已经成为全球大型家电第一品牌，从传统的家电产品制作企业转型成为了开放的创业平台，成为一家符合当前互联网环境下的，以用户价值交互为基础、以诚信为核心竞争力的互联网企业。

海尔在发展过程中，时刻关注经济与社会的发展，在战略、组织和制造等方面不断进行调整，在不同时期制定了不同的策略来适应时代的发展与消费者的需求，大致包括品牌战略阶段、多元化战略阶段、国际化战略阶段、全球化品牌战略阶段和网络化战略阶段 5 个阶段。

1. 品牌战略阶段（1984—1991 年）

该阶段是海尔品牌形成的阶段。在这个阶段，海尔注重于产品品牌的形成，创造出了冰箱行业第一个中国名牌。当时，正值改革开放，家电市场涌入了大量的新鲜血液，仅国内生产电冰箱的厂家就已有近 100 家，再加上国外的各种品牌，海尔面临着非常激烈的竞争。虽然电冰箱市场增长迅速，但很多厂家的产品质量不足以满足消费者的需求，此时，海尔抓住这个时机，以高质量产品为目标，打响了自己的品牌。这时发生了海尔厂长“砸冰箱”事件，当时的海尔因为产品质量问题，决定将所有有瑕疵的冰箱当众砸毁，并提出“有缺陷的产品就是不合格产品”的观点。这件事不仅为企业赢得了信誉，还进一步唤醒了海尔“零缺陷”的质量意识。到 1989 年，由于市场疲软，在很多同类企业都采取降价销售的策略时，海尔凭借其过硬的质量与信誉，在提价 12% 的情况下，仍然受到消费者的热烈追捧。1990 年，海尔获得国家质量管理奖和中国企业管理金马奖；1991 年又荣登全国十大驰名商标，成为中国冰箱行业的质量标杆。

2. 多元化战略阶段（1991—1998 年）

该阶段是海尔核心内容的扩展阶段，从电冰箱这一单一的产品线发展到多元化，包括洗衣机、空调和热水器等，形成了集团式的管理框架。当时，市场并不看好海尔，认为海尔应该专注于专业化，但在海尔高质量的产品和服务体系环境下，海尔在扩展单一产品线的同时，还不断输入管理理念和企业文化，既完成了对外的全面转型，又进行了有效的企业内部改造，在战略决策、经营管理、资源配置、科技开发、生产质量、服务体系和企业文化等方面进行了整合和完善。

3. 国际化战略阶段（1998—2005 年）

该阶段是海尔走出国门，享誉全球的阶段。该阶段正值中国加入 WTO，海尔响应国家号召，于 1999 年在美国建立第一个海外工业园，按照"走出去、走进去、走上去"的战略思路，以缝隙产品进入国外主流市场；以主流产品进入当地主流渠道；再以高端产品成为当地主流品牌。实现了海尔国际品牌的树立，并成为中国品牌走向全球的代表。

4. 全球化品牌战略阶段（2005—2012 年）

该阶段是海尔实现本土化，成功成为全球大型家电第一品牌的阶段。本土化是指海尔在海外建立本土化设计、本土化制造和本土化营销的"三位一体"中心，招募当地员工，使其更符合当地的需求。在该阶段，海尔成功收购了三洋电机在日本、东南亚的洗衣机、冰箱等多项业务，实现了跨文化融合；并购了新西兰高端家电品牌斐雪派克。目前，海尔已经成功地在全球建立了十大研发中心，21 个工业园，66 个营销中心，全球员工总数达到 7.3 万人。

5. 网络化战略阶段（2012 年至今）

该阶段是海尔从传统制作家电产品的企业转型为互联网企业的阶段。为了适应互联网环境，海尔建立了以用户为中心的共创共赢生态圈，从企业组织、员工、用户、薪酬和管理等方面展开，将员工从雇佣者、执行者转变为创业者、动态合伙人，以构建社群最佳体验生态圈，满足用户的个性化需求。将传统自我封闭的经营模式转换为开放的互联网企业模式，互通互联网中的各项资源，打造以诚信为核心竞争力、以社群为基本单元的共赢创新平台。

在以上战略的指导下，海尔成功成为一个集线下、线上于一体的互联网企业。海尔"haier"，可以理解为"ehaier"，即海尔的电子商务平台。在海尔不同的战略阶段，海尔电子商务也呈现不同规模的发展。海尔电子商务网站（http://www.ehaier.com）于 2000 年成立，到 2008 年 8 月发布了新的商城网站，对网站的功能、服务和易用性等进行升级，完善了网站结构并提供了更加便捷的购物方式。此外，在淘宝、京东等 C2C、B2C 电子商务平台中，海尔还通过特许店、零售网站合作等方式进行更大范围的覆盖，让海尔电子商务成为一个真正的电子商务平台。

海尔对互联网运行进行了成功的理解与经营，在适当的时机进入互联网并开始发展，通过具有鲜明特色的网站来减少与用户之间的距离，实现互联网下的零距离接触，再配合自己搭建的物流采购平台，通过企业内部 ERP 紧密集成的 B2B 采购平台，使海尔与供应商之间可以实现信息互动与沟通，更方便地进行采购、流程跟踪等程序。在这些条件下，海尔成功从一家传统的家电企业转换为互联网企业。本章将对电子商务组织与管理的相关知识进行介绍，帮助读者理解电子商务过程中的一系列组织管理内容。

【本章要点】

电子商务企业　客户关系管理　供应链管理　企业资源计划管理　业务流程重组

3.1 电子商务组织的演变

电子商务的形态并不是一成不变的，为了适应经济发展的需要，电子商务的组织形式呈现不一样的变化，且在不断地自我完善。根据电子商务发展的过程，电子商务的组织形态演变的过程是：企业电子商务→电子商务企业→虚拟企业，下面对其演变过程进行介绍。

3.1.1 企业电子商务

企业电子商务就是指传统企业通过计算机技术、通信技术和网络技术 3 大技术平台来配置资源，进行生产经营的一种组织形式。如通过网络实现从原材料查询、采购、产品展示、订购到出品、储运和电子支付等一系列的贸易活动。如供应链管理，就从市场需求出发，通过网络将企业的销、产、供和研等活动连接在一起，实现了企业的网络化、数字化管理，最大限度地适应网络时代市场需求的变化，实现企业内部的电子商务化。

企业电子商务包括活动、资源、制度和目标 4 项组织要素。

（1）活动：与传统企业相比，企业电子商务活动具有虚拟性、实时性、公平性、全球性、低成本和高效率等特点。

（2）资源：资源是电子商务企业最重要的组成部分，包括信息资源、物质资源等。与传统企业不同的是，在电子商务企业中，信息资源已经超越物质资源成为其最重要的核心，电子商务企业要实现发展，必须有效地利用并发展信息资源的价值。

（3）制度：制度是管理企业员工的依据，也是对企业行为的约束，合理的制度能够保证电子商务系统的正常运转，实现企业目标。

（4）目标：不管是实体企业，还是电子商务企业都需要制定一定阶段内的目标，以指导企业未来的发展方向并采取对应的措施。一般情况下，目标分为短期目标和长期目标，短期目标是企业为了完成某个任务而制定的短期目标，又叫任务型目标；长期目标是企业的长期战略计划，也叫战略型目标。

3.1.2 电子商务企业

电子商务企业是以信息网络技术为手段，以商品交换为中心而进行商务活动的企业；也可理解为在互联网（Internet）、企业内部网（Intranet）和增值网（Value Added Network，VAN）上以电子交易方式进行交易活动和相关服务活动的企业，是传统商业活动各环节的电子化、网络化和信息化。

电子商务企业的企业类型主要包括经纪商型企业、广告商型企业、信息媒体型企业和销售商型企业等。其中，经纪商型企业主要作为市场的中介商来结合买卖双方，并从其中收取费用。广告商型企业主要通过网站的内容和服务来吸引访问者，并通过在网站投放广告的方式来获取利润。信息媒体型企业通过收集有价值的信息，并售卖给需要的机构。销售商型企业则直接通过互联网进行商品或服务的销售来获取收益。

3.1.3 虚拟企业

随着经济全球化与企业竞争的日益激烈，虚拟企业（Virtual Enterprise）应运而生。它是指当出现新的市场机会时，具有不同资源与优势的企业为了共同开拓市场，共同对付其他的竞争者而组织的、建立在信息网络基础上的共享技术与信息，分担费用，联合开发的、互利的企业联盟体。

1. 虚拟企业的定义

虚拟企业最早是由肯尼思·普瑞斯（Kenneth Preiss）、史蒂文·戈德曼（Steven·L·Goldman）、罗杰·N·内格尔（Roger·N·Nagel）3 人在 1991 年编写的《21 世纪的生产企业研究：工业决定未来》报告中提出的，当时，虚拟企业的含义是仅作为一种比较重要的企业系统化革新手段。随着经济的发展，关于虚拟企业的定义，学者从 3 个不同的角度进行了阐述。

（1）产品角度：在威廉·戴维陶（Willan·H·Davidow）与麦克·马隆（Michael·S·Malone）合著的《虚拟企业》一书中，认为虚拟企业是指生产虚拟产品的经过彻底改造的企业。

（2）信息网络角度：虚拟企业要进行运营，必须具备基本的信息网络技术。从这个角度来看，虚拟企业可以定义为组织结构无形化、通过信息网络加以联结的企业组织，如网上商店、银行等。

（3）运行方式角度：普瑞斯、戈德曼和内格尔在《以合作求竞争》一书中，从组织运行方式的角度对虚拟企业的定义进行了阐述，认为虚拟组织是由各种企业单位形成的一种集团，集团中的人员彼此紧密联系又各自独立，为了企业的共同利益而奋斗。通过信息技术来联结企业的人力、资产和思想，是一种为了迎合明确的时间机遇或预期的时间机遇而产生的相对较新的组织形式。

提个醒

虚拟企业一般没有组织章程和等级制度，其组成成员的个数也不固定，可以是两个或两个以上的竞争对手、客户或供应商。

2. 虚拟企业与传统企业的区别

虚拟企业与传统企业具有明显的区别，大致可以从企业内部管理结构和外在表现形式上来加以区分。

（1）企业内部管理结构上的区别

虚拟企业与传统企业在企业内部管理结构上具有明显的不同，传统企业大多采用工业经济时代的金字塔式纵向管理模式；虚拟企业则是根据企业的业务流程与管理流程重新设计的一种扁平化模式。不同的模式使二者呈现出不同的特点。

① 传统企业：传统的金字塔式纵向管理模式具有森严的等级结构和规章制度。基于这种模式建立的组织结构会呈现出底端较大，随着等级的上升而人员数量随之下降的情况。这种模式下企业的管理链条较长，容易出现企业决策传达迟缓，不能快速适应市场与技术变化等现象，缺乏随条件变化而变化的柔性与敏捷性。

② 虚拟企业：虚拟企业的扁平化模式，通过运用虚拟运作，整合内外部资源来达到企业的生产经营目标，很好地解决了传统企业模式下的一些弊端，以实现企业组织的高效、柔性化和灵敏化。

（2）企业外在表现形式上的区别

传统企业中几乎不存在同类型企业彼此合作的局面，而虚拟企业则提倡“共赢”的观念，其合作伙伴既可以是厂商、客户，也可以是竞争对手，很好地改善了传统企业模式下的殊死竞争局面。

实体企业一般变形为具体的法人实体，而虚拟企业则是一种动态联盟，一旦达成目标即可解散，解散后的企业各成员还可以进入其他的虚拟企业。虚拟企业之间的边界不以物质资产作为标准，而是以数字信息流形成的虚拟协作关系作为企业的纽带，这种方式可以对虚拟企业内的物流和资金流进行约束，使其在信息流的引导下按照最有利于信息流动的原则进行流动。

3. 虚拟企业的运作模式

企业运作模式指组成企业的各个方面的表现形式、运作方法，如组织机构形式、产品结构、生产方式和物流形式等。企业的运作模式方式并不单一，既可以是直线制，又可以是部门制或项目管理制等，它与企业生产的产品类型、生产方式和外界环境息息相关。而虚拟企业作为不同于实体企业的组织形态，它的运作模式是指建立在现代通信技术，尤其是互联网技术的基础上，超越国界的一种企业的运作模式。从资源配置的角度来说，虚拟企业的运作模式方式是合作化，即资源整合体，通过将不同企业的资源整合在一起，创作出比本身价值更大的效益，具有适应速度快、调整方便等特点。

虚拟企业的产品主要包括有形商品和服务，在虚拟企业的运作模式下，虚拟产品应该能根据消费者的需求及时生产出来并送到他们手中。基于强大的互联网技术基础，大多数厂商完全可以达到要求甚至以更高的投入产出比提高客户的满意度。

3.2 电子商务运营过程

电子商务的运营可以分为 6 个阶段，分别是：制定企业电子商务规划；进行企业组织结构变革和业务流程重组；完成企业内部信息化建设；企业电子商务网站的创建与推广；企业电子商务增值系统的完善和电子商务效果的评估。

扫码看视频：

电子商务运营过程

3.2.1 制定企业电子商务战略规划

不同的电子商务企业，其发展水平和经营状况不同，但都需要因地制宜，结合企业的实际情况，根据企业发展规划与战略，由浅入深、分阶段和分层次地进行企业的规划。具体来说，企业电子商务战略的规划步骤和内容如下。

（1）分析企业的总体战略和业务战略，为电子商务应用指明方向。主要包括企业的销售、采购和产品等业务是否能够得到改善，企业基于信息资源如何整合，是否能够提高企业的信息化水平，是否能够提高客户的忠诚度，或与合作伙伴形成更加紧密的联系。

（2）对企业所处的内外部环境及企业竞争能力进行分析。包括政治环境、经济环境、社会环境、技术环境（电子支付平台、信息安全技术等）、竞争环境、供应环境、顾客环境、竞争者和竞争结构等的分析，其次，还要对企业内部的资源进行判断，以确保企业内部环境能够适应外部环境，营造良好的环境来开展电子商务活动。

（3）分析目前和将来电子商务的需求，研究电子商务对增强企业的竞争能力可以发挥的作用。主要通过企业现有的能力与所要开展的电子商务活动来进行判断，找准自身在市场环境中的定位，根据实际情况来进行调整。

（4）分析了企业战略环境和需求后，在确保了解网络交易市场的机会、威胁和自身优缺点的情况下，就需要选择并确定企业电子商务的战略目标。在这个过程中要注意分清战略目标的层次性和重要性，注意目标之间的协调性和一致性，明确最终的目标并朝着这个目标奋斗。

（5）识别企业需要利用电子商务的领域。由于每个企业的业务和需求不同，其电子商务的应用领域也不同，不同的企业要根据其业务内容和发展方向来确定电子商务的领域。

（6）电子商务模式多种多样，如 B2B、B2C、B2G 和 C2B 等，企业需要确定在各个应用领域的电子商务模式。

（7）完成以上工作后，最后还需要对企业的主要资源需求进行预测，包括资源投资、设备资本和人才资源等。

3.2.2 进行企业组织结构变革和业务流程重组

为了应对日益变化的企业内外部环境，适应电子商务发展的需求，企业有必要对现有的组织结构和业务流程进行优化，建立适合当前环境和需求的新型组织结构和业务流程，实现更加便捷的信息传输与交流方式；整合企业内部资源并高效利用外部资源，以实现企业利润的最大化，拥有应对市场变化的能力，在激烈竞争的市场中保持自己的核心竞争力。

1. 企业组织结构变革

组织结构（Organizational Structure）是表明组织各部分排列顺序、空间位置、聚散状态、联系方式以及各要素之间相互关系的一种模式，是企业的流程运转、部门设置及职能规划等最基本的结构依据。传统的企业组织结构模式主要包括中央集权制、分权制、直线式以及矩阵式等。但在电子商务环境下，经济发展规律和市场结构已经发生了变化，企业面临着更加复杂的环境和激烈的竞争，这必然导致企业的生产、管理、销售和采购等模式发生变化，并要求企业对原有的组织结构进行改革。

（1）电子商务为企业组织结构带来的改变

电子商务优化了企业的商务活动，使其能够通过自动化的信息网络进行信息的处理与传输，并构建了企业的内部网、数据库，加强了企业的内部信息流通，将原本由企业向消费者的单向信息传递方式变为了双向，搭建了更加方便的企业与消费者信息交流平台。

其次，电子商务不受国家地域和时间的限制，将企业的业务扩展到了全球范围，并能进行每天 24 小时不间断的经营。通过网络自动化大大降低了企业的人力、财力等成本，优化了企业供应链。

（2）电子商务企业组织结构变革的要求

对电子商务企业来说，传统的组织结构难以适应其发展，因此，要求电子商务企业组织结构满足以下要求。

① 电子商务环境下，传统的大规模生产、大批量消费的方式已经结束。面对更加激烈的竞争，个性化、多样化的经营方式更加符合消费者的需求。这就要求企业具备对市场的快速应变能力，因此，企业的组织结构应该是具有高度的弹性、流动性和柔性的组织，以加强企业的决策能力和对外的反应能力。

② 电子商务企业在进行企业管理的过程中，不仅需要具备充分的人力、财力和物质资源，还需要明确这些资源的效用，使资源的作用达到最大程度的发挥。企业组织结构是否能够充分整合内部资源，在很大程度上决定了这些资源的发挥情况。因此，进行企业组织结构变革，保证企业进行职能部门的划分，明确企业各部门的关系，优化组织内部要素相互间的协调配合和信息沟通，进而达到组织整体的稳定。

③ 除了企业内部资源，外部资源也是企业组织变革的一个依据。因为任何企业的经营都离不开内外部资源的结合使用，在充分保证内部资源整合的情况下，对企业外部资源进行完善和组织，建立责、权和利一体化的合作利益机制，实现与外部组织的合作共赢联盟，保证企业组织的柔和、完整性。

④ 电子商务的发展非常迅速，因此要求企业具备良好的创新与学习能力，这是衡量企业核心竞争力的重要内容。企业组织结构要有利于员工学习与成长的需求，具备自主、创新和合作的良好氛围，这不仅可以加强企业的凝聚力，还能使企业在激烈的市场竞争中处于有利地位。

（3）企业组织结构变革的原则

进行企业组织变革时，需要遵循一定的原则，以保证组织能够有效运转。

① 任务目标原则：企业组织结构变革的前提是要符合企业的战略任务和经营目标，以此为出发点并实现最终目标是其基本的依据。

② 统一指挥原则：变革企业组织结构需要保证有统一领导、统一指挥的组织，以实现企业各项命令和生产经营指挥的统一。

③ 合理幅度原则：企业组织结构变革要能够有合理的管理人员和层次结构，使其直接而有效地领导与指挥下级人员，避免监督低效或低执行效率等情况。

④ 分工协作原则：企业组织结构中的每个部门及员工的工作内容、任务和目标都应有明确的具体规定；且各部门互相独立又彼此协调与配合。

⑤ 责权结合原则：企业组织结构变革应做到责权结合，有职就有责。各部门的职位人员数量、业务量、权利和地位之间应该保持均衡，实现良好的内部协作关系。

⑥ 执行与监督分离原则：进行企业组织结构变革时，要注意将执行机构与监督机构分离开，赋予监督机构相对独立的权力，使其更好地发挥监督作用。

⑦ 权变原则：进行企业组织结构变革时要综合考虑战略目标、任务类型和客观环境等诸

多因素的影响。

2. 业务流程重组

在电子商务环境下，传统的业务流程模式无论是成本、速度还是效率都无法达到要求，这就需要企业进行业务流程的重组。业务流程重组（Business Process Reengineering，BPR）是以业务流程为改造对象和中心、以关心客户的需求和满意度为目标、对现有的业务流程进行根本的再思考和彻底的再设计，利用先进的制造技术、信息技术以及现代的管理手段，最大限度地实现技术上的功能集成和管理上的职能集成，以打破传统的职能型组织结构，建立全新的过程型组织结构，从而实现企业经营在成本、质量、服务和速度等方面的突破性改善。业务流程重组是一种扁平化结构管理，对于企业来说，业务流程重组的实施方法可以依据以下几点来实施。

（1）战略规划

战略规划是企业业务流程重组的出发点，可以指导企业流程的分析和设计，帮助企业找准定位，制定出符合企业发展战略的变革方案，减少业务流程重组带来的盲目性和风险。

（2）组织结构设计

企业业务流程重组的过程必然会涉及组织结构的重建，两者是相互联系且彼此作用的。传统的企业组织结构一般是按照职能来设计部门，通过金字塔式的各层管理模式来进行业务管理。这种方式的职能划分较细，中层管理人员较庞杂，缺乏一定的灵活性。在电子商务环境下，则要求面向流程的模式，要求企业运行快速、反应灵敏，需要具备先进和科学的管理思想来构建企业的生产流程、规章制度和岗位职责等业务框架，建立一个完善的企业组织结构流程模型。

（3）供需链设计

电子商务改变了传统企业从原材料采购到客户关系管理以及产品设计整个供应链中的许多流程。企业在进行业务流程重组的过程中要综合考虑采购、订单处理、产品研发、生产、库存、销售、售后服务和客户关系等流程之间的关系与结构，对企业内部的业务流程、企业之间的业务流程以及企业同客户之间的业务流程进行全面整合，通过减少物流、工作流、增值流及资金流等环节中的无效环节，使企业尽可能地缩短商务活动的流通渠道，达到无链接工作流程的效果。

（4）企业文化

电子商务改变了传统的工作环境和工作方式，这必然会引起企业文化的改变。在进行企业业务流程重组的过程中，还要考虑企业文化与电子商务的接轨，通过培训、宣传与交流等方式重新进行企业文化的塑造，加强企业间的交流，培养团队合作精神，将企业文化融入员工的思想中，增强员工的归属感。

3.2.3 完成企业内部信息化建设

企业信息化建设是指企业利用计算机技术、网络技术等一系列现代化技术，通过对信息资源的深度开发和广泛利用，不断提高生产、经营、管理、决策的效率和水平，从而提高企业经济效益和企业竞争力的过程。完成企业内部信息化建设的流程如图 3-1 所示。

内部网络搭建
•进行企业内部计算机网络（内联网）的搭建，建立必备的内部信息管理平台。将企业各项业务所需的信息合理、有效地加以管理，主要包括人事、文档、项目和公共信息等内容

互联网接入
•构建了企业的内联网系统后，需要进行内联网与互联网的连接，选择一种合适的方式连接到互联网

应用软件系统构建
•创建企业自身的应用软件系统，将企业的全部信息以电子文本的形式进行存储和处理

图 3-1 企业内部信息化建设的流程

提个醒

企业信息化的建设需要循序渐进，从基础工作入手，先建立好企业的数据系统，保持数据的一致性、及时性和可靠性；再调整企业的管理思想和机制，进行其他内容的建设，保证企业信息化建设的稳定，让企业在有效的时间内提高自身的能力。

3.2.4 企业电子商务网站的创建与推广

电子商务网站是企业进行电子商务活动的平台，在网站中不仅能进行企业产品的展示和形象的宣传，还能进行在线交易，整合企业资源，改善传统的业务模式，提高企业的管理效率和市场竞争力。创建电子商务网站的流程如图 3-2 所示。

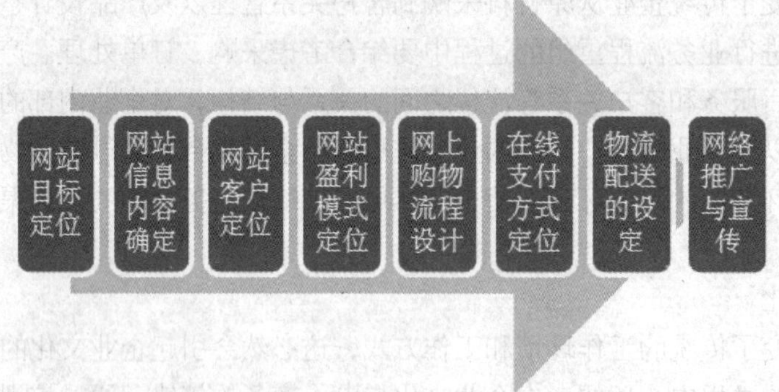

图 3-2 创建电子商务网站的流程

3.2.5 企业电子商务增值系统的完善

完成以上工作后，企业的电子商务系统已经初具模型并可以开始运行。在运行的过程中企业要根据市场、客户和竞争对手的情况，完善企业电子商务的各项增值服务，如针对卖家的广告推介服务、针对买家的优秀商品推送服务等。

3.2.6 电子商务效果的评估

电子商务涉及了企业和市场的各个方面，健全和功能完善的电子商务体系才能通过市场的考验。因此企业还要在建设与实施电子商务的过程中不断分析与评估电子商务的效果。一般来说，可以从 4 个方面来进行电子商务的评估。

（1）市场关注程度：对市场的关注程度进行分析，可以明确企业目前的经营状况，并预测未来的情况，提前准备好应对措施或修改方案。

（2）企业经营情况：对企业的经营情况进行分析，包括成本、盈利水平和投资回报等因素，分析其是否达到规划的目标。

（3）市场份额和推广能力：分析企业产品在市场中所占的份额，查看推广的力度是否适应企业的发展，并根据实际情况进行调整。

（4）系统安全性评估：电子商务基于互联网运行，企业在运营过程中要确保整个体系的安全性，为企业自身、客户和供应商等提供安全的环境。

电子商务系统的评估，可以采取以下几种方式。

- 委托专业评估机构：国内外有一些权威的专业评估机构，企业可以直接委托他们进行评估。他们能够站在比较公正的立场，以比较先进的评估方法和设备，得出客观、公正的评估结果。对企业来说，其评估结果更具有价值，但一般评估的费用较高。
- 客户评估：由客户对企业的电子商务系统进行满意情况的评估。一般以网上调查表、有奖调研等形式收集数据，然后由企业管理部门对这些信息统计分析，得到比较真实客观的评估结构。
- 自我评估：企业自己组织或采用专业机构提供的评估系统来进行自我评估，具有成本低、保密性好等优点，但评估的结果可能不准确。

3.3 客户关系管理

电子商务时代，市场经济快速发展，传统的市场形态发生了巨大改变，已经逐步转变为买方市场，即由消费者需求决定市场发展的局面。因此，对客户进行研究成为了电子商务的一个重要课题，与客户保持良好的关系、与客户互动是企业客户管理的关键。这是因为，客户可以更好地获取信息，并提供具有参考价值的反馈信息，然后，企业再根据这些反馈进行产品和服务的设计，提供更加符合客户需求的服务，增加企业的市场竞争力。这种情况下，客户关系管理应运而生。

3.3.1 客户关系管理概述

客户关系管理（Customer Relationship Management，CRM）产生于美国，由高德纳咨询公司（Gartner Group）首先提出，当时仅简单理解为“接触管理”（Contact Management），即专门收集客户与公司联系的所有信息。1990 年则演变成包括电话服务中心与支持资料分析的客户关怀（Customer Care）。到了 1999 年，高德纳咨询公司在之前的基础上，结合当前的经济发展与市场需求，提出了新的客户关系管理概念，强调对供应链进行整体管理。

随着信息技术与市场经济的不断发展，客户关系管理的概念越来越丰富、完善，目前，我们认为，客户关系管理是企业为了提高核心竞争力，以客户为中心，利用相应的信息技术及互联网技术改进对客户服务的水平，提高客户的满意度与忠诚度，进而提高企业盈利能力的一种管理理念。

客户关系管理的核心思想是：客户是企业的一项重要资产，客户关怀是 CRM 的中心，客户关怀的目的是与所选客户建立长期有效的业务关系，在与客户的每一个“接触点”上都更加接近客户、了解客户，最大限度地增加利润和利润占有率。

电子商务客户关系管理与传统的客户关系管理不同，它主要通过网络来获取信息并进行交流，主要包括客户信息管理、客户价值管理、客户服务管理、客户沟通管理和客户满意度与忠诚度管理。

阅读材料

老板电器的电子商务客户营销

老板电器股份有限公司（简称老板电器）成立于 1979 年，是一家专业从事高端厨房电器的生产、销售的企业。其产品类型丰富，主要包括抽油烟机、燃气灶、消毒柜和电烤箱等。经过 38 年的发展，老板电器已成为高端厨房电器行业的知名品牌，现在老板电器集团拥有员工 3000 多人，网络遍布全国，任何需要该品牌产品的客户都可以通过线下实体店、线上网店（如老板电器官方网站、天猫、京东和苏宁易购等电商平台中开设的旗舰店）购买。老板电器成功地完成了传统企业向企业电子商务的转型。

老板电器进入互联网行业已经超过 10 年，在这 10 年间一直随着市场的变化而改变影响策略。发展至今，电子商务企业已经不能只凭低廉的价格来打动消费者。老板电器的副总裁、电商 CEO 蒋凌伟说“原来做产品只需要满足用户需求，现在到了一个更加高的阶段——刺激用户的需求”。因此，老板电器尝试进行个性化产品定制，并与魔兽这个超级 IP 一起合作进行营销，以提升客户的消费体验。在 2016 年 12 月 14 日的金麦奖颁奖盛典上，老板电器获得了“2016 金麦奖年度家电数码类产品”金奖。在盛典上，蒋凌伟分享了老板电器经营的经验。

1. 客户情怀营销

2016 年是一个经济 IP 时代，而魔兽这个 IP，是 20 世纪 70 年代末 80 年代初这个群体的普遍情怀，这群人正好是老板电器的目标消费群体。针对这个特点，老板电器将魔兽世界最厉害的玩家 MOON、FLY 邀请到企业进行电竞比赛，为产品营销造势。并制定了魔兽的周边产品，如魔兽抱枕、雨伞和线下店 COSPLAY 秀。

2. 从满足到刺激用户需求

家电产品的用户群一般比较理性，不容易接受新产品，因此老板电器对于新品一直十分谨慎。但 2016 年“双 11”，老板电器却发布了 3 款高端的新产品，其价格比普通的 4500 元的客单价高出 2000 元左右，结果这三款产品的销量非常好。这是因为，现阶段的消费者基本都有富足的资金来满足自己的需求，但却没有更好的途径来实现需求。因此，企业需要刺激消费者的需求，帮助客户挖掘自身的需要。

3.“厨源”的美好体验

厨源是基于O2O的厨电商品体验中心。在厨源中除了可以购买产品外，还能进行烹饪、烘焙等专门的教学课程，提升用户的消费体验，唤醒用户对于厨房产品的喜爱。目前，老板电器所有的厨源门店超过了30家，充分满足了用户的线下体验需求。

4. 用“微装”与用户互动

传统企业，特别是复购率很低的企业，与客户的互动一直是一个急需解决的问题。老板电器就通过“微装”很好地解决了这个痛点。“微装”，即厨房的局部翻新，主要包括厨电和配套橱柜的更换，用于解决厨房装修的难题。

5.“超级工厂”的创客逻辑

“超级工厂”是老板电器内部的一个孵化器，其第一个产品——空气净化的抽油烟机是一个由员工持股的抽油烟机。采用“超级工厂”的模式，企业将各个产业链中的核心员工组成一个项目组，这个项目组包括生产、技术、外观设计、内部结构、服务、物流和营销，每一个员工都是这个项目的股东。

6. 智能仓储

老板电器的产品基本属于大家电，需要面积更大且更有效的运输来保证客户的利益。目前，老板电器使用了家电行业里吞吐面积最大、层高最高的智能立体仓库，很好地解决了库存量单位（Stock keeping Unit，SKU），商品从入库、出库到零配件的所有过程。

3.3.2 电子商务客户信息管理

电子商务时代，企业面临更加激烈的竞争环境，只有通过顾客信息管理，了解顾客的需求，向其提供满意的产品和服务，才能紧紧抓住顾客，企业才能生存和发展。客户信息管理的内容主要包括客户基本资料、档案管理、客户消费信息管理、客户信用度管理、客户黑名单管理、客户流失信息管理、客户分类管理、大客户账户信息管理及潜在大客户管理等内容。

完成以上信息的管理，需要先进行客户信息的收集，收集的方法如下。

（1）普遍寻找法：由公司统一组织，在某个选择的市场区域范围内，通过上门、电子邮件或电话等方式对该范围内的客户进行寻找与确认。该方法具有接触面广、信息量大等优点。

（2）广告寻找法：向目标客户群发送宣传广告来吸引客户上门，展开业务活动或者接受反馈。如通过媒体网站、报纸等进行信息发布。

（3）资料查阅寻找法：对客户展开研究，了解客户的特点、需求，再通过适当的途径来收集客户信息，如有关行业和协会的资料，企业黄页，电视、报纸、杂志和互联网等大众媒体，客户发布的消息，企业内刊等。

（4）电子商务平台寻找法：在一些B2B、B2C等电子商务平台上，客户一般会主动留下自己的信息，通过收集这些平台上的资料可获取客户信息。

完成客户信息的收集后，即可进行客户资料数据库的建立，然后进行客户信息的整理与分析。

提个醒

除了以上介绍的方法，还有一些其他的客户信息的收集方法，如网上查找、与同行互换和购买专业的电话业务名录等。

3.3.3 电子商务客户价值管理

企业生产、销售的目的是满足客户需求，让客户产生购买行为。而客户价值就是客户对企业的产品、服务或其他无形资产的一种主观感受，只有在企业提供的内容满足客户需求的基础上，才能将客户转变成自己的忠实拥护者，形成客户价值，为企业带来更多的利益。

扫码看视频：

电子商务客户价值管理方法

1. 电子商务客户价值的识别方法

不同的客户有不同的产品或服务需求，并且这些需求还会随着时间与市场的变化而改变，这也造成了客户价值的不同体现。一般来说，客户会从价值与成本两个方面来进行比较，选择价值最高，成本最低的产品或服务。相较于传统的购物方式，电子商务基于互联网的特性，其表现更加明显，为了达到客户所期望的价值，企业应该站在客户的角度来看待产品和服务的价值，将满足客户的价值作为首要条件，以便为企业带来更多的投资回报。那么，怎么来识别是否满足了顾客的价值呢？在电子商务环境下，可以采取以下方法来实现。

（1）购买行为观察法

电子商务比传统商务具有更加丰富的物质品种，面对琳琅满目的产品，客户一般都会反复筛选，挑选最符合他们需求的产品购买。从客户的购买行为上，我们可以分析出客户最愿意购买并最可能购买的产品或服务，并依此为依据判断哪些客户是企业的有效潜在客户。

① 最近购买（Recency）：通常情况下，客户购买日期越近，被认为越有可能再次购买，其潜在价值比购买日期远的客户要高。

② 购买频率（Frequency）：购买频率是指客户在一段时间内重复购买企业产品或服务的次数。购买频率越高，说明客户对企业的忠诚度越高，价值越大。

③ 购买金额（Monetary）：购买金额是指客户在一段时间内购买企业产品或服务的总金额。购买金额越高，客户对企业的贡献越大，潜在价值越高。

对这 3 个要素进行差异性分析，再根据结果展开针对的服务，从而使企业价值目标和客户价值目标相协调。

（2）直接访谈法

通过直接与客户交流，了解客户的想法与需求，针对这些需求进行调整，形成既满足客户需求又符合企业目标的制度或方案。

（3）意见反馈

很多企业在进行客户管理时，都会提供意见反馈的途径。将客户反馈的意见收集起来并进行分析，以此作为企业产品或技术更新的依据。

（4）竞争对手分析法

俗话说：“知己知彼，百战不殆。”通过分析竞争对手可以发现市场的空缺，了解竞争对手的客户与特点，并找到彼此之间的区别。制定相应的战略并调整策略，为客户提供更有价值的产品或服务，同时增加自身的竞争优势。

提个醒

企业也可采取逆向思维的方式来识别，即站在客户的角度来思考问题，这样可以更加清楚、明确地发现目前的问题，并制定相应的策略。

2. 电子商务客户价值的管理内容

客户价值与企业的关系，就是企业为客户提供需求，并以此作为客户向企业贡献利润的交换条件。对客户价值进行管理，其实就是对客户满意度和忠诚度的管理。图 3-3 所示即为客户价值的驱动模型。

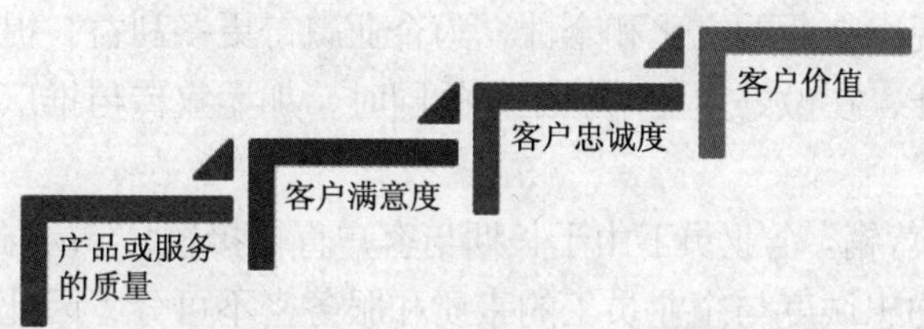

图 3-3　客户价值驱动模型

（1）客户满意度管理

所谓客户满意度（Consumer Satisfactional），也叫客户满意指数，就是客户的一种心理感受状况。现代营销学之父——菲利普·科特勒对客户满意度的定义为：客户对一件产品或服务的可感知效果和他的期望值相比较后，所形成的愉悦或失望的感觉状态。

当产品或服务的实际消费效果没有达到客户预期时，就导致了不满意；当达到客户预期时，就满足了客户的预期要求，达到了客户满意度。一般来说，客户满意度与价值的关系如图 3-4 所示。

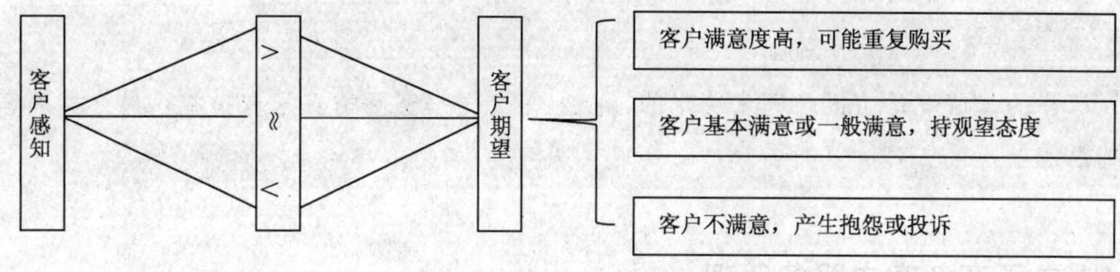

图 3-4　客户满意度与价值的关系

因此，企业应该将客户的利益放在首要位置，在保证核心产品、服务和支持系统等的前提下，充分与客户互动，使客户感到满意。特别是在目前电子商务的环境下，企业还需要结合网络环境的优势，合理提高客户的期望，达到维持和提升客户满意度的效果。

（2）客户忠诚度管理

客户忠诚度又叫客户黏度，是在客户满意度的基础上形成的，其含义是指客户对某一特定产品或服务产生了好感，形成了“依附性”偏好，进而重复购买的一种趋向。有关研究表明，企业寻找一个新客户的成本比留住一个老客户的成本高4~6倍，这就意味着，客户的流失会损害企业的利益，并且使企业花费更多的成本来进行新客户的挖掘，而老客户所带来的利益往往并不是单一的购买行为，还会帮助企业进行正面的口头宣传，影响其他的潜在客户，使企业花费更少的成本获取更多的利益。因此，客户忠诚度的管理是至关重要的。那么，怎么才能提高客户的忠诚度呢？企业可采取以下一些途径。

① 保证产品质量和服务。客户忠诚度的前提是客户的期望值得到了满足，而期望值是基于企业产品和服务的，因此，企业必须在保证产品和服务质量的前提下，满足承诺给客户的条件。其次，还要与客户进行有效的沟通，减少发生问题时产生的摩擦，树立客户对企业的信任与容忍，提高客户的忠诚度。

② 提升品牌形象。品牌形象是指品牌在市场上和社会公众心目中所表现出来的个性特征，它体现着公众、特别是消费者对品牌的认知与评价。出色的品牌形象不仅代表着优秀的服务和品质，还能体现出企业的文化和个性，为企业赢得更多利益。提升品牌形象可以从企业和产品两个层面展开，在做好企业本职工作的同时，加大宣传与推广力度，加深企业品牌在客户心中的印象。

③ 加强企业内部营销。企业员工由于长期与客户直接接触，容易与客户建立起更加密切和信任的关系。客户的忠诚度与企业员工的素质和服务密不可分，因此，稳定员工队伍、提高员工素质是需要加强并引起企业重视的。特别是电子商务环境下的贸易活动，客户服务是相当重要的一部分，由此出现了新兴的职业“客服”，即为客户服务的工作人员。培养并维系高质素的客服人员对电子商务企业非常必要。此外，其他部分员工的素养也需要加以培训和提高，以保证企业内外部均衡，维持与客户关系的稳定。

④ 增加宣传力度。企业的品牌形象并不是建立起来就能被客户知晓的，这需要企业通过宣传与推广来增加受众面，让客户了解并自主宣传，建立起良好的企业品牌形象。宣传和推广企业品牌的途径有很多，如电子邮件推广、微博推广、微信推广、QQ推广和广告推广等，企业可根据实际情况选择一种或多种方式进行宣传推广。

提个醒

客户的忠诚度是由很多因素决定的，企业需要根据实际情况采取措施，最终提高客户的满意度，留住有价值的客户，留住最忠实的客户。

3.3.4 电子商务客户服务管理

随着电子商务的不断发展，传统的以生产和销售为中心的市场战略逐渐被以客户和服务为中心的市场战略所取代。越来越多的企业意识到客户服务的重要性，并逐渐开始建立现代客户服务管理的战略。本节将对客户服务管理进行介绍，主要包括客户细分、客户服务管理与传统客户服务的区别、电子商务环境下客户服务管理的特点和电子商务环境下客户服务管理的内容。

1. 客户服务中的客户细分

进行客户服务管理需要先分清楚客户的级别，根据级别来提供不同的客户服务。而客户细分就是在明确的业务模式和特定市场中，根据客户价值、客户的需求和偏好等因素对客户进行分类。同一个细分群体的客户具有某些方面的相似性，企业以此提供有针对性的产品服务和营销模式。

根据客户与企业的关系可以将客户分为一般客户、商业客户、渠道、分销商和代销商、内部客户。根据客户对企业的贡献大小，又可以将客户分为 VIP 客户、主要客户、普通客户和小客户。本书按客户对企业的贡献的细分大小为例进行介绍。

调查研究表明，在不同的客户中，小客户占据客户占比最大，普通客户次之，主要客户和 VIP 客户最少，如图 3-5 所示。根据“二八定律”，20%的主要客户能够为企业带来 80%的利润，甚至在某些行业，能够带来超过 100%的利润。这说明主要客户是企业利润的主要提供者，是最具有价值的客户，是企业客户中最宝贵的财富。

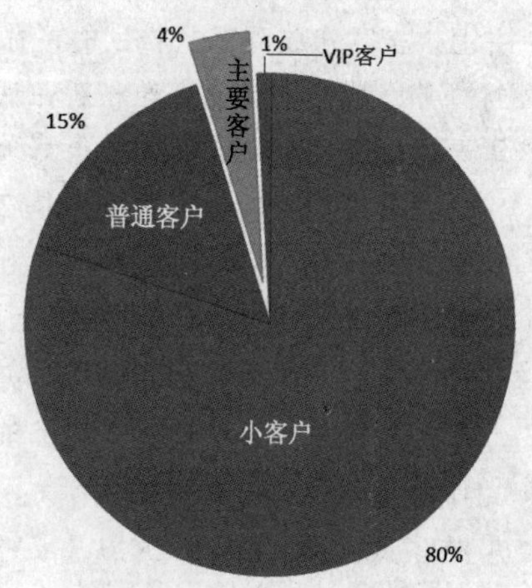

图 3-5 客户细分及所占比例

不同类别的客户其需求不同，对于小客户和普通客户，一般的标准化服务即可满足他们的需求。对于主要客户，则要提供 VIP 级别的服务。对于 VIP 客户，则要以“细节”为主。在服务不同客户的过程中，要充分考虑企业的资源与能力，将主要的精力用于服务对企业最有价值的主要客户，以获取更高的企业利益。

2. 电子商务客户服务管理与传统客户服务的区别

毋庸置疑，电子商务环境下的客户服务与传统的客户服务是存在区别的，最主要的不同就是主动性的差异。在电子商务环境下，客户可以通过各种互联网手段选择客户服务人员，可以主动咨询问题，可以主动留下反馈信息等。比传统的面对面的客户服务方式更加方便和灵活，并且具有更大的自主选择性。改变了由企业人员向客户服务的被动方式，转变为以客户为主导的服务方式。

其次，与客户的交流方式也发生了很大的变化，由面谈方式变为了以聊天、通信工具为主的方式，如阿里旺旺、QQ 和微信等，以文字和表情为主。并且，在电子商务环境下，一个客户服务人员可以同时服务多个普通客户，在减少人工成本的同时，还能带来更大的收益。

阅读材料

成功淘品牌“三只松鼠”的客户服务

三只松鼠是一家发展非常快速的网上零食坚果店，连续几年占据了零食坚果类的热销排行第一名。除了提供优质的产品，三只松鼠良好的客户服务也是其成功的关键。三只松树是最先提出“森林食品”的零食类产品品牌，提倡新鲜、低价和安全食品的理念，并将目标消费群体定位于“80后”“90后”，因为他们个性张扬，追求时尚，享受生活，注重产品的全方位体验。

三只松鼠从客户的角度出发，产品定价始终保持着贴心的低价，产品的包装上都有卖萌的卡通松鼠形象。客户服务人员以“××鼠”命名，对客户以“主人”的方式进行称呼，将客户推到较高的位置，让客户感受到对他们的尊敬，态度上也十分亲切和耐心。并且，当客户收到三只松鼠的产品后，会发现除了自己购买的产品外，还有壳袋、湿巾、封口夹、抽奖卡、优惠券和新品试用等物品，这些物品虽小，但却是客户使用产品时最需要的，这些贴心的服务都很好地赢得了客户的信赖，将其转化为自己的忠实粉丝。

三只松鼠的创始人张燎原是三只松鼠的一个客服，在与客户交流的过程中，他积累了丰富的经验，并总结写下一本上万字的客户服务书籍——《松鼠服务秘籍》，里面包含了客户服务的绝招，以保证客户服务人员成为“一只讨人喜欢的松鼠”，做好与客户的交流沟通，了解客户的实际需求并为客户带来更加贴心的服务。

三只松鼠十分明确客户服务的重要性，明确服务质量的评价者是客户而不是企业，凭借对服务营销的准确把握，为消费者提供全方位的体验服务。三只松鼠成功将传统坚果经营成独特体验，并成为互联网中最具代表性的淘品牌。

3. 电子商务客户服务管理的特点

电子商务客户服务管理的目的是辅助企业经营决策，以提高客户满意度，使客户的价值发挥到最大，并且在企业竞争的过程中处于有利地位。电子商务环境下的客户服务管理是以信息技术和网络技术为平台的一种新兴的客户服务管理模式，虽然不同于传统的客户服务，但却是在传统客户服务的基础上发展建立起来的。电子商务客户服务具有以下一些特点。

（1）改善信息沟通：基于互联网没有时间地域限制的特点，电子商务客户服务可以支持客户随时、准确地访问企业信息。同时，企业营销人员还能借助互联网技术，根据客户的需求及时、全面地为其提供企业的产品、服务或运行状况等信息，大大改善了传统模式下沟通交流的不便。

（2）降低管理成本：电子商务环境下，企业能够以更加低廉的费用获取互联网上的各种信息，再将这些信息用于客户服务，为客户带来更好更优质的服务。这不仅能够降低企业的管理成本，还能够实现更好的客户沟通，为企业和客户双方了解彼此的价值和利益提供了更好的方式。

（3）更新管理理念：互联网为企业带来的并不仅仅是技术的革新，还有整个社会管理思想的变革。将电子商务融入客户服务管理时，不可避免地就需要对企业原本的管理方式加以改变，这就需要结合企业结构和业务流程重组具体思路和方法，在此基础上由以产品为中心转为以客户为中心，这也是电子商务环境下最明显的客户服务特点。

4. 电子商务客户服务管理的内容

按照客户服务的过程，可以将客户服务管理分为售前客户服务、售中客户服务和售后客户服务。不同的客户服务阶段所需要处理的事情和提供的服务不同。下面分别介绍这3个阶段的内容。

（1）售前客户服务

售前客户服务是电子商务客户服务管理的第一个阶段，该阶段主要进行商品信息发布和查询、客户咨询和应答、客户档案建立等工作。

① 提供商品信息和搜索服务。网上商店中的商品种类丰富，客户选择商品需要进行搜索和筛选，此时，售前客户人员就需要提供相应的搜索服务，以及商品的功能对比和有关的商品详细信息，以方便客户进行比较，做出购买决策。

② 客户咨询和应答。售前客户服务主要是一种引导性的服务，当买家对产品抱有疑虑时，就需要客户服务人员提供应答服务。此时，还需要客户服务人员掌握基本的客户服务知识，了解商品信息，并能够根据客户的意向进行产品的推荐。

提个醒

客户服务人员应该掌握足够的商品信息知识，包括商品专业知识（如产品质量、产品性能、产品寿命、产品安全性、产品尺寸规格、产品使用注意事项等）、商品周边知识（产品的附加值和附加信息等）、同类商品信息和其他促销方案等。保证及时应对客户提出的各种问题，避免出现答非所问、不知所云的情况。

③ 客户档案建立。在进行客户服务的过程中，客户服务人员应该注意及时保存客户资料，将客户姓名、性别、年龄和喜好等基本资料保存到档案库中，当客户再次光临时，方便与客户进行沟通，同时，也需要将客户再次光临的记录进行保存，并以此为依据进行潜在客户的开发。

（2）售中客户服务

售中服务是指商品交易过程中为客户提供的服务，主要集中在客户付款到订单签收这个阶段，包括订单处理、装配打包、物流配送和订单跟踪等内容。

① 订单处理：订单处理主要是指对订单进行修改，如修改价格、修改买家的地址和联系方式等。图 3-6 所示为在淘宝电子商务平台中修改订单价格。

② 装配打包：商品在寄出之前，需要对其进行打包，如果买家提出了特殊的包装要求，也要根据具体情况予以满足。图 3-7 所示为使用珍珠棉对产品进行包装的过程。

③ 物流配送：物流配送是指联系物流公司进行揽件并开始配送，注意物流信息要填写得正确和完整。

④ 订单跟踪：订单跟踪是指随时跟踪订单的情况，并告知买家。

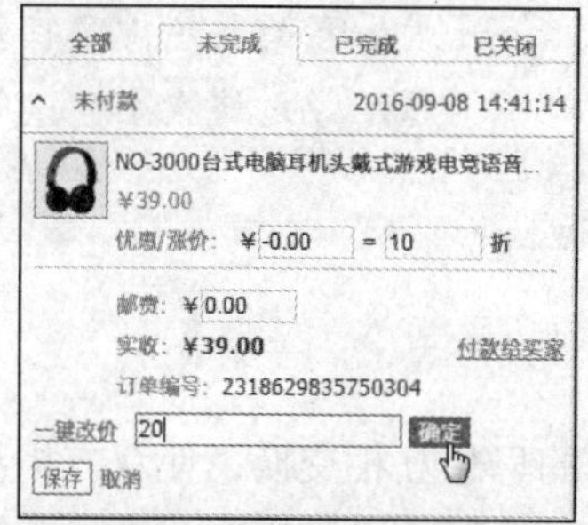

图 3-6 修改订单价格

图 3-7 使用珍珠棉进行产品包装

（3）售后客户服务

企业售出产品并不意味着服务的结束，恰恰相反，这正是客户服务最重要的一个环节。售后服务的质量是衡量企业服务质量很重要的一个方面，好的售后服务不仅可以提高店铺的形象，还能吸引更多新顾客，留住更多老顾客。电子商务售后服务所包含的内容非常多，商品使用解答、商品维护解答、退换货处理和中差评处理等都属于售后服务的范畴，其中退换货处理和中差评处理是问题比较集中的两个方面。此外，完善的售后服务还包括主动询问买家的使用情况，根据买家反馈信息及时调整，引导买家好评和好评回复等。图 3-8 所示为在淘宝电子商务平台中对某耳机产品进行退款处理的界面。

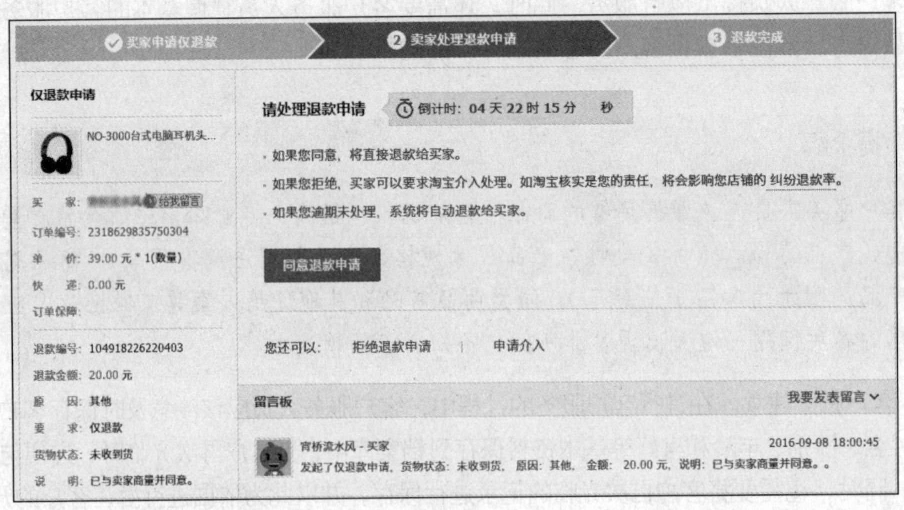

图 3-8　在淘宝电子商务平台中对某耳机产品进行退款处理的界面

阅读材料

售后服务不及时流失客户

李某在淘宝网上购买了两件商品，一天后显示商家已发货，但几天过去了，李某还是没有收到已购商品。查看商品进度后，李某发现商品一直处于发货状态，但没有物流信息，于是询问网店的客服人员。客服人员回答说商品已经发出，明后天即可配送，需要再耐心等待。两天后李某再次查看，发现商品进度一如既往，一气之下李某果断选择了申请退款，退款理由是商品发货不及时，物流信息不完整并长时间收不到商品。网店客服人员同意了退款申请，并告知款项将在 1~3 天退款，但几天后李某还是没有收到退款通知。最后不得已，只能申请淘宝客服调解，这才解决了问题。经过这次不愉快的购物，李某决定再也不在这家网店购物，将其拉入了黑名单。

3.3.5　电子商务客户沟通管理

客户沟通是指客户服务人员通过将自己的思想与客户的思想互相交换，使双方相互了解并协调行动的一个过程。通过与客户沟通，能够了解客户的实际需求和期望，并能向客户传输企业的文化与价值，形成长远的合作关系。特别是当企业产品或服务出现问题时，及时有效的沟通能够更快地获得客户的谅解，减少退换货情况的发生。尽可能建立并维护与客户之间的信任，加深与客户之间的感情，建立稳定的客户关系，这样才能将客户发展为企业的老客户，增加客户对企业的价值。

阅读材料

客户关系管理系统

客户关系管理发展到目前已经有相当长的时间，在这个发展过程中出现了各种类型的客户关系管理系统。按照不同的方式可以对客户关系管理系统进行不同的分类，主要的类型有以下几种。

（1）按架构分类：主要包括 B/S 架构和 C/S 架构。随着电子商务移动时代的来临，移动 CRM 系统的优势越来越明显。

（2）按应用分类：主要包括运营型 CRM、分析型 CRM 和协同型 CRM。

（3）按组成分类：主要包括营销、销售、服务与支持。

（4）按经营模式分类：主要包括产品型 CRM、项目型 CRM 和会员型 CRM。

不管是哪种类型的客户关系管理系统，都包括 3 个主要模块，分别是接触活动、业务功能和数据库功能。

1. 接触活动

接触活动是指客户关系管理系统与客户的接触方式，主要包括呼叫中心、直接沟通、传真、电子邮件、互联网和其他营销渠道。其中呼叫中心是最重要的一种方式，它是一种现代化的客户服务手段，不仅能提供客户服务，还能协调企业的内部管理。

呼叫中心又叫“客户服务中心”，是一种基于 CTI 技术（计算机网、通信网集成技术）、充分利用通信网和计算机网的多项功能集成，并与企业连为一体的一个完整的新型综合信息服务系统。呼叫中心能够自动将客户电话转接到人工坐席服务人员，为客户提供高效、高质和全方位的服务。在电子商务时代，呼叫中心通过充分与互联网融合，通过应用数据挖掘、知识管理技术与客户关系管理系统，可以为客户提供一对一的个性化服务，并支持人工话务处理、自动语音处理、计算机同步处理、统计查询、互联网操作、分析统计和定时自动呼叫等服务。未来，呼叫中心应该朝着更加全面的方向发展，如 IP 呼叫中心、多媒体呼叫中心、视频呼叫中心和统一消息处理中心等。

2. 业务功能

商务活动中，与客户接触最为频繁的一般包括市场影响、销售和服务部门。客户关系管理系统的业务功能主要就针对这几个部门进行实现，主要包括市场管理、销售管理、客户服务和支持 3 个部分。

（1）市场管理：通过对市场进行分析统计，为企业产品和服务决策提供数据信息；发现并挖掘市场机会，不断拓展和完善市场；管理各种市场活动，对市场活动进行分析、总结，以更好地完成工作。

（2）销售管理：销售人员可以通过客户关系管理系统来获取与销售有关的信息，如生产、库存、定价和订单信息，并随时补充对应的信息，完善企业的信息数据库。

（3）客户服务和支持：通过呼叫中心可以随时为客户提供服务，并将客户的信息存入数据库以完善资料并为客户提供更加个性化的服务。

3. 数据库

任何一个系统都应该有对应的数据库来存储并共享数据。对于客户关系管理系统这样功能复杂、数据庞大的系统而言，一般可以按照系统提供功能的不同来进行数据库分类，将对应的功能服务的数据存放在其中，方便数据的管理，如客户数据、销售数据和服务数据等数据库。每个数据库中都包含完善的数据结构和庞大的数据信息，如客户数据可以包括客户的基本信息、联系人信息、业务信息、合作伙伴信息和代理商信息等。销售数据包括销售订单信息、客户询价和报价、竞争对手数据信息等。服务数据包括客户投诉信息、服务合同信息、售后服务信息和解决方案等。

3.4 供应链管理

供应链（Supply Chain）是围绕核心企业，通过对商流、信息流、物流和资金流的控制，从采购原材料开始到制成中间产品及最终产品、最后由销售网络把产品送到消费者手中的一个由供应商、制造商、分销商、零售商直到最终用户所连成的整体功能网链结构。图 3-9 所示即为企业的供应链。

供应链管理（Supply Chain Management，SCM）就是借助信息技术和电子商务，把整个供应链上业务伙伴的业务流程相互集成，从而有效地管理从原材料采购、产品制造、分销、到交付给最终消费者的全过程。供应链管理可以对传统的企业内部各业务部门间及企业之间的职能从整个供应链进行系统的、战略性的协调，以此提高供应链及每个企业的长期绩效，达到提高客户的满意度，并降低企业成本、提高效益的效果。

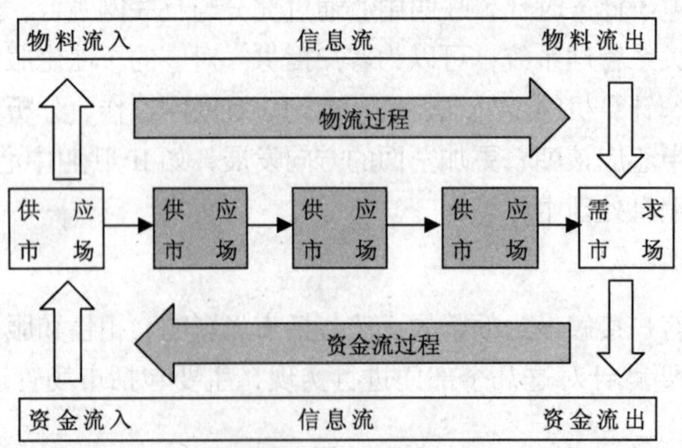

图 3-9 企业的供应链

3.4.1 供应链管理的产生与概念

在全球经济一体化越来越高的当今社会，跨国经营已经越来越普遍。就制造业而言，一个产品在设计、原料采购、生产和销售等环节所处的地点可能完全不一致，并且在这个过程中可能有相当多的企业参与了产品的制作。不同的地理位置、生产水平、管理能力，形成了复杂的产品生产供应链网络。这样复杂的供应链网络需要一个统一的功能完善的管理系统来统筹管理，保证整个供应链的正常运行和价值产出。

20 世纪 80 年代末供应链的概念最早被提出，是对企业的生产活动进行延伸，从扩展的商城概念发展而来的。随着经济与全球制造的发展，供应链逐渐受到企业重视并成为一种新的管理模式。但目前，国际上还没有公认的供应链管理的定义，不同的学者对供应链的看法不同，如下所示为几种比较典型的供应链的含义。

（1）1988 年学者 Houlihan 提出供应链管理的含义为：供应链管理是对从供应商开始，经生产者或流通业者，到最终消费者的所有物质流动进行管理的活动。

（2）1990 年学者 Cooper 认为：供应链管理是从供应商开始到最终使用者的流通渠道的全面管理。学者 Stevens 认为：供应链管理是从供应商开始，经附加价值（生产）过程或流通渠道到顾客的整个过程中的物质流动的管理。

（3）1991 年学者 Langeley 和 Houlcomb 认为：供应链管理是为提供能够最终为消费者带来最高价值的产品或服务，而开展的渠道成员间的互相合作。

（4）1993 年学者 Tumer 认为：供应链管理是从原材料供应商开始，经生产、保管和流通等各种手段，到最终顾客的整个过程的连接。学者 Ellram 认为：供应链管理是在从供应商到最终用户的过程中，用于计划和控制物资流动的集成的管理方法。

（5）1994 年学者 John Mon 认为：供应链管理是商品调运而使用的手段，这种手段追求的是供应链参与者之间信息的恰当提供。

（6）1995 年学者 Farmer 认为：供应链管理这个概念更应该用无缝隙性需求整合来取代。

（7）中国《中华人民共和国国家标准·物流术语》中对供应链管理的定义为：供应链管理是利用计算机网络技术全面规划供应链中的商流、物流、信息流和资金流等并进行计划、组织、协调与控制。

综上所述，我们认为：供应链管理其实是一种集成的管理思想和方法，通过把不同企业集成在一起以增加整个供应链的效率，更注重企业之间的合作。供应链最早出现时，是作为一种平衡有限的生产能力和适应用户需求变化的缓冲手段而存在的，其重点主要放在了库存上。而随着经济和电子商务的快速发展，现在的供应链管理则把供应链上的各个企业作为一个不可分割的整体，使供应链上各企业分担的采购、生产、分销和销售的职能成为一个协调发展的有机体。在这些企业中，有一个企业处于核心地位，该企业用于对供应链上的信息流、资金流和物流进行调度和协调，以更好地维持供应链的正常运行。

3.4.2 供应链管理的内容

供应链管理主要涉及 5 个领域，包括需求（Demand）、计划（Plan）、物流（Losistics）、供应（Sourcing）和回流（Return），如图 3-10 所示。

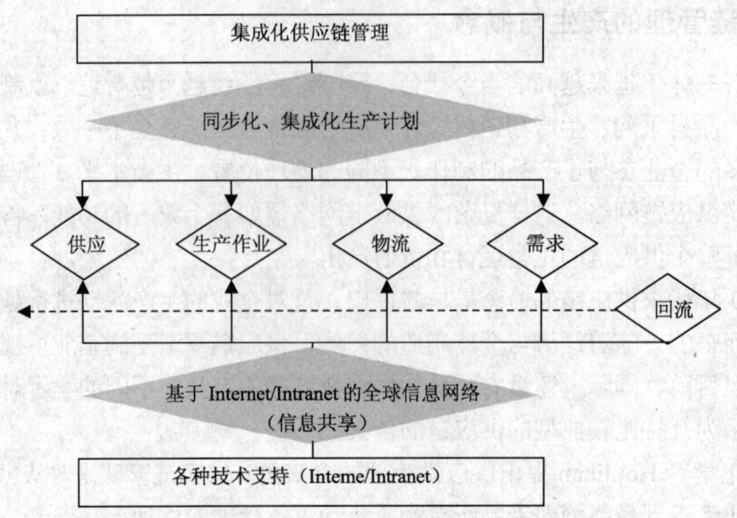

图 3-10 供应链管理涉及的领域

从图 3-10 可以看出，供应链管理是以同步化、集成化生产计划为指导，以各种技术为支持，围绕供应、生产作业、物流（主要指制造过程）和需求来展开，以达到提高用户服务水平和降低总的交易成本的目的。

以供应链所涉及的 5 个领域为基础，可以将供应链管理按照职能进行划分，主要包括基本职能领域和辅助职能领域。

（1）基本职能领域：主要包括产品工程、产品技术保证、采购、生产控制、库存控制、仓储管理和分销管理等。

（2）辅助职能领域：主要包括客户服务、制造、设计工程、会计核算、人力资源和市场营销等。

提个醒

除了以上内容外，供应链管理还包括战略性供应商和用户合作伙伴关系管理、供应链产品需求预测和计划、供应链的设计、企业内部与企业之间物料供应与需求管理、基于供应链的产品和服务管理、企业之间的资金流管理等内容。

供应链管理的重点是供应链各项职能活动的协调和结合，特别是物流成本（从原材料到最终产成品的费用）与用户服务水平之间的关系，以最大限度发挥供应链的作用，使企业管理和利润得到提高。

3.4.3 供应链管理与传统管理模式的区别

供应链管理是在传统的物流管理和控制的基础上发展起来的，但两者又具有明显的区别，主要体现在以下 4 个方面。

（1）供应链管理是一个整体的协作，涵盖整个物流，从供应商到最终用户的采购、制造、分销和零售的所有过程，只有保证这些环节都正常运行，商务活动才能正常展开。图 3-11 所示为供应链管理的范围。

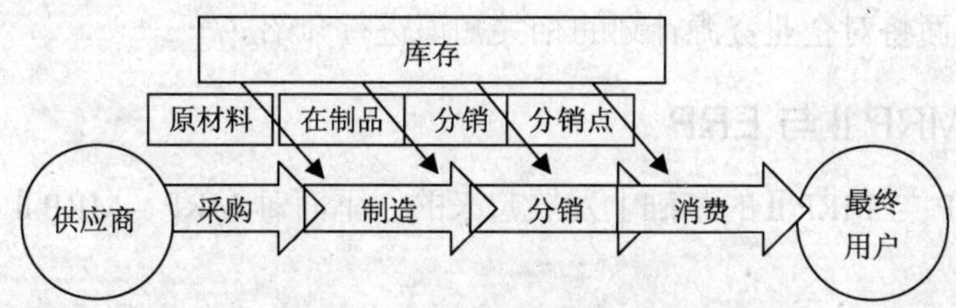

图 3-11　供应链管理的范围

（2）供应链管理中的任何两个节点之间都是供应与需求的关系，它们影响了整个供应链的成本和市场占有额。通过对每个节点进行战略性的管理，可以更好地提高企业效益。

（3）供应链更重要的是采用集成的思想和方法，而不是对供应链上的某个节点的企业和技术进行管理，它是一个集成的思维管理模式。

（4）传统的物流体制主要以“效率化”为重点，注重作业效率、保管效率等。通常只满足于生产、采购和营销等活动结果所连带的反应。供应链管理并不仅仅满足于一定的市场目标，它通过管理库存和合作关系来追求更高的水平。

3.5　企业资源计划管理

企业资源计划（Enterprise Resource Planning，ERP）是在信息技术的基础上，通过系统化的管理思想来为企业决策层及员工提供决策运行手段的管理平台。

扫码看视频：

ERP 系统

企业资源计划（ERP）从物料需求计划（Material Requirement Planning，MRP）发展到制造资源计划（Manufacturing Resource Planning，MRPⅡ），在此基础上再到企业资源计划大概经历了 40 年的发展，目前已经逐渐趋于成熟。其具体发展阶段如表 3-1 所示。

表 3-1　ERP 的发展阶段

发展阶段	说　明
MIS（Management Information System）	企业信息管理系统，主要进行大量原始数据的记录，支持查询、汇总等数据操作
MRP（Material Require Planning）	物料需求计划管理系统，借助计算机的运算能力对客户订单、在库物料和产品构成等进行管理，并制订需求计划，以实现减少库存、优化库存的目的
MRPⅡ（Manufacture Resource Planning）	在 MRP 管理系统的基础上，增加了对企业生产中心、加工工时和生产能力等方面的管理，以实现通过计算机进行生产排程的功能。同时还囊括了财务功能，形成以计算机为核心的闭环管理系统，以进行产、供和销等生产过程的动态监察
ERP（Enterprise Resource Planning）	企业资源计划管理系统，是以计算机为核心的更为成熟的企业级的管理系统。系统增加了财务预测、生产能力和调整资源调度等方面的功能，是一种帮助企业进行生产管理及决策的平台工具
电子商务时代的 ERP	在越来越成熟的 Internet 环境下，ERP 也需要适应当前的环境而进行改变。目前基于电子商务的 ERP 系统可以与客户或供应商实现信息共享和直接的数据交换，以加强企业间的联系，实现跨企业的联合作战

企业资源计划管理的实施，可以帮助企业管理整个供应链，改善企业业务流程并提供企业核心竞争力，下面将对企业资源计划的相关知识进行介绍。

3.5.1 MRP、MRPⅡ与 ERP

ERP 是在 MRP 与 MRPⅡ的基础上发展起来的，下面对 MRP、MRPⅡ和 ERP 的含义进行介绍。

1. MRP

20 世纪 40 年代，人们为了解决库存控制的问题提出了订货点法，该方法能够保证在稳定均衡消耗的情况下，物料需求不出现短缺。

20 世纪 60 年代中期，美国 IBM 公司的约瑟夫•奥列基博士运用计算机技术提出了解决库存物料订货的新方法，即物料需求计划（Material Requirement Planning，MRP）法，将各种所需物料分为独立需求和相关需求两种类型，根据时间来确定不同时期的物料需求。

MRP 是一种将库存管理与生产进度计划结合为一体的计算机管理系统，可以用来进行物料需求数量和需求时间的计算，以实现减少库存、避免物料短缺、优化库存的目的。其基本原理主要包括以下两个方面。

（1）以最终产品的生产计划，导出所需物料（原材料、零部件、组件等）的需求量和需求时间。

（2）根据物料的需求时间、生产或订货周期来决定该物料开始生产或订货时间。

物料需求计划的主要依据和主要输入信息是主生产计划、物料清单和库存处理信息 3 大部分。这 3 大部分共同构成了 MRP 系统的整个流程，其逻辑关系如图 3-12 所示。

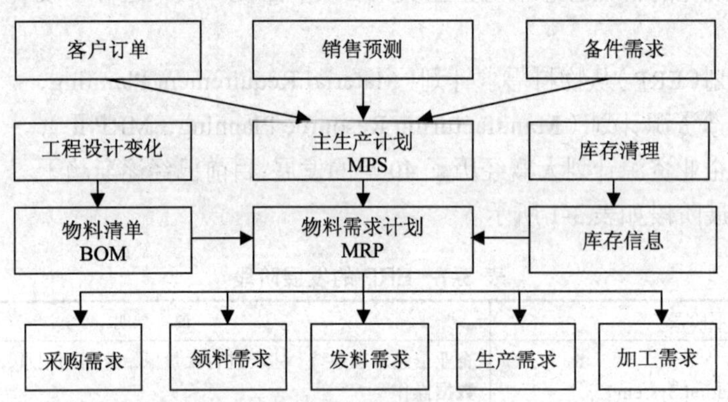

图 3-12　MRP 逻辑流程关系

① 主生产计划：主生产计划又称产品出现计划，是指企业提供给社会的最终产品的数量，由顾客订单和市场预测所决定。主生产计划是物料需求计划的最主要部分。

② 物料清单：物料清单又称产品结构文件，反映了产品的组成结构层次和每一层次下组成部分本身的需求量，图 3-13 所示为一盏台灯的产品结构图。当确定了主生产计划之后，即可根据物料清单确定各种组成部分的需求量，以及对应时间应生产的组成部分物品的数量。

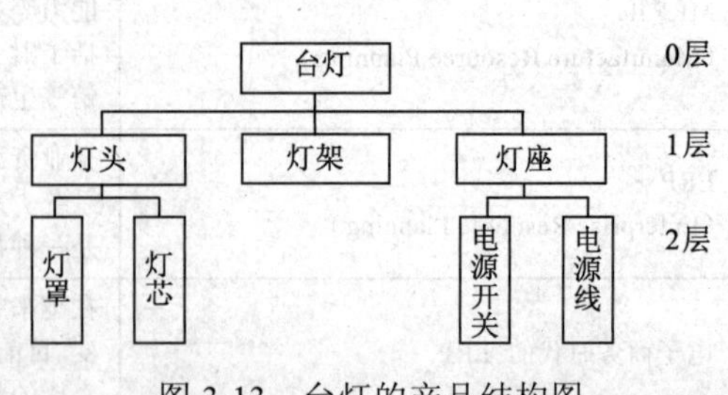

图 3-13　台灯的产品结构图

③ 库存处理信息：库存处理信息又称库存状

态文件，用于记载产品及其组成部分的存在状况的数据。

2. MRPⅡ

20 世纪 70 年代，MRP 系统发展成了闭环 MRP 系统。它在之前的基础上，将生产能力需求计划、车间作业计划和采购作业计划纳入其中，形成了一个封闭的系统，统一了生产活动方面的各种子系统。但在企业管理中，生产管理涉及的内容并不仅仅是生产管理，还包括与物流有关的资金流等内容。为了方便管理，20 世纪 80 年代，制造资源计划（Manufacturing Resource Planning，MRP）系统运营而生，它将生产、财务、销售、工程技术和采购等子系统集成为一个一体化的系统，并且为了与 MRP（物料需求计划）区分开，将其记为 MRPⅡ。

（1）MRPⅡ的结构

制造资源计划结构主要包括计划和控制的流程系统、基础数据系统和财务系统 3 大部分。图 3-14 所示即为 MRPⅡ的 MRPⅡ生产计划业务流程。

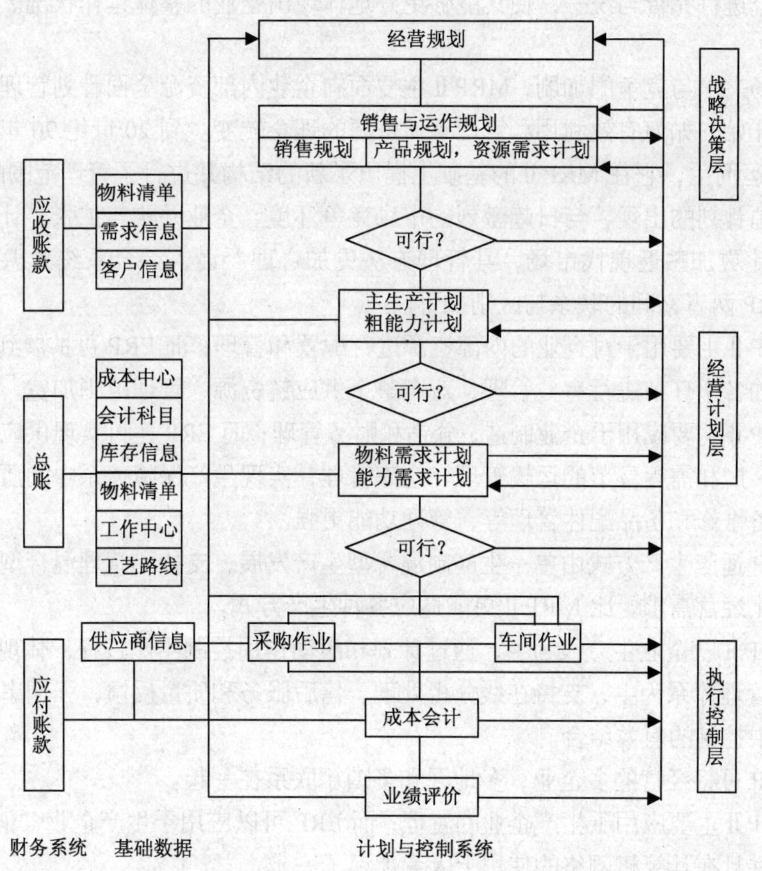

图 3-14 MRPⅡ生产计划业务流程

MRPⅡ将企业作为一个有机整体，通过周密的计划，从整体最优的角度出发，有效地利用企业的各种制造资源和产、供、销、财各个环节，更好地控制企业资金占用，缩短生产周期并降低成本，实现企业的整体优化，以最佳的产品和服务占领市场。

（2）MRPⅡ的特点

制造资源计划结构具有计划的一贯性和可行性、数据的共享性、动态的应变性、模拟的预见性、物流和资金流的统一性等特点。

① 计划的一贯性和可行性：MRPⅡ是计划主导型生产作业管理模式，始终围绕企业经营战略目标展开。企业各职能部门以一个计划为指导原则，集中力量平衡生产能力，制订生产计划，使计划连贯、有效和可行。

② 数据的共享性：MRPⅡ可以将生产经营活动的信息通过系统传递到企业各个部门，通过全企业执行的信息系统模式，实现数据资源的信息共享。

③ 动态的应变性：MRPⅡ是一个闭环系统，它要求管理者能够根据系统传递的信息迅速做出反应。

④ 模拟的预见性：通过MRPⅡ可解决预见性的问题，如"如果怎样，将会怎样"，使企业可以在可预见期限内，及时做出防范。

⑤ 物流和资金流的统一性：MRPⅡ的系统包括销售子系统和财务子系统等，它可以对物流和资金流进行完善与统一，使其能够更好地体现出企业的整体运作状况。

3. ERP

随着市场需求与竞争的加剧，MRPⅡ主要面向企业内部资源全面计划管理的理念逐渐发生了变化，开始向如何有效利用和管理整体资源的理念转变。到20世纪90年代，企业资源计划ERP应运而生，它在MRPⅡ的基础上提出了新的结构并进行了管理范围的扩展。

企业资源计划的出现，与日趋激烈的市场竞争环境、企业并购与扩张、计算机网络化息息相关，因此更加贴近现代市场，其管理方法更加合理严谨，综合系统考虑问题更全面。MRPⅡ与ERP两者之间的联系与区别如下。

（1）MRPⅡ主要用于对企业的内部资源进行配置和管理；而ERP可扩展到企业外部，面向供应链中的各个环节进行有效管理，对应整个供应链资源，管理范围加宽。

（2）MRPⅡ主要应用于企业制造、分销和财务管理；而ERP还可实现供应链上物料流通体系中的供、产和需等环节的运输管理、仓库管理，实现生产保障体系中的质量管理、实验室管理、设备维修和备品配件管理等，管理功能更强。

（3）ERP适应生产方式由单一生产向混合型生产发展，支持和管理混合型制造环境，满足企业多元化经营需求，比MRPⅡ更能适应各种生产方式。

（4）MRPⅡ以企业生产线为主，通过计划和滚动作用控制生产过程，体现了事中控制；ERP以企业管理体系为主，支持在线分析处理、售后服务和质量反馈，强调事前控制，是事前控制与事中控制的有效结合。

（5）ERP可将经营的多企业、多地区和多国籍联系在一起。

（6）MRPⅡ主要应用于生产企业的管理；而ERP可以应用于生产企业、非生产企业、公益企业等，并且在计算机网络的使用上大大加深了一步。

因此，MRP是ERP的核心，MRPⅡ是ERP的重要组成部分，三者是逐步发展后依次出现的产物，ERP还在继续优化发展。

3.5.2 ERP系统的内容

常用的ERP主要包括生产控制模块、物流管理模块、财务管理模块和人力资源管理模块

4 个部分。ERP 的 4 个模块相互联系，可实现企业内外部资源的有效结合，帮助企业更好地满足市场需求，同时有利于企业核心竞争力的提升。

1. 生产控制模块

生产控制模块是 ERP 的核心模块，其内容包括主生产计划、物料需求计划、能力需求计划、生产现场控制和制造标准等。其作用为：结合分散的生产流程，加快生产速度，减少材料、半成品的积压浪费。

2. 物流管理模块

物流管理模块包括分销管理、库存控制和采购管理 3 个部分，是实现生产运转的重要条件和保证。物流管理模块 3 个部分的作用分别介绍如下。

（1）分销管理：分析和统计客户信息管理和服务、销售订单管理和销售情况。

（2）库存控制：准确反映库存现状，根据需要有效控制和调节库存，既保证生产的正常进行，又可以减少库存，降低资金占用。

（3）采购管理：根据需要选择最佳供应商，合理确定采购量和储备量，及时准确供应物料。

3. 财务管理模块

信息的归纳者，其内容包括会计核算和财务管理两部分。

（1）会计核算：记录、核算、反映、分析资金的变动和结果。

（2）财务管理：分析会计核算的结果，并进行预测、管理和控制。

4. 人力资源管理模块

人力资源管理模块主要包括人力资源规划的辅助决策、招聘管理、工时管理、工资管理和差旅核算等。

3.5.3 ERP 的实施阶段

ERP 的实施阶段主要包括前期工作阶段、实施准备阶段、试验运行及实用化阶段、更新和升级阶段 4 个阶段。

1. 前期工作阶段

ERP 前期工作阶段的工作内容如图 3-15 所示。

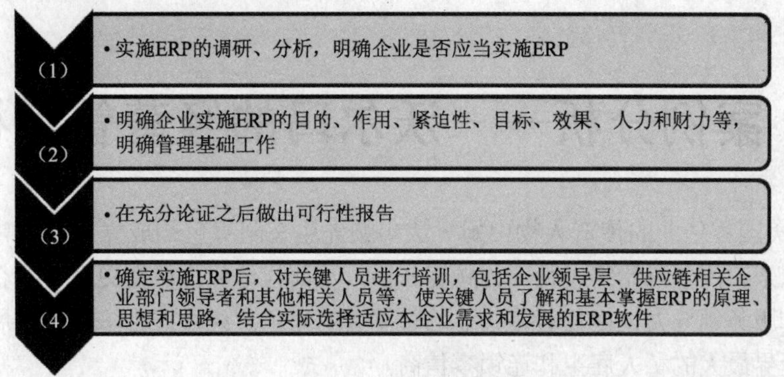

图 3-15 ERP 的前期工作阶段

2. 实施准备阶段

ERP 的实施准备阶段工作内容如图 3-16 所示。

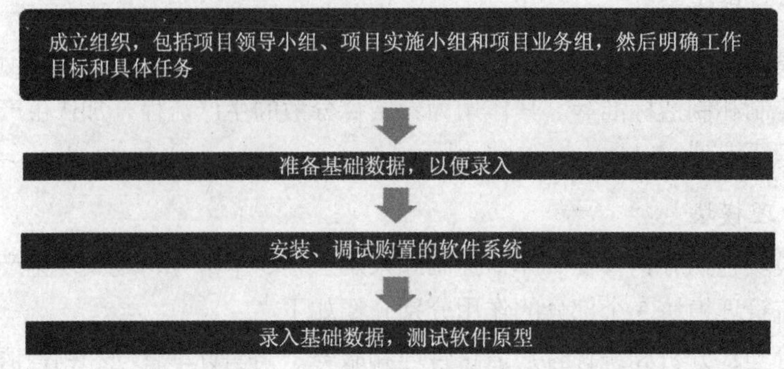

图 3-16 ERP 的实施准备阶段

3. 试验运行及实用化阶段

该阶段是 ERP 转入实用化的关键阶段，其工作内容包括：模拟运行，并逐步过渡到实用化；完善 ERP 工作准则、工作规程；验收、分步切换运行。

4. 更新和升级阶段

该阶段的工作内容包括：根据市场、软件开发和企业、供应链等各个方面的实际情况，更新和升级系统，保持时效性和先进性。

3.5.4 应用 ERP 的注意事项

企业在应用 ERP 时，需注意以下两点。

（1）应结合企业实际，因地制宜，按照科学发展观组织实施。应用 ERP 要抓住机遇，合理选择，不可盲目追风，否则不仅会造成浪费，还会对企业管理工作的正常运行产生不利影响。

（2）不可超越企业客观事实。推行 ERP 是一个全过程培训过程、全员培训过程，企业要逐步在人力、物力和财力上创造条件，将 ERP 推行得更彻底。此外，还需对领导、供应链和员工等进行培训，积极引进计算机网络人员，将其培养成既懂计算机技术，又熟悉专业管理业务的专业人才。

3.6 案例分析——沃尔玛的经营管理模式

1962 年美国零售业的传奇人物山姆·沃尔顿先生在阿肯色州成立了沃尔玛百货有限公司。自成立以来，沃尔玛始终履行“为顾客省钱，从而让他们生活得更好”的企业使命，坚持创新思维和服务领导力，担任着零售业的领军者的角色。经过五十多年的发展，沃尔玛公司已经成为世界最大的私人雇主和连锁零售商。

3.6.1 沃尔玛的管理模式

沃尔玛所有零售店的店址都按照相同的标准统一规划，由公司统一规定店铺的面积大小、装修风格、货架尺寸、商品摆放位置和标牌放置等内容。公司内部组织以扁平化结构为主，根据业务单元分为4个事业部，事业部下设区域总裁、区域经理和店铺经理。事业部总裁管理所有区域总裁，依次类推，每层管理的责任分明，结构清晰。在进行管理时，沃尔玛制定了以下4个标准。

（1）日落原则：沃尔玛员工的工作应该在当天的日落前完成，绝不延迟，如应该在收到顾客、供应商或其他员工的电话的当天日落之前对这些电话作出答复。

（2）超越顾客的期望：比满意更满意的服务原则，给予客户超过原来期望的服务。

（3）三米微笑：即当客户出现在沃尔玛员工的三米距离范围内时，无论此时你在做什么，必须看着他的眼睛与他打招呼，并主动询问客户是否需要帮助。

（4）天天平价：即通过尽全力压低价格来保证销售数量和顾客总量。让客户对沃尔玛形成商品价格最低的固定认识，并使顾客对商店形成信赖感和忠诚度。

3.6.2 沃尔玛的客户关系管理

客户关系管理是一个不断与客户交流，了解客户需求，并不断对产品和服务进行改进和提高，以满足客户需求的过程。沃尔玛客户关系管理的核心是客户需求管理，即站在客户的立场，了解客户需求，并最大程度地满足客户需求。沃尔玛的天天低价策略就是其客户关系管理的核心。

沃尔玛客户关系管理中一个很经典的案例是“啤酒与尿布”。沃尔玛在对客户的购买清单信息的分析时发现：啤酒和尿布经常同时出现在客户的购买清单上，而在超市的货架上，啤酒和尿布这两种商品隔得很远。这是因为，美国很多男士在为小孩买尿布时，也经常为自己购买啤酒。沃尔玛根据分析结果重新进行货架分布，将啤酒和尿布放在隔得很近的地方，让同时需要这两种产品的客户能够很容易得到，从而增加了啤酒的销量。沃尔玛很好地做到了通过收集的客户信息，灵活、高速地采取应对措施，尽最大能力满足客户的需求。

1. 沃尔玛与客户的关系管理

沃尔玛创始人山姆·沃尔顿认为，与客户之间的关系应该是：“所有同事都是在为购买我们商品的顾客工作。事实上，顾客能够解雇我们公司的每一个人。他们只需到其他地方去花钱，就可做到这一点。衡量我们成功与否的重要的标准就是看我们让顾客——‘我们的老板’满意的程度。让我们都来支持盛情服务的方式，每天都让我们的顾客百分之百地满意而归。”因此，沃尔玛以“让客户满意”作为客户关系的核心，“三米微笑”“顾客第一”和无条件退款等都是为了更好地服务客户。

2. 沃尔玛与员工的关系管理

沃尔玛在员工关系管理上，将建立企业与员工的伙伴关系作为核心思想。沃尔玛百货有限公司·高级副主席唐·索德奎斯曾说：“在我们公司里，没有谁比谁更优秀的说法。我们的力量在于我们的团结。”“毋庸置疑，沃尔玛的成功是基于这样一种坚定的信念：让每一位员工实现个人的价值，我们的员工不应被视作会用双手干活的工具，而更应该被视为一种丰富智慧的源泉。我们的同事创造力非凡。”因此，沃尔玛尊重公司的每一位员工，鼓励员工积极进取，并提供培训和学习平台，保证员工的基本利益。沃尔玛的这种以人为本的员工关系管理理念，激发了员工的积极性与创造性，同时也为企业的发展带来了良性循环。

3. 沃尔玛与供应商的关系管理

沃尔玛与供应商的关系可以简单地概括为利益共享、共生共荣。20 世纪 80 年代以来，沃尔玛就开始推行零售改革，建立高效的供应链管理系统。并且通过一体化的信息系统，制作商可以分析把握商品的销售、库存动态，从而实现小批量连续补充库存。这样大大减少了需方库存，降低了供应链的整体库存水平，与供应商建立起了良好的战略合作伙伴关系。特别是与美国大型生产商宝洁公司（Procter & Gamble, P&G）的战略联盟，构筑了一种新型的生产商和零售商之间的产销关系，实现了信息的共有。在这种战略联盟下，宝洁公司可以调用沃尔玛的销售和库存数据，并以此为依据制订出有效的生产和出货计划，方便全方位地进行整个业务活动的管理。

3.6.3 沃尔玛的供应链管理

沃尔玛的成功很大程度上依赖于其供应链的管理，它主要包括客户需求管理、物流配送管理、供应商关系管理和供应链信息管理 4 个方面。

1. 客户需求管理

沃尔玛的供应链管理是典型的拉动式供应链管理，即以最终顾客的需求为驱动力。“让客户满意”一直是沃尔玛的经营理念，为此沃尔玛每周对客户进行期望和反映调查，再由管理人员通过计算机进行信息的收集和分析，以了解客户的实时需求，及时更新产品、组织采购，改进商品陈列，营造舒适的购物环境。

其次，沃尔玛还能及时采用消费者的意见并将意见反映到生产中，帮助厂商改进和完善产品，参与到上游厂商的生产计划和控制中，为客户提供更满意的服务。

2. 供应商关系管理

在 20 世纪 80 年代，沃尔玛要求从交易中排除制造商的销售代理，直接向制造商订货，同时将采购价格降低 2%~6%，如果制造商不同意，沃尔玛就拒绝与其合作。这种做法在当时造成了沃尔玛与供应商之间的关系紧张。直到 80 年代末，在技术的支持下，通过网络和数据交换系统，实现信息共享才改善了供应商与沃尔玛之间的关系。

沃尔玛与宝洁的产销联盟就是一种战略性的合作伙伴关系，长时间的和谐合作关系，让沃尔玛能够在保证产品质量的前提下始终能够获得长期稳定的廉价货源。其次，沃尔玛还免费为供应商提供信息管理系统的软件支持，同时，还制定了一系列规范并督促他们遵守，包括沃尔玛对供应商自身的报酬、工作时间、工作环境、环境问题和机密性等方面的标准和要求。沃尔玛与宝洁的互利共赢很好地证明了供应商与零售商之间的共生共荣的伙伴关系，以合作来实现双方的长期发展目标才是供应商与零售商的共同目标。

3. 物流配送体系管理

沃尔玛的物流配送采用配送中心的方式进行管理，一般以 320km 为单位建立配送中心。配送中心一般设立在100多家零售店的中央位置，这样就能满足100多个附近周边城市的销售网店需求。1970年，沃尔玛建立了第一间配送中心，占地6000m^2，负责供货给4个州的32间商场，集中处理公司所销商品的40%。配送中心起着枢纽的作用，用于将供应商向其提供的产品运往各个商场，实现从厂商到上架的“无缝链接”。

扫一扫：

沃尔玛物流应用的信息技术

配送中心采用交叉配送（Cross Docking，CD）的方式进行货物的装卸，省去了入库储存与分拣流程，大大提高了配送的效率，降低了配送成本。

沃尔玛在物流配送上采用先进的计算机管理，建立了自己物流管理信息系统（MIS），并通过全球领先的卫星定位系统来控制公司的物流。并且沃尔玛还不断随着时代发展的脚步更新技术，是全球第一个实现集团内部24小时计算机物流网络化监控的企业，完成了采购、库存、订货、配送和销售的一体化。

4. 供应链信息系统管理

沃尔玛早在20世纪80年代末，就开始利用电子数据交换系统（EDI）与供应商建立了自动订货系统，通过该系统，可以向供应商提供商业文件、发出采购指令，获取数据和装运清单等，同时也让供应商及时准确把握其产品的销售情况。沃尔玛对信息系统的投资和关注非常积极，是最早开始使用信息化管理的零售企业，通过现代化的技术手段简化了供应链流程，节约了管理费用，降低了运营成本，且与供应商形成了共赢的局面。

根据上述材料分析以下问题。

（1）沃尔玛是怎样进行客户关系管理的?

（2）沃尔玛是怎样实现供应商管理与客户管理的有机结合的?

（3）沃尔玛与宝洁的合作给双方各带来哪些好处?合作中应注意哪些问题?

（4）结合沃尔玛的供应链管理，说说中国目前的供应链管理可以借鉴哪些经验？面临的问题有哪些?

实践训练

为了更好地理解电子商务企业组织与管理的相关知识，下面我们将通过一系列实践训练来进行练习。

【实训目标】

（1）了解并熟悉电子商务的演变与运营过程。

（2）掌握客户关系管理系统的相关知识。

（3）掌握供应链管理的相关知识。

（4）掌握企业资源计划管理的相关知识。

【实训内容】

（1）在网上搜索联想公司，了解联想的发展历史并对其不同发展阶段的特点进行归纳。

（2）了解并分析联想的CRM系统，掌握其客户关系管理系统的运作方式。

（3）了解联想的供应链管理系统，分析并掌握其运作方式。

（4）了解并分析联想的 ERP 系统，分析并掌握其运作方式。

【实训要求】

（1）要求 3 人一组，每个组员负责一部分内容的整理。

（2）分析结果以书面的形式提交，并总结 CRM、SCM 和 ERP 之间的关系。

课后习题

1. 名词解释

（1）虚拟企业　　（2）SCM　　（3）CRM　　（4）ERP

2. 单项选择题

（1）呼叫中心属于哪种 CRM 类型的表现形式（　　）。

A. 技术型　　B. 协作型　　C. 运营型　　D. 分析型

（2）客户关系管理产生和发展的推动力量是（　　）。

A. 管理理论重心的转移

B. 不断变化的竞争环境

C. Internet 等通信基础设施与技术的发展

D. 客户利润的重视

（3）现在的消费者越来越趋向于获得具有（　　）的产品或服务。

A. 大众化　　B. 个性化　　C. 普及化　　D. 异化

（4）供应链是一种（　　）的管理思想和方法。

A. 积极　　B. 松散　　C. 消极　　D. 集成

（5）在 MRPⅡ的基础上，将企业整合范围进行扩展，并将信息流集成在企业范围内，形成了（　　）系统。

A. 企业资源计划　　B. 物料需求计划

C. 闭环物料需求计划　　D. 制造资源计划

（6）供应链（Supply Chain）是由（　　）成员所构成的。

A. 所有供货商以及更上游的供货商

B. 供货商及本公司

C. 供货商，本公司，批发商，经销商，一直到最终消费者

D. 供货商，本公司，批发商，经销商

（7）“二八原理”是指（　　）。

A. 企业 80% 的利润来自 20% 的客户服务

B. 企业 80% 的新客户为企业带来 20% 的利润

C. 企业 80% 的销售额来自 20% 的客户服务

D. 企业 80% 的利润来自 20% 的老客户

（8）下列哪一项不是 MRP 系统的输入（　　）。

A. 物料清单　B. 主生产计划　C. 工艺路线　D. 库存记录

（9）客户忠诚度是建立在（　　）基础上的，因此产品质量和良好的服务是必不可少的。

A. 客户满意度　B. 客户价值　C. 客户总成本　D. 客户盈利率

（10）下列哪一项不属于运营型 CRM 的表现形式（　　）。

A. 电子邮件管理　B. 网上服务管理　C. 在线销售管理　D. 在线营销管理

3. 多项选择题

（1）客户关系管理系统可以分为（　　）几种类型。

A. 合作型客户关系管理　B. 运营型客户关系管理

C. 服务型客户关系管理　D. 分析型客户关系管理

（2）ERP 系统中计划体系主要包括（　　）。

A. 主生产计划　B. 物料需求计划

C. 能力计划　D. 人力资源计划

（3）ERP 的发展阶段主要包括（　　）。

A. 订货点法　B. MRP　C. 闭环 MRP

D. MRPⅡ　E. ERP

（4）客户满意度与客户忠诚度存在一定的关系，下面说法中正确的是（　　）。

A. 客户满意度越高，客户忠诚度就越高，它们是线性的关系

B. 客户满意度不一定导致客户的忠诚

C. 客户忠诚度建立在客户满意度的基础之上

D. 客户满意度的上升或下降都不会引起客户忠诚度的变化

（5）供应链管理的主要职能包括（　　）。

A. 采购　B. 仓储管理　C. 生产控制　D. 会计核算

（6）下面关于企业流程重组的说法正确的有（　　）。

A. 以业务流程为改造对象　B. 以领导满意为宗旨

C. 打破了传统的智能型组织结构　D. 必然带来组织文化的本质变革

（7）常用的 ERP 系统的内容，主要包括下面哪些模块（　　）。

A. 生产控制模块　B. 物流管理模块

C. 财务管理模块　D. 人力资源管理模块

（8）下面关于 ERP 的说法正确的是（　　）。

A. ERP 可以对企业内外部的资源进行配置和管理，包括供应链中的各个环节的资源管理

B. ERP 以企业生产线为主，通过计划和滚动作用控制生产过程，体现了事中控制

C. ERP 可以应用于生产企业、非生产企业和公益企业等，并且在计算机网络的使用上大大加深了一步

D. ERP 主要应用于企业制造、分销和财务管理

4．思考题

（1）试简述 ERP 的产生与发展过程。

（2）ERP 与 ERPⅡ的区别与联系是什么？

（3）企业电子商务运营的过程有哪几个阶段？每个阶段的内容有哪些？

（4）电子商务的组织演变过程是怎样的？试简述每个过程的变化。

（5）结合本章内容，谈谈你对 ERP、CRM 和 SCM 的理解，并简述它们之间的关系。

5．技能实训题

（1）简要画出 MRP 的逻辑处理流程，并说明每部分的运作模式。

（2）调查分析京东、强生的客户关系管理系统的应用情况，谈谈这些企业的客户关系管理的理念，以及客户管理技术。

（3）从 DELL、IBM 和丰田汽车等公司中任选一家，了解其供应链管理的现状，并分析其成功的原因。

第4章 电子商务商业模式

【学习目标】

- 了解商业模式及其要素。
- 熟悉 C2C、B2C 和 B2B 等常见的电子商务商业模式。
- 了解跨境电子商务及其他的电子商务商业模式。

引导案例

2016 年 11 月 11 日是第 8 个“双 11”购物节，这一天吴敏的购物车中放着累计金额达 6 387 元的商品，这些商品都是吴敏在淘宝、天猫和京东等电商平台中早早看中，就等着零点一到“买定离手”。像吴敏一样，等着在“双 11”这天抢购的网民不在少数，可以说大多数的网购用户几乎都在翘首期盼这天的到来，早早地列好清单，转战各个电商平台，找到自己心仪的商品。这一天是电商与消费者的狂欢节。

与传统企业相比，电商依托互联网进行交易，具有更便捷、透明的特点，受到越来越多网民的喜爱。“悦诗风吟面膜预订超 10 万单！”“小米手机预订超 34 万台！”，这些标语在网店中随处可见，更多的实体企业开始加入电子商务的浪潮，从传统的商业模式过渡到电子商务模式，开通线上商店，提升企业的销量与知名度。

和传统品牌的做法相反，诞生于互联网的“淘品牌”则开始向线下进军，“双 11”前夕，银泰商业的“淘品牌集合店”正式亮相，有十几个淘品牌入驻，货品、价格、仓储、物流和结算实现线上线下完全融合。淘品牌与传统企业相比，缺乏实体体验的劣势得到改善，电子商务商业模式在朝着电子商务与传统制造业、零售业的深度融合方向发展，把线上线下分开的电子商务会逐渐消失。从 2009 年的 5 200 万元到去年的 912 亿元，进入第 8 个年头的“双 11”，其意义更加重大，它不仅是电商平台的促销大战，更是观察零售业转型发展的风向标。

除了国内，国外的商家也可通过电商方式，将自身的产品放到网上，由消费者浏览后购买。这意味着，不仅国外消费者能够购买我们的商品，我们也能直接在网上购买到境外商品，随着网购消费者对线上购物品质要求的提高，跨境电商的发展速度将越来越快。

不管是淘宝中个人对个人（C2C）的商业模式，还是京东、当当等企业对个人（B2C）的商业模式，都是电子商务的主要商业模式，我们不仅需要了解这些商业模式的运作方式，还需要思考，如何才能经营和管理好电子商务企业。

【本章要点】

商业模式　　C2C　　B2C　　B2B　　跨境电商　　O2O

4.1　商业模式及其要素

每个企业都有自己的商业模式，好的商业模式是进行市场竞争的前提，它可以赢得顾客、吸引投资者并创造利润，为企业营造一个良性循环的环境，形成别人难以打破的壁垒。但商业模式也不是一成不变的，随着经济技术、国家政策和商业环境等的变化，企业必须要调整发展模式、优化商业模式。但不管怎么变化，商业模式都有其相对固定的规律，下面将对商业模式的基本含义及其要素进行介绍。

4.1.1　商业模式的概念

商业模式（Business Model）又叫商务模式、业务模式，是企业赖以生存的、可以为企业带来收益的模式。它最早出现在20世纪50年代，但直到20世纪90年代后期才开始流行，关于它的定义，不同的学者有不同的见解，以下所示为目前较为主流的3种定义。

（1）欧洲学者Paul Timmers认为：商业模式是一种关于企业产品流（服务流）、资金流、信息流及其价值创造过程的运作机制，它包含3个要素：一是产品、资金和信息流的体系结构，包括不同商业角色的状态及其作用；二是不同商业角色在商务运作中获得的利益和收入来源；三是企业在商务模式中创造和体现的价值。

（2）Afuah和Tucci认为：商业模式是企业为客户提供比对手更好的价值，从而获取利润的方法。

（3）Yves Pigneur认为：商业模式是企业提供给客户的价值和为创造该价值、获得收入流所需要的企业及其伙伴网络的体系结构。

总体上来说，商业模式是一个非常广泛的概念，企业的运营模式、盈利模式，或现在电子商务中经常被提及的B2C、B2B都属于商业模式，它是指为实现客户价值最大化，把能使企业运行的内外各要素整合起来，形成一个完整的高效率的具有独特核心竞争力的运行系统，并通过最优实现形式满足客户需求、实现客户价值，同时使系统达成持续盈利目标的整体解决方案。

商业模式是为了在市场中获得利润而规划好的一系列商业活动，它的核心是价值，包括面向客户的价值（价值体现）、面向投资者的价值（盈利模式）、面向合作伙伴的价值3个方面。企业在经营运作的过程中，需要明确以下问题。

（1）企业的客户是谁？怎么体现客户价值？

（2）企业可以通过哪些方式盈利？盈利的途径是什么？

（3）企业成本该如何控制？如何才能为客户提供更好的服务，实现客户价值最大化？

（4）企业资源如何合理分配？如何保障投资者和合作伙伴的利益？

（5）如何优化与改善经营模式，保持企业的持续盈利？

商业模式是企业通过创造价值而获取收益所采取的一系列活动，任何企业都需要有清楚的盈利模式和价值体现，以便在市场中获得利润，持续经营。商业模式并非简单的企业赢利方法或过程，而是一个整体和系统；是企业整合资源和能力，进行战略规划，以充分开发创业机会，实现利润目标的内在逻辑。通俗地说，就是企业如何赚钱。例如，Amazon（亚马逊）仅用短短几年时间就发展为世界上最大的图书零售商，给传统书店带来严峻挑战，新型商业模式显示出强大的生命力与竞争力。

阅读材料

亚马逊不同时期的商业模式定位

亚马逊是美国最大的一家网络电子商务公司，也是最早开始经营电子商务的公司之一。主营业务包括图书、影视、音乐和游戏、数码下载、电子和计算机、家居园艺用品、玩具、婴幼儿用品、食品、服饰、鞋类和珠宝、健康和个人护理用品、体育及户外用品、汽车及工业产品等，现已成为全球商品品种最多的网上零售商和全球第二大互联网企业。

1994 年贝佐斯看到图书在美国市场中的市场潜力，决定开创一家网络书店。经过一年的准备，亚马逊网站于 1995 年 7 月正式上线。为了和现有市场中的书店竞争，贝佐斯把亚马逊定位成“地球上最大的书店”（Earth’s biggest bookstore），并采取了大规模扩张策略，以巨额亏损换取营业规模。

亚马逊以其前瞻性先一步进入了图书网络零售市场。开展网络零售市场的优势在于，能给消费者提供更为丰富的商品选择，因此扩充网站品类，打造综合电商以形成规模效益成为了亚马逊的战略考虑。

1997 年 5 月亚马逊上市，尚未完全在图书网络零售市场中树立绝对优势地位的亚马逊已经开始布局商品品类扩张。经过前期的准备和市场宣传，1998 年 6 月，亚马逊的音乐商店正式上线，仅一个季度，亚马逊音乐商店的销售额就已经超过了 CDnow，成为最大的网上音乐产品零售商。此后，亚马逊通过品类扩张和国际扩张，到 2000 年宣传口号已经改为“最大的网络零售商”。

2001 年开始，亚马逊又同时把“最以客户为中心的公司”确立为努力的目标，树立了以客户为中心的服务型企业的发展方向。此后，亚马逊先后推出了第三方开放平台（Market-place）、网络服务（AWS）、Prime 服务、外包物流服务和自助数字出版平台 Digital Text Platform（DTP）等服务。这些服务的推出，使亚马逊超越了网络零售商的范畴，成为了一家综合服务提供商。

亚马逊作为最早开始电子商务经营的公司之一，并没有采用传统的营销模式，而是根据时代变化的特性和人们的需求变化，通过优化搜索引擎、网络广告、信息交互、会员制、个性化和域名营销等策略，以客户为中心的理念，提供物廉价美的商品，只销售正品行货的承诺，周到迅捷的消费者服务，成为全球知名的网络服务平台。

4.1.2 商业模式的核心要素

有一个好的商业模式，成功就有了一半的保证。企业的商业模式有 8 个核心要素：价值体现、盈利模式、市场机会、竞争环境、竞争优势、营销战略、组织发展和管理团队。

1. 价值体现

价值体现是指企业的产品或服务如何满足客户需求的过程，企业要以客户价值最大化为出发点，让客户以较小的成本获得同等或更多的价值。在这个过程开始前，企业需要先明确下面 3 个问题。

客户不选择同类型的其他企业，而是选择你的企业的原因?

你的企业能够给客户提供区别于其他企业的产品或服务吗?

产品或服务的价值主要体现在哪些方面?供应链完整、购买便利和价格低廉?还是其他方面?

阅读材料

分析客户需求改善客户价值最大化

1992 年，格兰仕微波炉带着让微波炉进入中国百姓家庭的雄心壮志闯入了家电行业，通过对市场进行调查，格兰仕发现市场上大多数卖给消费者的产品，价格都比较昂贵，这是因为中国市场上的产品花在渠道和终端上的成本较多，为了获得更多的利润，企业只能以更高的价格卖给消费者。针对这种情况，格兰仕考查并参考了欧洲家电渠道和终端的做法，创建了独有的区域代理制及格兰仕品牌专卖店的渠道模式，减少了产品的中间流通渠道。这很好地控制了产品的渠道成本，减少了产品流通过程中的费用，从而使消费者能够以更低的价格买到心仪的产品，这就是为什么格兰仕能够在微波炉市场中占据龙头地位的原因。

ZARA 和 H&M 都是很成功的快时尚品牌，他们通过对目标消费群体进行调查，发现很多消费者都喜欢在打折或促销的时候去购买一些一线奢侈品牌的流行服饰，如范思哲、古驰等知名品牌。这是因为这些消费者的购买能力有限，但又很喜欢追赶时尚潮流，针对这种情况，ZARA 和 H&M 考虑，是否能够以更低的价格，提供给消费者与国际一线品牌相同的时尚流行体验。了解顾客的需求，并满足他们的需求，让消费者以较低的成本获得超出他们预期的价值，这就是其成功的关键。

不管采用什么方式，从客户价值最大化的角度出发，关注消费者最关心、最基本的需求，让消费者的利益得到满足，才能促使他们购买商品。

除了消费者，股东、合作伙伴、员工和社会等对象都可以被看作客户，企业在实现客户价值时，要先关注内部客户（员工），通过内部客户为外部客户创造价值，然后确定消费者的主导地位，实现其他对象的价值。在这个过程中，需要企业具有敏锐的洞察力，能够根据市场和环境的变化洞察消费者内心的需求，及时调整经营策略，优化商业模式，这样才会使企业持续盈利和发展。

随着互联网经济的发展，企业的经营环境与消费者需求都发生了变化，消费者拥有更广泛的市场选择权，企业要想占据市场主导地位，必须与竞争企业抢夺顾客，顾客成为了产品价值的决定者和企业行为是否有效的裁决者，企业应将客户价值的实现与满足作为其始终追求的主观目标，创造出持续的、拥有忠实客户的一种商业模式，延长企业持续盈利的时间。

2. 盈利模式

盈利模式是企业在市场竞争中逐步形成的企业特有的赖以盈利的商务结构及其对应的业务结构。简单来说，就是企业通过怎样的模式和渠道来赚钱，即描述企业如何获得收入、产生利润，以及如何获得高额的投资回报。盈利模式分为自发的盈利模式和自觉的盈利模式。自发的盈利模式是企业自发形成的，企业虽然盈利，但对如何盈利、未来是否盈利缺乏清醒的认识，具有隐蔽性、模糊性和缺乏灵活性等特点；自觉的盈利模式是企业在经营过程中对盈利实践的总结，是经过多次调整和设计而形成的，具有稳定性、针对性、环境适应性和灵活性等特征。

任何企业都有自己的商务结构和相应的业务结构，但不是所有的企业都能盈利，也不是所有企业都有盈利模式。企业要拥有成功的商业模式，需要提供独特的价值，这个价值一般是产品和服务的独特组合，这种独特性表现在对客户、客户需求、竞争者、产品和服务、业务内容上的界定，可以向客户提供额外的价值，或使客户以同样的成本获得更多的利益。

3. 市场机会

市场机会是指由于环境变化而产生的具有一定规模和开发价值的消费需求，是企业所预期的市场以及企业在该市场中可能获得的潜在盈利机会。市场机会分为当前机会和未来机会，当前机会是企业如果当前不抓住，将稍纵即逝的市场机会；未来机会是指尚未成为有效需求的潜在需求。企业要注意分析市场，把握住市场将成熟时、潜在需求还未显现出来，但将来一定会出现的市场需求。

4. 竞争环境

竞争环境是指企业所在行业及其竞争者的参与、竞争程度，它表现在竞争对手的多少、活跃程度、市场份额、盈利情况和定价情况等方面。竞争环境是企业生存与发展的外部环境，企业了解竞争环境，可以取长补短，与竞争者在市场中形成产品、价格或服务上的差异，规避威胁，抓住机会，让自身处于有利位置。

5. 竞争优势

竞争优势是指可以给企业提供核心竞争力的某一产品与市场组合的特殊属性，可以是产品的专利保护、优惠价格，也可以是供应商、物流商等方面的优越条件，或者是人力资源等方面的优势。它可以通过 3 种基本战略来实现。

（1）成本领先战略：成本领先可以获得高于行业平均水平的收益，让自己在与竞争对手竞争时处于更有利的地位。成本领先表现在企业使用了更先进的技术、更有效的生产方式，通过较高的市场份额或更低的原材料供应，人才优势或有效的管理成本控制。

（2）差异化战略：差异化战略是指企业提供的产品或服务差异化，形成一些在全产业范围内独树一帜的优势，或在成本差距难以进一步扩大的情况下，生产比竞争对手功能更强、质量更优和服务更好的产品以显示经营差异。

（3）专业化战略：专业化战略是指集中企业所有资源和能力于企业所擅长的核心业务（企业从事的所有经营领域中占据主导地位的业务），通过专注于该业务而带动企业的发展。

6. 营销战略

战略是确定企业长远发展目标，并指出实现长远目标的策略和途径，是一种思维方法，也是一种分析工具和长远、整体的计划。营销战略是企业为了实现经营目标，对一定时期内市场营销发展的总体设想和规划。在规划时企业必须要关注客户需求，进行市场机会分析，找到自身的优劣势，综合考虑市场竞争中可能存在的问题，最终制定出营销战略，以指导企业一定时期内的发展。简单地说，营销战略就是关于企业在哪里营销，以及采用什么方式进行营销的基本设想和谋划。

7. 组织发展

组织发展（Organizational Development，OD），是指以人员优化和组织气氛协调为思路，通过组织层面的长期努力，改进和更新企业组织的过程。组织发展的主要对象是工作群体，包括管理人员和员工，一般来说，企业会将工作群体按照功能的不同划分为各个职能部门，每个部门的业务范围明确，且协同工作，保持企业的正常发展。

8. 管理团队

团队（Team）是由基层和管理层人员组成的一个共同体，它合理利用每一个成员的知识和技能协同工作，解决问题，达到共同的目标。管理团队则是由企业中负责各类商业模式运作的员工组成的，其主要职责是捕捉市场信息，获得投资者的信任，并构建企业完善的发展战略。一支优秀的管理团队不仅需要良好的沟通和决策环境，还需要互相信任、彼此尊重，具备领导力，且目标明确、决策正确、实施迅速和交流通畅，使用正确的方法来优化企业的运作。

4.1.3 传统商业模式的局限

随着电子商务的迅速发展，电子商务网站层出不穷，网络经济环境下的电子商务模式是指利用和发挥 Internet 和 WWW 优势的商业模式。传统商业模式在当前的互联网经济模式下，虽然有比较丰富的经验可以借鉴，但也存在一定的局限，主要体现在价值创造和盈利模式两方面。

1. 价值创造

价值创造一般包含 5 个部分，分别是购买、使用、销售、协作创造和集成。它建立在顾客和顾客需求的基础上，以为顾客带来价值的增值而存在。

（1）购买：购买的前提是需求，购买者应该先明确自己需要什么，然后到相应的供应商处咨询并下单。在这个过程中，购买者需要支付相关的费用并花费一定的时间，并且还要承担一定的风险。

（2）使用：购买后当然就要使用，使用的过程也会涉及时间与金钱的投入，如购买相关配件、业务培训等。

（3）销售：商品在出售时，需要考虑什么样的商品是一次性消耗品，什么样的商品能够循环利用，做好商品的存储、再出售以及商品转移的准备工作。

（4）协作创造：即通过与他人互助或协同的方式来创造或提高产品或服务的水平和质量。

（5）集成：将来自供应商或其他顾客的信息、产品和服务综合起来以满足各种各样的需要。

在传统商业模式下，实现价值创造的途径是面对面的，而电子商务环境下这些环节都能以网络的方式来进行。网络为顾客提供了更加方便的交流沟通方式、更丰富的产品、更低廉的价格，同时商家也能够及时发布消息并通知顾客，使商务活动的效率更高。

2. 盈利模式

传统盈利模式下，盈利者一般是生产厂商、批发商和零售商。生产厂商主要进行产品的制作，为顾客提供产品，但不能满足部分小批量的产品需求；批发商和零售商作为销售渠道中的角色，主要起着集中产品或服务、为顾客提供服务和营销信息的作用，可以为商品创造更多的增值价值，并利用规模效应和范围效应创造出良好的销售业绩。

但随着经济与网络的发展，传统的销售渠道模式在新的盈利模式中表现出了不足，主要包括以下两个方面。

（1）产品和服务的个性化趋势越来越明显，主要表现在两个方面：一是大规模定制化生产，将产品标准化之后拆分成零部件组成单元，对这些组成部分进行个性化设计后，再重新组合成新的产品销售；二是降低生产成本、提高销售效率。传统的销售模式不能很好地兼容这两种方式，阻碍了供应商与顾客的交流，不能更有效地进行产品的销售与服务。

（2）电子商务信息时代，信息传递和物流运输的方式发生了巨大的改变，新的信息交流方式让销售者能更方便地与购买者沟通交流，更低廉的运输成本降低了销售成本，让销售者获得更多的回报，购买者能以更优惠的价格获得产品或服务。在新的销售渠道中，信息服务者的价值日益增大。

4.1.4 电子商务商业模式的类型

随着电子商务的发展，电子商务商业模式也层出不穷，不同的电子商务企业拥有不同的商业模式，但一般情况下，都是选择多种业务模式进行集成。下面我们对主要的电子商务业务的模式进行介绍。

1. 电子市场

电子市场是指在 Internet 通信技术和其他电子化通信技术的基础上，开展商品、服务、信息的买卖，所经营的商品种类丰富，既有实物产品（服装、鞋包、图书、玩具等）、数字产品（软件许可、电子图书等），也包括虚拟（充值、购票）、服务（学习教育、生活服务）等类型。电子市场包括买方电子市场、卖方电子市场和第三方市场。

（1）买方电子市场：根据企业或个人的需求，通过逆拍卖、谈判或其他电子采购方式构建的基于互联网的市场，目前较为主流的买方电子市场主要包括买方电子集市、团购等形式。

（2）卖方电子市场：卖方电子市场是指企业通过电子目录、电子拍卖和谈判等市场机制向众多企业或个人消费者出售产品或服务而建立的一个基于互联网的市场。它既可以是独立的网上商店，也可以属于生产企业、零售商或个人，或者是拥有众多商店的集成购物场所，类似于天猫、当当等 B2C 或淘宝 C2C 网站都属于卖方电子市场。

（3）第三方市场：第三方市场又叫电子交易所或公共电子集市，与买方和卖方电子市场的不同之处在于，第三方市场是为买卖双方提供交易的互联网双向市场，一般由第三方市场创建者所有，类似于中介模式，如证券公司推出的网上交易系统。

2. 信息门户网站

信息门户网站是指在网络环境下，把各种应用系统、数据资源和互联网资源统一集合在信息门户之下（也就是网站）。根据信息提供者的角色不同，可以分为专有门户网站和公共门户网站。

（1）专有门户网站

专有门户网站分为个人门户网站和企业门户网站。个人门户网站就是以个人为中心的上网入口，可以进一步延伸为个人信息中心。企业门户网站是连接企业外部和内部的一个网站，通过提供单一的访问企业各种信息资源的入口，让企业员工、合作伙伴、客户和供应商等都可以通过门户获得个性化的信息和服务。企业门户网站主要有以下 4 方面的作用。

① 动态发布与存储企业内、外部的信息和资源。

② 完成网上交易，提供可供用户讨论和交流的虚拟社区。

③ 支持员工、团队和企业和伙伴之间的协同。

④ 完善供应链管理、客户关系管理和物流管理。

（2）公共门户网站

公共门户网站是以网络媒体为主要特征、提供分类信息的综合性网站，目的是通过吸引大量的重复性用户，建立在线用户群，使访问者产生购买网站广告所推销的产品的愿望。公共门户网站分为水平门户网站和垂直门户网站，其中水平门户网站是提供各类综合信息服务的公共门户网站，如新浪、网易和搜狐就属于水平门户网站，它们通过不断为用户推出新的免费内容和服务，来吸引访问者、提高网站流量。垂直门户网站是针对某一行业或专门领域（如 IT、娱乐、体育、汽车）提供综合信息服务的网站，具有专业性强、消费人群固定等特点。中关村在线、汽车之家、虎扑 NBA、东方财富、搜房网、中国教育出版网和中国工程机械商贸网等都是典型的垂直门户网站。

提个醒

地区性综合门户网站，如浙江都市网；阿里巴巴、慧聪网 B2B 门户网站；360 网址导航、网址之家等专门提供目录索引服务的网站都属于水平门户网站。

（3）个人信息服务

个人信息服务是以个人用户为主的服务模式，如电子信箱、即时通信、博客、微博、微信、网络电视、在线下载、在线游戏、金融服务和社区服务等一系列以体现个人意志为主旨的新型业务模式。

4.2 C2C 电子商务商业模式

个人消费者与个人消费者之间的电子商务（Consumer to Consumer，C2C），是个人消费者之间通过网络商务平台实现交易的一种电子商务模式。该模式需要能够为买卖双方提供在线交易的平台，在该平台中，卖方可以自行提供商品信息，而买方可以自由选择商品并支付。目前，中国主要的 C2C 电子商务平台有淘宝、拍拍和易趣等，

扫码看视频：

C2C 电子商务商业模式

其中淘宝是中国最大的 C2C 电子商务交易平台，拍拍是京东战略收购的原腾讯电商旗下业务，易趣主要为面向海外销售的用户提供交易平台。

C2C 电子商务平台是一个非常灵活的在线交易平台，其用户数量巨大且不存在地域和时间的限制，往往身兼多职，既是买方又是卖方。

4.2.1 C2C 电子商务的盈利模式

C2C 电子商务平台是一种主要通过网站为个体商户和个人消费者提供网络化的购销平台，以便买方进行商品的选购。同时，为了保障交易双方的利益，还提供了商品广告、第三方支付系统、交易监管和评级、网店装修等功能，这些服务功能就是 C2C 电子商务模式的基本盈利来源。C2C 电子商务的盈利模式主要包括以下 5 项内容。

（1）会员费：会员费是大部分网站的盈利方式之一，是用户为了获得某些特权，如网上店铺出租、公司认证、产品信息推广等服务而需要的一种权限，获得这些权限需要用户注册为会员并一定的费用。会员费一般采取第一年交纳，第二年续费的形式，若不再续费，将变为免费会员，不再享受多种服务。缴费会员比免费会员能享受到更多、更高质量的服务，如特定或专供信息、增值服务等。

（2）网络广告费：将网站中有价值的位置用于放置各种广告，根据版面、形式、发布时长等因素来收取费用，如淘宝网中的竞价排名、直通车和智钻等。

（3）增值服务费：某些超过质保期外产品的用户的服务，是有偿的，不仅需要收取成本费，还要收取一定数额的服务费，如辅助信息费、物流服务费和支付交易费等。

（4）特色服务费：产品或服务的特色展示费用，如淘宝网中的店铺装修工具、数据统计与分析工具等。

（5）拍卖平台：拍卖平台的盈利方式主要包括拍品信息费、保留价费用和佣金 3 种。拍品信息费是指拍品的信息登录费用；保留价费用是指拍卖交易不成功时，根据卖家事先设置的拍品保留价收取费用；佣金是指按拍品成交金额收取一定比例的费用。

以上只是 C2C 电子商务的部分盈利模式，不同的 C2C 电子商务网站有所区别，但都是采用多种方式的结合来运营的，以达到更高的网站流量、用户黏性和重复购买率等目的。值得注意的是，如果某个 C2C 电子商务企业创造了自己独一无二的盈利模式，那么他将难以被其他竞争者复制或超越。

阅读材料

淘宝网盈利模式分析

淘宝网自 2003 年 5 月 10 日创立至今，已成为中国最大的 C2C 电子商务购物平台，覆盖了中国绝大部分的网络购物人群。它通过大数据个性化、粉丝工具、视频和社区等工具来增加网购人群的黏性，采用聚划算、淘抢购和天天特价等活动来吸引顾客，艾瑞咨询调查显示，淘宝网占据国内电子商务市场 80%以上的份额。淘宝网之所以能够在庞大的电子商务市场一路领先，主要依靠其独特的盈利模式，有网络广告、插件租金、佣金和在线软件租金分成等方式。

1. 网络广告

淘宝网中的很多板块都可以打广告，如搜索页面的直通车关键词竞价排名、首页的焦点图和关联图等，都是淘宝为卖家提供的各种宣传推广商品的方式，这也是淘宝目前最主要的广告模式。

2. 插件租金收费

虽然淘宝为卖家提供了免费开店的途径，但经营过程中需要使用各种插件，这些插件有些是免费的，有些需要收费。但若要更好的经营店铺，一般需要购买相关的插件，如图片空间、网店版本、装修工具、统计分析工具和促销工具等，这些插件基于淘宝网庞大的卖家群体，一经推出就会引起商家试用，进而购买，为淘宝带来稳定的现金流。以淘宝店铺版本为例：淘宝目前的店铺版本有普通版、旺铺专业版和旺铺智能版，普通版不收费，可供卖家一直使用；若卖家等级低于 1 钻，可免费使用旺铺专业版，否则需支付每月 50 元的租金；旺铺智能版则不管卖家的等级如何，都需每月支付 99 元的租金。

3. 佣金

淘宝网开发的支付宝支付系统不止能在淘宝网中使用，其他购物网站也能通过支付宝进行登录或支付操作，但这些网站需要根据网上交易的比例缴纳费用。其次，淘宝网中的“消费者保障计划”需要卖家缴纳 1 000 元的诚信押金，这些押金和支付宝上暂存的资金都可以存入银行，或进行其他的金融投资，获取利润。

4. 在线软件租金分成

淘宝网中的插件软件并不全是淘宝网自己开发的，对应第三方软件开发公司开发的在线工具，若当年的累计销售收入超过 15 万元，则需向淘宝网支付该年销售总收入超过 15 万元部分的 45%。如某款软件每月的使用费用为 20 元，有 100 万人在使用，那么每月就有 2 000 万元进账，超过 15 万元的部分，淘宝可分成 45%，即 900 万元。这也是一笔不菲的收入。

5. SNS 游戏平台收入分成

淘宝网中的淘江湖依托于其巨大的用户数量，收入了大量的 SNS 游戏开发商，这些开发商开发的游戏也为淘宝带来了稳定的收入。

4.2.2 C2C 电子商务的优势

C2C 电子商务是一种与传统商业模式完全不同的交易方式，具有不受时间、地域限制的特点，下面对其优势进行介绍。

1. 降低成本

C2C 电子商务的一个优点就是交易环节的优化，它摒弃了传统商务活动中通过邮寄、传真或报纸等方式来传输信息的方式，大大降低了通信费用。同时，由于网上商店不需要店面租金，在很大程度上减少了卖家的资金投入。并且这种方式下卖家的存货量一般不会太多，可以随时更换商品或补充货品，不需要占压太多的资金，降低了成本风险。

2. 经营时间、规模不受限制

C2C 电子商务基于互联网提供的经营环境，可以在具备网络的前提下，随时、随地进行经营活动，无须聘请专人看店就可以将店铺打理得井井有条。同时，可以通过轻松地增加网店页面来扩大店面的经营规模，比传统商业模式减少了很多的人力资源、场地资源和装修成本。

3. 信息收集便捷

买家在网店中购买商品时，会主动留下自己的联系方式，这是传统商业模式无法比拟的，大大提高了消费者信息收集的效率。

4. 扩大销售范围

互联网环境下，C2C 电子商务模式不受地域范围的限制，商家面对的客户遍布全中国甚至全世界，只要消费者具有上网的能力，都可能在互联网中搜索到你的网店，成为你的潜在客户。

4.2.3 C2C 电子商务的交易流程

根据 C2C 电子商务的交易对象，交易流程可分为买家交易流程和卖家交易流程。下面以淘宝网为例，介绍在淘宝网中买家和卖家交易的流程。

1. 买家交易流程

根据买家在网店中购物的顺序，可以将买家的购物流程分为搜索、浏览商品、购买商品、付款、收货和评价。

（1）搜索、浏览商品

在淘宝中购买商品需要买家根据自己的需要进行搜索，搜索完成后淘宝将符合买家搜索条件的商品展示在网页中，买家浏览查看这些商品，若有满足自己需要的商品，就将其加入购物车。

淘宝网中提供了多种搜索商品的方法，如类目搜索、高级搜索和关键词搜索，按照需要在商品类目中搜索，或在搜索框中输入搜索关键词就可搜索，如图 4-1 所示。搜索后，在打开的页面中可以设置更加详细的搜索条件，如商品品牌、商品卖点、商品款式、商品用途和商品价格等；其次，还可按照需要对搜索结果进行排序，目前淘宝网支持综合、人气、销量、信用和价格排序，如图 4-2 所示。当有符合的商品时，单击商品图片或商品标题即可进行商品详情页的浏览。

图 4-1 搜索商品

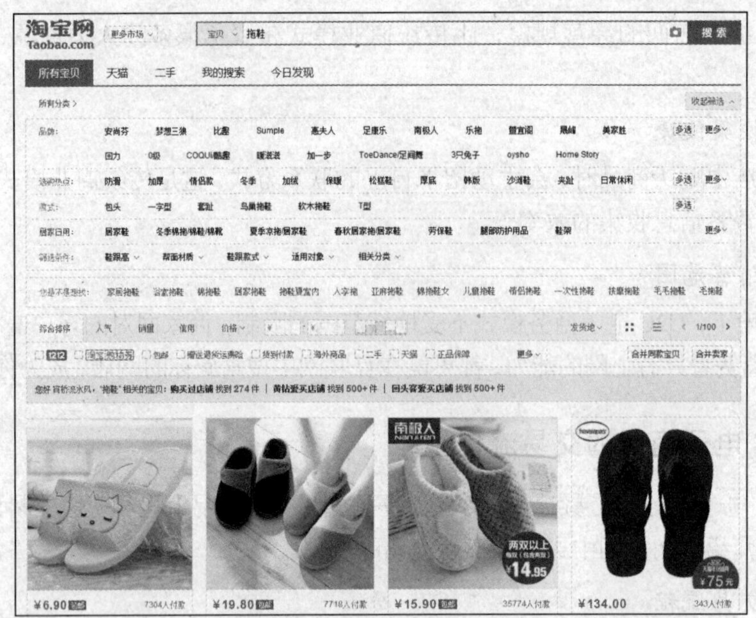

图 4-2　搜索结果及条件筛选

提个醒

不管是买家还是卖家，在进行电子商务交易前，都必须先注册成为网站的会员。会员的注册方法很简单，只要阅读网站的相关服务条款并同意，然后填写个人账号信息资料，接收激活邮件即可成为会员。

（2）购买商品

在网上搜索并找到所需的商品后，可以将商品加入购物车并在购物车中进行结算，也可直接单击商品信息页面中的“立即购买”按钮进行购买。购买商品前需要注意，要先确认商品的信息，包括商品的颜色、规格、数量、送货方式和收货地址等。

（3）付款

确认收货信息后，即可进入支付页面，在该页面中可以利用淘宝网提供的第三方支付平台——支付宝进行付款。买家可以预先在支付宝中充值，或者通过网上银行、信用卡和货到付款等方式进行支付。

（4）收货和评价

当买家收到货物并确认无误后，即可返回淘宝网中确认收货，同时对商品的质量、卖家的服务和物流服务等项目进行评价。交易完成后，卖家即可收到买家支付的货款。

2. 卖家交易流程

卖家作为商品的销售方，需要先开设店铺，然后上传商品信息。下面对卖家的交易流程进行介绍。

（1）开设店铺并发布商品

在淘宝网中开设店铺需要先进行支付宝实名认证和开店认证，认证成功后，就可以在淘宝网中发布商品信息。信息发布后，买家即可在淘宝网中搜索到该商品。卖家在发布商品信息时，可选择一口价、个人闲置或拍卖的方式进行出售，“一口价”是指卖家以固定的价格出售宝贝。“个人闲置商品”是指已通过支付宝实名认证的淘宝网用户以“闲置”的方式发布的商品。通常是个人持有，自用的或从未使用的闲置物品。卖家可以根据自己的情况来进行选择。“拍卖”是指卖家出售宝贝时就设置宝贝起拍价、加价幅度。

不管采用哪种方式发布商品，发布前都需要准备商品资料，包括商品标题、图片、类别、价格、数量、送货方式、运费、有无发票和保修单等信息。

提个醒

闲置商品与二手商品不同。闲置商品通常是个人持有，自用的或从未使用的闲置物品。二手商品是指已开店的淘宝网卖家以“二手”的方式发布的商品。通常是专业卖家持有，旧的用过的，或者新的买来后又转出去的商品。

（2）发货

发布商品并被买家搜索购买后，卖家需要发货，发货要及时，并尽量按照买家的要求选择对应的快递公司，并将发货情况告知买家。

（3）收款及评价

买家收到商品并确认付款后，卖家即可收到支付宝中暂存的款项。此时，卖家可以对买家进行评价，评价信息将计入买家的信用等级。

（4）提现

淘宝网中的所有货款都存放在支付宝平台中，卖家需要进行提现操作才能将其中的资金转移到自己的银行账户中。

总的来说，在淘宝网中进行交易的流程可参考图 4-3。

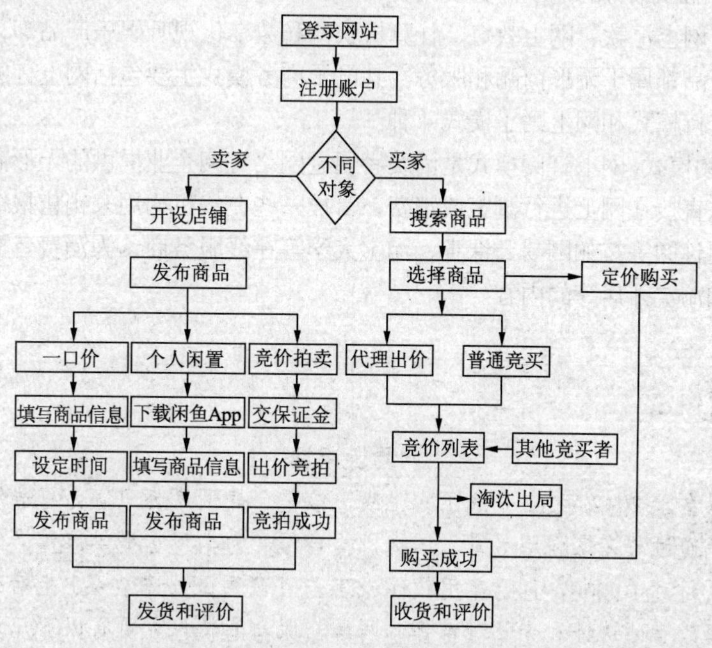

图 4-3　淘宝网中买家和卖家交易的流程

4.3 B2C 电子商务商业模式

企业与消费者（Business to Consumer，B2C）电子商务是按交易对象划分的一种电子商务模式，是企业通过网络针对个体消费者实现价值创造的商业模式，它以互联网为主要消费手段，通过信息网络，以电子数据流通的方式实现企业或商业结构与消费者之间的各种商务活动、交易活动、金融活动和综合服务活动。

扫码看视频：

B2C 电子商务商业模式

4.3.1 B2C 电子商务的主要分类

不同的分类下 B2C 电子商务的类型不同，下面介绍几种常见的分类。

1. 按企业与消费者买卖关系分类

按企业与消费者买卖关系进行分类，可以将电子商务分为卖方企业对买方个人的电子商务以及买方企业对卖方个人的电子商务两种模式。

（1）卖方企业对买方个人的电子商务模式：由商家出售商品和服务给消费者，是最为常见的一种 B2C 电子商务模式，较为典型的网站有京东商城和当当网。

（2）买方企业对卖方个人的电子商务模式：这是企业在网上向个人求购商品或服务的一种电子商务模式，主要用于企业人才招聘，如智联招聘、前程无忧等。

2. 按交易客体分类的电子商务模式

按照交易客体对 B2C 电子商务进行分类，可以分为无形商品和服务的电子商务模式、有形商品和服务的电子商务模式。这两种电子商务模式的含义及特征分别介绍如下。

（1）无形商品和服务的电子商务模式

电子客票、网上汇款、网上教育、计算机软件和数字化视听娱乐产品等，可以在网上直接实现交易的产品都属于无形商品和服务。其电子商务模式主要包括网上订阅模式、付费浏览模式、广告支持模式和网上赠予模式 4 种。

① 网上订阅模式。网上订阅模式是消费者通过网络订阅企业提供的无形商品和服务的模式，消费者可以直接在网上进行浏览或消费，常被一些在线机构用来销售报纸、杂志、有线电视节目和课程订阅等。如网易云课堂、淘宝大学等在线服务商，为消费者提供了关于互联网、电子商务和淘宝开店等的内容。

阅读材料

网易云课堂

网易云课堂于 2012 年 12 月底正式上线，该平台是网易公司倾力打造的在线实用技能学习平台，通过与多家权威教育、培训机构合作，为学习者提供海量、优质的课程，其课程数量已超过 10 000，包括实用软件、IT 与互联网、外语学习、生活家居、职场技能、金融管理、考试认证和亲子教育等。网易云课堂的特色主要有以下几点。

（1）微专业。通过与各领域知名专家合作，打造出企业岗位需求职业培训方案，目的是让学员快速、全面地掌握工作技能，并获得工作机会。并且，还可以参加考试获得专业认定证书，增加求职的机会。

（2）系列课程。将某一领域的内容集合在一起，给用户提供完整的、系统的学习方案，帮助学员快速、全面地掌握相关知识点。

（3）题库。帮助学员完成各类热门考试的题目学习，目前主要包括公务员、建筑师和会计等多类考试的真题练习测试，学员可参与题目的分析讨论。

（4）笔记。专为视频学习而设计的“笔记”功能，可以让学员在学习过程中更好地进行标注，通过添加笔记可自动保存视频的当前时间点，回顾笔记可观看当时视频。学员还可对视频截图或将本地计算机中的图片上传到笔记中，非常方便进行学习。

根据所学课程和专业的不同，课程收费也不同，网易云课堂中的课程既有免费的，也有收费的，学员通过购买课程可以学习收费课程。同时，也可以自己作为讲师上传视频到网站中，该方式需要提交申请。

② 付费浏览模式。付费浏览模式指的是企业通过网页安排向消费者提供计次收费性网上信息浏览和信息下载的电子商务模式。付费浏览模式让消费者根据自己的需要，在网址上有选择地购买一篇文章、一章书的内容或者参考书的一页。在数据库里查询的内容也可付费获取。另外，一次性付费参与游戏娱乐也是很流行的付费浏览方式之一，如红袖添香、期刊网等网站就采用该模式进行盈利。

③ 广告支持模式。广告支持模式是指在线服务商免费向消费者或用户提供信息在线服务，其营业收入完全来源于网站上的广告。如百度、Google 等在线搜索服务网站，雅虎、搜狐和新浪等大型门户网站虽然不直接向消费者收费，但却是目前最成功的电子商务模式之一。

阅读材料

Google搜索引擎的盈利模式

Google 作为全球知名的搜索引擎工具，通过其强大的信息资源库，为检索用户提供信息服务。Google 的主要盈利方式是网络广告，包括 AdWords（关键字广告）和 AdSense（文字广告的延伸产品）两种。

1. AdWords（关键字广告）

它面对的客户主要有两种，一种是普通的、使用 Google 来检索信息的一般网民；另一种是与 Google 有直接经济交易的商业客户。这两种客户的盈利方式分别介绍如下。

普通网民：Google 向普通网民提供免费的信息检索服务，来赚取网络点击率。

商业客户：Google 向商户提供技术或广告宣传，收取实质的广告费。该广告将出现在搜索页面的右侧，按点击付费的方式进行收费。

2. AdSense（文字广告的延伸产品）

Google 的 AdSense 平台为需要投放广告的企业提供服务，该平台凭借 Google 强大的数据搜索功能，通过向其他网站提供客户化搜索引擎方式来吸引企业加入。这些加入该平台的企业会为 Google 带来更丰富的以用户为单位的个人数据库，为合作网站提供更精准的客户。同时，顾客还可以共享客户网站上的搜索流量，当用户浏览企业网站适用搜索引擎时，Google 和网站运营商将按照分成协议获得广告收入。

④ 网上赠予模式。网上赠予模式是企业借助互联网的优势，向用户赠送软件产品，以此扩大企业的知名度和市场份额。由于软件产品属于无形的计算机商品，企业只需投入较低的成本，就能推动产品的发展，如某些商家对会员提供免费试用，其中很大一部分后来都成为付费订户。

（2）有形商品和服务的电子商务模式

有形商品是指传统的实物商品。有形商品和服务的电子商务模式，其查询、订购和付款等活动都可以通过网络进行，但最终的支付活动不能通过网络实现。根据经营主体的不同，有形商品和服务的电子商务模式可以分为独立 B2C 网站和 B2C 电子化交易市场。

① 独立 B2C 网站。独立 B2C 网站是指由企业自行搭建的网上交易平台，需要企业具有较强的资金和技术实力，能够自行完成网站的开发、建设、支付和维护等一系列活动。

② B2C 电子化交易市场。B2C 电子化交易市场也称为 B2C 电子商务中介或 B2C 电子市场（Electronic Marketing，EM）运营商，是指在互联网环境下利用通信技术和网络技术等手段把参与交易的买卖双方集成在一起的虚拟交易环境。电子运营商一般不直接参与电子商务交易，而是由专业中介结构负责电子市场的运营，其经营的重点是聚集入驻企业和消费者，扩大交易规模。常见的 B2C 电子化交易市场如天猫、招商银行信用卡商城等。

3. 按 B2C 网购模式分类的电子商务

从网购模式来进行分类，可将 B2C 电子商务分为综合平台商城、综合独立商城、网络品牌商城和连锁购销商城等。

（1）综合平台商城：综合平台商城只做网络交易平台，不涉及具体的商品采购和配送服务。卖家可以通过缴纳一定租金的方式来申请加入平台，如天猫。

（2）综合独立商城：综合独立商城的内部机构庞大，具有商城的独立经营权，能提供正规发票和售后服务，需要自行进行商品的采购、上架、仓储、发货和配送等工作，如京东商城。

（3）网络品牌商城：网络品牌商城拥有自身的产品品牌，但商品线较单一，是一种“轻资产、快公司”模式，“轻资产”是指企业的无形资产，包括企业的经验、规范的流程管理、管理制度、企业品牌和人力资源等；“快公司”是指在较短的时间内实现业绩的高速增长。目前常见的网络品牌商城如珂兰钻石等。

（4）连锁网销商城：连锁网销商城是一种“实体+网销”的模式，依托于传统零售采购平台强大的供应链，与厂商有良好的合作关系，具有较高的品牌信誉度与丰富的商品种类。但存在线上、线下价格不统一，对网络零售的理解不正确等情况。

4. 按产品覆盖品类和品牌的多少分类的电子商务模式

按产品覆盖品类和品牌的多少进行分类，B2C 电子商务可以分为品牌垂直电子商务商城、平台型综合电子商务商城、平台型垂直电子商务商城。表 4-1 所示为这几种模式的比较。

表 4-1　C2C 电子商务平台的主要盈利模式

模　式	代表平台	情况说明
品牌垂直电子商务商城	小米商城、华为商城	销售单品类、单品牌产品，需要商城具有强大的品牌影响力
平台型综合电子商务商城	京东商城、天猫、亚马逊	销售服装、化妆品、数码和图书等品类丰富的产品，且每个品类下有很多品牌
平台型垂直电子商务商城	聚美优品	品牌丰富，且针对单品类进行了细分，具有“小而精”的优点

4.3.2 B2C 电子商务的盈利模式

B2C 电子商务网站的盈利模式主要有 4 种，分别是网络广告收益模式、产品销售营业收入模式、出租虚拟店铺收费模式和网站的间接收益模式。

（1）网络广告收益模式：广告收益是大部分 B2C 网站的主要盈利模式，这种模式的成功与否取决于网站的访客量与广告是否能够受到关注。

（2）产品销售营业收入模式：这种方式主要是通过赚取采购价与销售价之间的差价和交易费来获得利润，如亚马逊、当当等都属于这种。

（3）出租虚拟店铺收费模式：这种模式是 B2C 电子化交易市场的主要收入来源，这些网站在销售产品的同时，也出租虚拟店铺，通过收取租金来赚取中介费。如天猫、京东和当当网等网站都向入驻的商家收取了一定的服务费和保证金。

（4）网站的间接收益模式：间接收益模式是指通过以上 3 种方式以外的方式进行盈利，如网上支付。淘宝、天猫中有大部分的用户都通过支付宝付款，给网站带了巨大的利润。它主要是通过用户存款和支付时间差产生的巨额资金来进行其他投资，进而获得利润。

提个醒

每个网站收取租金的方式不同，天猫店铺一般收取保证金与技术服务费，并且根据店铺类型的不同，资费也不同。品牌旗舰店、专卖店为 5 万~10 万元；专营店为 10 万~15 万元。技术服务费以一级类目为参照，为 3 万元或 6 万元。

4.3.3 B2C 电子商务的交易流程

B2C 电子商务的交易流程主要包括网上购物流程和后台管理流程。其流程示意图如图 4-4 和图 4-5 所示。

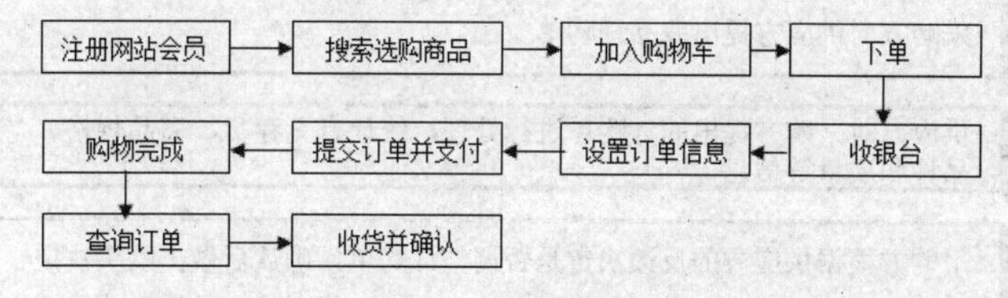

图 4-4　B2C 电子商务的网上购物流程

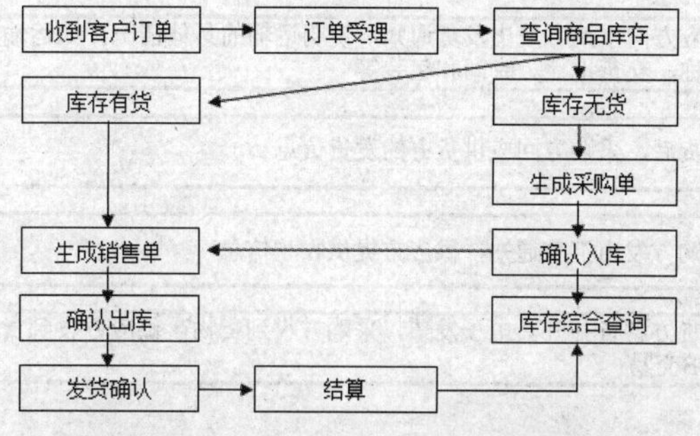

图 4-5　B2C 电子商务的后台管理流程

4.4 B2B 电子商务商业模式

企业对企业的电子商务或商家对商家的电子商务（Business to Business，B2B），是指企业与企业之间通过互联网或私有网络等现代信息技术手段进行的各种商务活动，如谈判、订货、签约和付款等。

扫码看视频：

B2B 电子商务商业模式

4.4.1 B2B 电子商务的主要模式

B2B 电子商务模式是非常重要的一种模式，它的市场规模庞大，是企业改善竞争条件、建立竞争优势的主要方式。目前，B2B 电子商务的主要模式包括面向制造业或面向商业的垂直 B2B、面向中间交易市场的 B2B 两种。

（1）面向制造业或面向商业的垂直 B2B：该模式分为两个方向，包括上游和下游。生产商或零售商与上游的供应商形成供货关系，生产商与下游的经销商形成销货关系。

（2）面向中间交易市场的 B2B：该模式将行业中相近的交易过程集中到一个场所，为采购方和供应方提供了交易的机会，也叫作水平 B2B。

4.4.2 B2B 电子商务的业务流程及其优势

下面主要对 B2B 电子商务的业务流程及优势进行介绍。

1. B2B 电子商务的业务流程

从交易过程来看，B2B 电子商务的流程如图 4-6 所示。

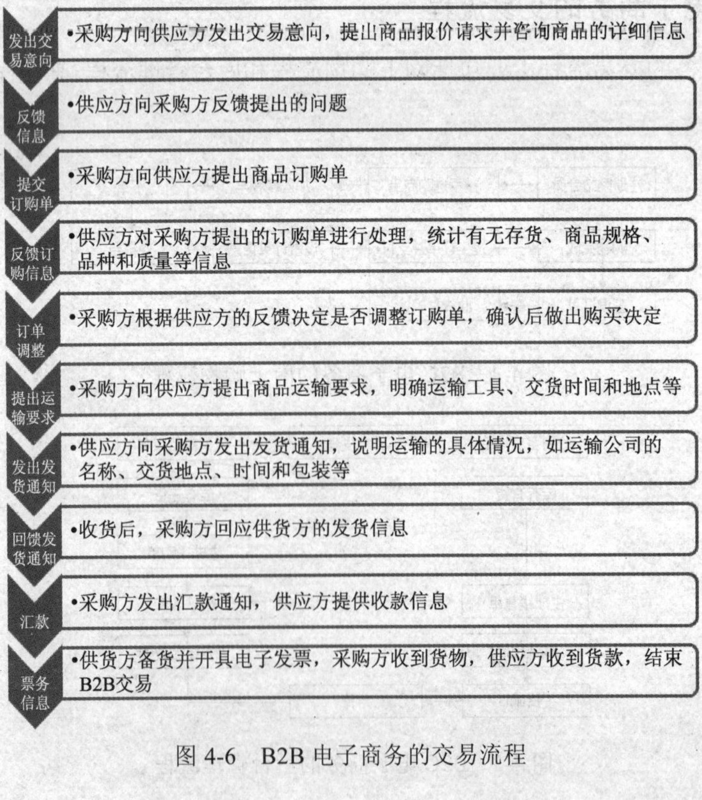

发出交易意向	•采购方向供应方发出交易意向，提出商品报价请求并咨询商品的详细信息
反馈信息	•供应方向采购方反馈提出的问题
提交订购单	•采购方向供应方提出商品订购单
反馈订购信息	•供应方对采购方提出的订购单进行处理，统计有无存货、商品规格、品种和质量等信息
订单调整	•采购方根据供应方的反馈决定是否调整订购单，确认后做出购买决定
提出运输要求	•采购方向供应方提出商品运输要求，明确运输工具、交货时间和地点等
发出发货通知	•供应方向采购方发出发货通知，说明运输的具体情况，如运输公司的名称、交货地点、时间和包装等
回馈发货通知	•收货后，采购方回应供货方的发货信息
汇款	•采购方发出汇款通知，供应方提供收款信息
票务信息	•供货方备货并开具电子发票，采购方收到货物，供应方收到货款，结束B2B交易

图 4-6 B2B 电子商务的交易流程

2. B2B 电子商务的优势

B2B 电子商务的实施将降低企业的成本并扩大企业收入来源，这种模式的优势可以从商务成本、供应链管理和产销周期等方面凸显出来。

（1）降低商务成本

企业商务成本一般包括采购成本与库存成本。传统企业间进行贸易往来往往要耗费大量的资源和时间，而 B2B 电子商务模式下，企业通过与上游的供应商和下游的客户建立企业电子商务，买卖双方都能够自主地在网上完成整个业务流程，减少了双方为进行交易而投入的人力、物力和财力等资源。同时，企业还能优化内部采购体系和库存体系，通过批量采购方式来更好地管理，实现高效的企业运转与库存控制，降低成本。

（2）强化供应链管理

B2B 电子商务模式下可以很明确地获悉所有产品的情况，进一步预计和控制市场供求信息，方便对库存和物流进行更科学的规划和管理，扩大企业的经济效益。最理想的 B2B 电子商务模式是最大化缩减企业库存，创造高效率的无形市场，实现零库存状态下的即时生产（JIT）。

（3）缩短产销周期

传统商务模式下，产品从设计、生产、上架到出售，需要经过很多环节，时间周期较长。而电子商务则是一天 24 小时不断运作，可以加快各个环节之间的交流、企业资金和物流等的流动，缩短整个生产的周期。

4.4.3 企业开展 B2B 电子商务的基础及盈利模式

企业开展 B2B 电子商务需要一定的条件，下面我们主要对这些条件进行介绍，并对 B2B 电子商务的盈利模式进行分析，以帮助读者熟悉该模式下的企业运作方式。

1. 企业开展 B2B 电子商务的基础

企业在什么情况下适合开展 B2B 电子商务？我们可以考虑以下几个问题。

（1）企业的信息化水平

信息化水平是指除了最基本的网络基础设施和电子商务平台外，还需要有信息化、自动化的后台系统，包括企业资源计划（ERP）系统、供应链系统（SCM）和计算机集成制造系统（CIMS）等。这些系统是企业进行 B2B 电子商务的前提条件，可以实现电子商务快速、高效的特点，为交易双方提供便利。

（2）企业现有的框架结构

开展 B2B 电子商务模式前，需要明确企业自身的现有业务体系，分析 B2B 电子商务对企业现有商务模式的影响，看是否会产生冲突，导致原本的销售渠道混乱。当现有商务模式与 B2B 电子商务形成良性互补，互相促进，共同开发市场时，企业应当考虑开展 B2B 电子商务。

（3）企业贸易伙伴开展 B2B 电子商务的情况

除了企业自身的意愿外，企业上、下游供应链贸易伙伴对 B2B 电子商务的开展情况，也是决定企业是否开展 B2B 电子商务的条件。如果贸易伙伴具备开展 B2B 电子商务的条件，并且准备或已经开展了 B2B 电子商务，则企业应该考虑开展 B2B 电子商务。反之，如果贸易伙伴不具备这种能力，则要慎重考虑新模式下与贸易伙伴的往来是否会受到影响。一般来说，电子商务在企业中的推广应用程度和普及性是能否获取电子商务效益的关键。

2. B2B 电子商务的盈利模式

目前 B2B 电子商务网站的主要盈利模式包括会员费、广告费、竞价排名费和信息化技术服务费等。

（1）会员费

进行电子商务交易的前提是电子商务平台，因此企业需要注册成为 B2B 网站的会员，缴纳一定的会员费。这种盈利模式是 B2B 电子商务的主要收入来源之一，如阿里巴巴向入驻企业收取出口通（每年 19800 元）和诚信通（每年 2800 元）两种会员费。

（2）广告费

网络广告也是 B2B 电子商务的主要收入来源之一，一般可根据广告在网页中的位置、类型等进行收费，包括文字广告、图片广告、动态 Flash 广告、邮件广告和弹出广告等多种广告形式。

（3）竞价排名费

每个企业都希望自己的产品能够在 B2B 网站中排名靠前，销量增加，因此，为了促进产品的销售，也为了 B2B 电子商务自身的盈利，网站将对部分开通竞价排名的会员，根据交费的多少来进行排名的调整。如阿里巴巴为诚信通会员提供了竞价排名服务，参与该服务的会员企业将具有优先显示的特权。

（4）信息化技术服务费

信息化技术服务费用主要包括企业建站服务费、产品行情资讯服务费、企业认证费、在线支付结算费和会展费等一系列费用。不同的 B2B 电子商务网站根据其功能的不同可能有所差异，但基本都包含以上费用。

4.5 跨境电子商务

随着经济与互联网的快速发展，为了实现不同国家间的商贸合作，跨境电子商务应运而生。它构建了开放、立体的多边经贸合作模式，拓宽了企业进入国际市场的途径，同时，消费者还能通过该模式方便地获取其他国家的商品。

扫码看视频：

跨境电子商务

4.5.1 跨境电子商务概述

跨境电子商务是指分属不同关境的交易主体，通过电子商务平台达成交易、进行支付结算，并通过跨境物流送达商品、完成交易的一种国际商业活动。跨境电子商务主要由跨境电子商务平台、跨境物流公司和跨境支付平台 3 部分组成，跨境电子商务平台用于进行商品信息的展示、提供在线购物功能，如速卖通、亚马逊和易贝等；跨境物流公司用于运输和送达跨境包裹，主要有中国邮政、DHL 和 UPS 等；跨境支付平台则用于完成交易双方的跨境转账、信用卡支付和第三方支付等支付活动。

4.5.2 跨境电子商务与外贸电子商务的区别

传统外贸电子商务主要是由一国的进出口商通过另一国的进出口商，进出口大批量货物，然后通过境内流通企业的多级分销，跨越多个流通渠道（如国内工厂、国内贸易商、目的国进口商、目的国分销商、目的国零售商）才能到达有需求的企业或消费者手中。与跨境电子商务相比，传统外贸电子商务具有进出口环节多、时间长和成本高等缺点，下面是两者的具体区别。

（1）主体不同：跨境电子商务是通过网络将商品直接销售到海外消费者手中，其主体是商品；传统外贸电子商务则是通过电子商务手段推广宣传企业或商品，从网络中寻找外商求购信息，其主题是信息。

（2）环节不同：跨境电子商务基于互联网与其独特的模式，大大减少了交易环节和交易成本；而外贸电子商务的进出口环节则没有变化。

（3）交易方式不同：跨境电子商务的商业活动基本都是在线上直接完成；外贸电子商务则都是在线下完成。

（4）模式不同：跨境电子商务的模式并不局限于某一种，既有 B2B 跨境电子商务，又有 B2C、C2C 等跨境电子商务；而外贸电子商务则基本是 B2B 模式。

跨境电子商务是一种新型的商务运作模式，天猫国际、速卖通、亚马逊和京东全球购等都是具有代表性的跨境电子商务平台；环球资源、中国化工网和中国出口贸易网等传统的外贸电子商务只能算是广泛意义上的跨境电子商务平台。

4.5.3 跨境电子商务的交易模式

按照交易模式的不同，可以将跨境电子商务分为 B2B 跨境电子商务、B2C 跨境电子商务和 C2C 跨境电子商务。

1. B2B 跨境电子商务

B2B 跨境电子商务是指分属不同关境的企业与企业之间的，通过电子商务平台达成交易，进行支付结算，并通过跨境物流送达商品，完成交易的一种国际商业活动。敦煌网、中国制作、阿里巴巴国际站和环境资源网等都是十分具有代表性的 B2B 跨境电子商务。

随着国家政策的扶持与跨境电商的持续发展，2016 年是跨境电商大热的一年，以跨境出口为方向的 B2B 电子商务模式更是其中的重点，所占的比例接近 90%。B2B 电子商务的发展策略是通过推动制造型企业上线，促进外贸综合服务企业和现代物流企业转型，从生产端和销售端共同发力，使国内品牌商与全球零售商、批发商对接，完成贸易活动。

阅读材料

跨境电商B2B模式渐成主流

（中国电子商务研究中心讯）随着美国一年一度的年底购物季的到来，为数众多的华人代购活跃在全美的各个商场、奥特莱斯和品牌折扣店内。他们将买下这些商品再通过各种物流运输工具将商品送到客户手中，这是一种典型的海淘 B2C 跨境电商模式。虽然该模式颇受欢迎，但也存在商品质量无法保障、物流信息无法控制和海关难以征税等缺陷，这些不确定因素不仅给消费者带来了风险，还给国家财政造成了损失。因此，B2B跨境电子商务逐渐发展并清晰起来。

商务部部长原助理张骥同志在2016年年初曾称：“跨境电商发展的主体是明确的，B2B是主体，B2C是补充。”跨境电商要重点发展B2B模式，这符合中国外贸稳增长、结构调整的需要，也有利于降低监管的成本，提高通关的效率。在行业发展不断走向成熟，政策利好不断释放的背景下，不少资本竞相进军这一领域。甚至有人认为，中国的下一个“BAT”级企业将从跨境电商的B2B领域产生。

但是，B2B模式作为整个商业流程的上游环节，需要参与的企业搭建庞大的基础设施，这一点在跨境电商行业尤为明显。由于零售的本质，供应链管理能力是跨境电商企业最关键也是最难的环节。从消费者的角度进行分析，供应链管理能力的核心其实就是对货源、仓储、物流和金融等环节的支持能力。跨境电商的快速发展与下游需求的急剧增加，使越来越多的企业步入该领域。B2B电子商务市场的容量不断增加，但这些企业在进入时，需要先找准定位，发挥自身优势，在细分领域发力，为中国跨境电商行业良好生态的建立发挥积极作用。

B2B跨境电子商务平台主要有两种模式，一种是“交易佣金+服务费”模式，另一种是“会员制+推广服务”模式。第一种模式采取免费注册、免费商品信息展示，只收取交易额佣金。采取单一佣金率模式，按照平台类目分别设定固定佣金比例来收取佣金，并实施“阶梯佣金”政策，当单笔订单金额满足一定金额时，即按照统一的标准进行收费。其次，平台还为商家提供了一系列的服务，如开店、运营和营销推广等，平台从中收取一定的服务费。第二种模式主要为商家提供贸易平台和资讯收发等信息服务，通过收取付费会员和服务费的方式进行运营，针对目标企业的不同，提供不同的资讯服务。

阅读材料

敦煌网

敦煌网是典型的第一种模式B2B出口跨境电子商务平台，具有面向全国供应商、平台化运营、一体化服务和移动端领先等特点。敦煌网的盈利模式主要包括以下两种。

1. 佣金收入

敦煌网为买卖双方提供了一个可供交易的网上市场，交易成功后向卖家收取一定比例的交易佣金。

2. 服务费收入

跨境电商覆盖全球200多个国家和地区，需要更加完善与强大的管理系统，跨境交易的过程也需要更多的服务环节来保证交易的正常进行。因此，敦煌网向企业提供了集约化物流、金融服务和代运营服务等一系列服务并收取一定的服务费。

2. B2C跨境电子商务

B2C跨境电子商务是指分属不同关境的企业直接面向个人消费者开展在线销售产品和服

务，通过电子商务平台达成交易、进行支付结算，并通过跨境物流送达商品、完成交易的一种国际商业活动。速卖通、亚马逊、eBay、Wish、兰亭集势和敦煌等都是十分具有代表性的B2C跨境电子商务平台。

B2C跨境电子商务的模式主要包括“保税进口+海外直邮”模式、“直营+招商”模式和“直营”模式3种。

“保税进口+海外直邮”模式最典型的代表是亚马逊、天猫和1号店，亚马逊平台中的卖家类型有专业卖家和个人卖家，专业卖家每月收取39.99美元费用，个人卖家按照每笔0.99美元的佣金进行收取。其次，亚马逊还收取一定比例的交易费，卖家根据所售商品的不同收取不同的费用。亚马逊在各地保税物流中心建立了自己的跨境物流仓储，在全球范围内拥有自己的物流配送系统，这是它与天猫、1号店的最大区别。

天猫在宁波、上海、重庆、杭州、郑州和广州等城市试点跨境电子商务贸易保税区、产业园签约跨境合作，在保税区有自己的物流中心，更多的则是采用第三方物流服务。

“自营+招商”模式即发挥企业的最大内在优势，通过招商的方式来弥补自身的不足，如苏宁。苏宁在综合分析自身情况，充分发挥自身的供应链、资金链的优势的同时，还通过全球招商来弥补国际商用资源的不足。

“直营”模式是跨境电子商务企业直接参与到采购、物流和仓储等海外商品的交易流程，拥有自己的物流监控和支付系统。典型的“直营”模式如聚美优品，它通过整合全球供应链，直接参与到整个买卖流程，并独辟了“海淘”自营模式。甚至，2014年，聚美优品在河南保税物流区建设了自己的自理仓，大大降低了商品运输时间，并让物流信息能够被全程跟踪。

3. C2C跨境电子商务

C2C跨境电子商务是指分属不同关境的个人卖方对个人买方开展在线产品销售和服务，由个人卖家通过第三方电子商务平台发布产品和服务信息，由买家进行筛选并最终通过电子商务平台进行交易、支付结算和跨境物流配送等一系列国际商业活动。典型的C2C跨境电子商务有淘宝全球购、淘世界和洋码头扫货神器等。

4.5.4 跨境的电子商务平台

速卖通、亚马逊（Amazon）、易贝（eBay）、Wish和敦煌网（DHgate）等都是典型的跨境电子商务平台，下面我们对这几个平台的相关知识进行介绍。

1. 速卖通

速卖通的全称是全球速卖通（AliExpress），是阿里巴巴旗下面向全球市场打造的在线交易平台，可以简单地理解为国际版“淘宝”。在速卖通平台上，卖家可以将宝贝信息编辑成在线信息发布到海外，供广大消费者查看并购买，然后通过国际快递进行货物运输，完成交易。

速卖通于2010年4月正式上线，目前已经发展成为覆盖220多个国家和地区的全球最大的跨境交易平台之一，其每天的海外买家流量已经超过5000万。在俄罗斯、巴西、以色列、西班牙、乌克兰和加拿大等国家，它是非常重要的购物平台。

2. 易贝

易贝（eBay）于1995年9月4日由皮埃尔·奥米迪亚（Pierre Omidyar）以Auctionweb

的名称创立于加利福尼亚州圣荷西，创建目的是为了帮助女友在全美寻找 Pez 糖果爱好者。但意外的是，网站非常受欢迎，很快就被这些爱好者填满，网站也随之发展起来。

目前，eBay 已经成为全球最大的电子交易市场之一，是美国、英国、澳大利亚、德国和加拿大等国家的主流电子商务平台。eBay 只有两种销售方式：一种是拍卖；另一种是一口价，一般按照产品发布费用和成交佣金的方式收取费用。

3. Wish

Wish 是一款基于移动端 App 的商业平台，于 2011 年成立于美国旧金山。成立之初，Wish 只负责向用户推送消息，不进行商品交易，在 2013 年才开始正式升级成购物平台。与其他电子商务平台不同的是，Wish 平台上的买家更倾向于无目的的浏览，而不是关键字搜索，Wish 也会通过卖家的浏览和购买行为，判断买家的喜好和感兴趣的产品信息，并推送给买家，这种方式比较受欧美人的喜爱，超过 60% 的用户基本上都来自于美国和加拿大。

4. 敦煌网

敦煌网（DHgate）成立于 2004 年，是国内首个为中小企业提供 B2B 网上交易的网站，致力于帮助中国中小企业通过跨境电子商务平台走向全球市场，开辟更加安全、便捷和高效的国际贸易通道。

敦煌网是中小额 B2B 跨境电子商务的首个实验者，免费注册，靠交易成功后收取佣金盈利。敦煌网与其他 B2B 电子商务的盈利模式不同，它以在线贸易为核心，以交易佣金收入为主的模式运营，所有卖家在敦煌网内进行注册、开店、发布和交易都是免费的；买家购买时需要支付一定的佣金。

4.5.5 跨境物流

交易成功后需要进行商品的物流运输，与国内物流运输不同的是，跨境物流需要跨越边境，将商品运输到境外国家。目前最常见的跨境物流的方式主要有邮政包裹、国际快递、专线物流和海外仓储 4 种。

1. 邮政包裹

邮政具有覆盖全球的特点，是最常使用的一种跨境物流运输方式。目前常用的邮政运输方式包括中国邮政小包、新加坡邮政小包和一些特殊情况下使用的邮政小包。

邮政包裹对运输的管理和要求较为严格，如果没有在指定日期内将货物投递给收件人，负责投递的运营商要按货物价格的 100% 赔付客户。需要注意的是：邮政包裹运输，含电、粉末、液体的商品不能通关，并且需要挂号才能跟踪物流信息，运送的周期一般较长，通常要 15~30 天。

2. 国际快递

国际快递主要是通过国际知名的四大快递公司，美国联邦快递（FedEx）、联合国包裹速递服务公司（UPS）、TNT 快递、敦豪航空货运公司（DHL）来进行国际快递业务的邮寄。具有速度快、服务好和丢包率低等特点，如使用 UPS 寄送到美国的包裹，最快 48 小时内可以到达，但价格较昂贵，一般只有在客户要求时才使用该方式发货，且费用一般由客户自己支付。

3. 专线物流

跨境专线物流一般是通过航空包舱的方式运输到国外，再通过合作公司进行去往目的国的派送，具有送货时间基本固定、运输速度较快和运输费用较低的特点。

目前市面上最普通的专线物流产品是美国专线、欧美专线、澳洲专线和俄罗斯专线等。也有不少物流公司推出了中东专线、南美专线和南非专线等。整体来说，专线物流能够集中大批量货物发往某一特定国家或地区，通过规模效应降低成本，但具有一定的地域限制。

4. 海外仓储

海外仓储是指在其他国家建立海外仓库，货物从本国出口通过海运、货运和空运等形式储存到该国的仓库。当买家通过网上下单购买所需物品时，卖家可以第一时间做出快速响应，通过网络及时通知国外仓库进行货物的分拣、包装，并且从该国仓库运送到其他地区或国家，大大减少了物流的运输时间，保证货物安全、及时和快速地到达买家手中。

海外仓储的费用由头程费用、仓储管理费用和本地配送费用组成。头程费用是指货物从中国到海外仓库产生的运费；仓库管理费用是指货物存储在海外仓库和处理当地配送时产生的费用；本地配送费用是指在海外具体的国家对客户商品进行配送产生的本地快递费用。这种模式下运输的成本相对较低，时间较快，是未来的主流运输方式。

4.5.6 跨境支付

跨境支付是跨境电商必不可少的环节，可以通过银行转账、信用卡支付和第三方支付等方式进行。特别是第三方支付，随着跨境电商的发展，其需求日益增多。国际上最常用的第三方支付工具是易贝的贝宝（PayPal）。

2015 年 1 月，国家外汇管理局正式发布了《国家外汇管理局关于开展支付机构跨境外汇支付业务试点的通知》和《支付机构跨境外汇支付业务试点指导意见》，开始在全国范围内开展部分支付机构跨境外汇支付业务试点，允许支付机构为跨境电商交易双方提供外汇资金收付及结售汇服务。跨境支付的发展不仅能为国内第三方支付企业打开新的广阔市场空间，还能帮助企业获取相对更高的中间利润。对于支付平台自身来说，还能在很大程度增强其增值潜力，一方面有利于支付平台对跨境商户进行拓展并简化支付的结算流程；另一方面，境内买家无须再为个人结售汇等手续困扰，直接使用人民币购买境外商家的商品或服务。目前国内的跨境支付工具排名前五的分别是支付宝、财付通、银联电子支付、快钱和汇付天下。

4.6 其他电子商务商业模式

除了以上介绍的几种电子商务商业模式外，还有 C2B、B2G、C2G 和 O2O 等模式。

4.6.1 C2B 电子商务商业模式

消费者到企业电子商务（Consumer to Business，C2B），是互联网经济时代新的商业模式。在 C2B 模式下，应该先有消费者需求产生而后有企业生产，即消费者向企业提出需求，企业再根据需求组织生产。C2B 模式一般情况下是消费者根据自身需求定制产品和价格，或主动参与产品设计、生产和定价。

4.6.2 B2G 电子商务商业模式

企业与政府机构间的电子商务（Business to Government，B2G），即企业与政府之间通过网络所进行的交易活动的运作模式，如一个提供 B2G 服务的网站可以提供一个单一地方的业务，为一级或多级政府（城市、州或省、国家等）来定位应用程序和税款格式；提供送出填好表格和付款的能力；更新企业的信息；请求回答特定的问题等。它也可以提供电子采购服务和虚拟工作空间，让双方可以通过共享公共网站来协调工作、会议和管理计划等。

最典型的 B2G 是网上采购，即政府机构在网上进行产品、服务的招标和采购，供货商从网上下载招标书，并以电子数据的形式发回投标书。同时，供货商可以得到更多的甚至是世界范围内的投标机会。

4.6.3 C2G 电子商务商业模式

消费者与政府机构间的电子商务（Consumer to Government，C2G），主要包括政府采购、网上报关和报税等，对整个电子商务行业不会产生大的影响。该模式目前在国内还没有真正成熟，然而，在个别发达国家（如澳大利亚），政府的税务机构已经通过指定私营税务，或财务会计事务采用电子方式来为个人报税，具备了消费者对行政机构电子商务的雏形。随着经济与电子商务的发展，C2G 将会逐渐成熟并发展起来，未来政府各部门向社会纳税人提供的各种服务都可能在网上进行。

4.6.4 O2O 电子商务商业模式

线上到线下的电子商务（Online to Offline，O2O），是指将线下的商务机会与互联网结合，让互联网成为线下交易的平台。O2O 模式一般通过打折、提供信息和服务预订等方式，把线下商店的消息推送给互联网用户，从而将他们转换为自己的线下客户，适合需要到店消费的商品和服务，如餐饮、健身、电影和美容美发等。

O2O 模式下，增加了实体商家宣传的形式与机会，为线下实体店面降低了营销成本，提高了营销的效率；对于个人用户而言，能够通过网络了解商家信息及提供的活动服务，而且在线购买服务能够获得比线下消费更便宜的价格。

4.7 案例分析——京东商城商业模式

京东商城（简称京东）是目前国内最大的综合网络零售商，自 2004 年正式成立以来，一直保持着高速成长，连续六年增长率超过 200%。京东商城拥有超过 200 万的注册用户，1 200 家供应商，提供家电、数码通信、计算机、家居百货、服装服饰、母婴、图书和食品等多品类的商品和服务，并且一直秉持快速、安全的配送方式，让消费者能够及时收到购买的物品。

另外，京东商城还为第三方卖家提供了在线销售平台，通过缴纳一定费用的加盟费即可在该平台上出售商品。图 4-7 所示为截至 2016 年第二季度艾瑞数据公开的 2016 年中国 B2C 购物网站交易规模市场份额，天猫的市场份额位居第一，京东位居第二。阿里巴巴及京东仍然在网络购物行业保持绝对的优势，并通过入股、收购等方式进一步拓展在垂直品类和线下业务的发展。行业内的各企业一方面积极布局跨境业务，另一方面加速发展农村电商。同时也在母婴电商、医药电商等垂直细分领域进行持续不断的探索和发展。

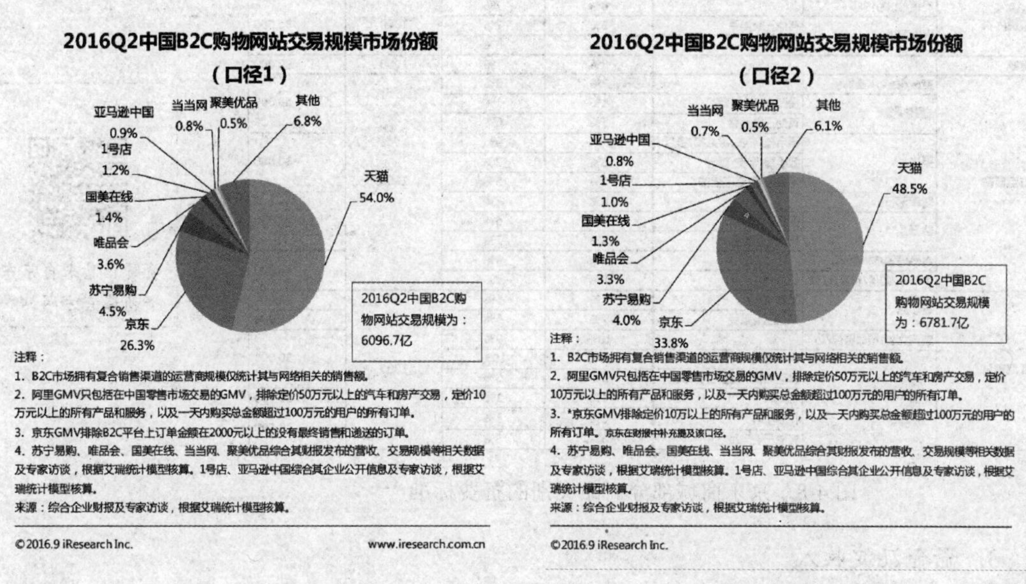

图 4-7　2016 年第二季度中国 B2C 购物网站交易规模市场份额

4.7.1　业务模式

京东商城提供了丰富的在线销售商品，包括家用电器、手机/运营商/数码、计算机办公、家居/家具/家装/厨具、男装/女装/童装/内衣、个护化妆/清洁用品/宠物、鞋靴/箱包/珠宝/奢侈品、运动/户外/钟表、汽车/汽车用品、母婴/玩具乐器、食品/酒类/生鲜/特产、医药保健、图书/音像/电子书、机票/酒店/旅游/生活、理财/众筹/白条/保险共 15 个大类的商品；灵活多样的商品展示空间，消费者可以不受时间和地域的限制在平台上浏览和购买商品。基于京东商城自身打造的庞大的物流体系，提供了 211 限时达、次日达、夜间配和 3 小时极速达、GIS 包裹实时追踪、快速退换货以及家电上门安装等服务，保障用户享受到快速、全面、贴心的物流配送服务和完整的购物体验。

4.7.2　盈利模式

京东商城的盈利模式主要有以下 4 点。

1. 直接销售收入

直接销售收入是指商品采购价与销售价之间的差价。京东商城有超过几十万种的在线销售的产品品种，产品价格比线下零售商店更低，范围一般保持在 10%~20%之间。京东商城的商品库存周转率一般为 12 天，比国美、苏宁等平台与供货商现货现结的费用率低 7%，毛利率维持在 5% 左右，能够为上游的供货商、终端客户提供更多价值，以实现京东的“低盈利大规模”的商业模式。

2. 虚拟店铺出租费

京东为第三方卖家提供了在线销售平台，这些商家要入驻京东，需要缴纳一定的店铺租用费。图 4-8 所示为京东商城部分商品类别的资费标准。

一级分类	二级分类	三级分类	费率		平台使用费	保证金
			SOP	FBP	单位-元/月	单位-元
服饰内衣	男装/女装/内衣		8%	7%	1000	30,000
	服饰配件	其他三级类目	8%	7%		
		口罩	6%	6%		
鞋靴			8%	7%	1000	30,000
珠宝首饰	黄金/铂金/K金饰品		3%	8%	1000	50,000
	金银投资	投资金/黄金托管	1%	1%		
		其他三级类目	5%	5%		
	银饰	银吊坠/项链/银戒指/银耳	10%	9%		30,000
		银手镯/手链/脚链	8%	7%		
		足银手镯/宝宝银饰	5%	5%		
	翡翠玉石		9%	8%		50,000
	钻石	裸钻	5%	5%		
		其他三级类目	8%	7%		
	水晶玛瑙/时尚饰品		10%	9%		30,000
	木手串/把件/彩宝/珍珠		8%	7%		
礼品箱包	奢侈品	配件/饰品	7%	6%	1000	30,000
		其他三级类目	7%	6%		50,000
	潮流女包/精品男包/功		10%	9%		30,000
	礼品	火机烟具/军刀军具	10%	10%		
		鲜花绿植/礼盒礼券/绿植	5%	5%		
		收藏品	1%	1%		50,000
		礼品定制	3%	3%		30,000
		其他三级类目	8%	8%		

图 4-8　京东商城部分商品类别的资费标准

3. 资金沉淀收入

资金沉淀收入是指买家在京东上购买商品并支付货款后，这部分货款由第三方支付平台暂存，如财付通、快钱等，当买家确认收货后，商家才会收到这部分货款。这个时间差所产生的资金沉淀可以供京东商城用来进行其他的投资从而盈利。

4. 广告费

网络广告是电子商务的主要盈利模式之一，京东商城也并不例外。为了获得更多的商品展示机会，京东商城为商家提供了面向全网的精准流量定价展示广告模式，主要包括全网广告展位、首页单品展位、京东快车、周末要大牌和商务舱 5 种模式，以帮助商家快速提高品牌知名度和销量，实现高效、精准的全网营销。

4.7.3 核心竞争力

京东集团 CEO 刘强东在耶鲁北京中心发表主题演讲时表示，京东商城的核心竞争力有以下几点。

1. 通过技术手段降低供应链成本，提升供应链效率

京东商城是最典型的自营 B2C 电子商务企业，通过自建物流的技术手段来降低供应链成本，提升供应链效率。传统的供应链方式下，一件商品出厂后到达消费者手中大概要搬运 5~7 次，社会化物流成本非常高，大量企业的利润都被物流吞噬。因此京东商城制定了自己的供应链系统，包括两点，前端是用户体验，后端是供应链成本和供应链效率。

对于电商和传统零售商来说，库存周转率是衡量供应链效率的最核心因素，即每采购

一批货物平均需要花费多少时间来售出。一般的企业，其库存周转的天数大概是六七十天，而京东的库存周转天数大约是 34 天，比较之下，京东比其他传统零售行业缩短了几乎一倍的时间，并且还是建立在京东比传统零售企业拥有更加庞大的库房管理的 SKU 数量的基础上。

京东通过降低供应链的方式来降低商品成本，能够持续不断地为消费者提供相同品质但价格更优惠的商品。

2. 金融服务

2013 年 10 月，京东成立了京东金融集团，依托于京东生态平台积累的交易记录数据和信用体系，向社会各阶层提供融资贷款、理财、支付和众筹等各类金融服务。目前，京东金融建立了供应链金融、消费金融、众筹、财富管理、支付、保险和证券共 7 大业务板块，并开发了京东金融 App，为用户提供了更加便捷的服务。

3. 农村电商

为了更好地发展京东商城，2014 年 3 月，京东与腾讯达成了战略合作，全面推进移动社交电商新模式的发展，成为全球移动社交的积极探索者和实践者。2015 年，京东开始大力发展农村电商，推进 3F 战略，即工业品进农村战略（Factory to Country）、农村金融战略（Finance to Country）和生鲜电商战略（Farm to Table）。截至 2016 年 8 月 31 日，京东已开设 1 600 多家“京东帮服务店”，服务覆盖 43 万行政村；京东建立了 1 500 多家“县级服务中心”，拥有近 30 万名乡村推广员，服务 23 万行政村；地方特产馆特产店已达到 1 000 多家，京东农资电商的合作涉农企业已达到 200 多家；已授权的京东农资服务中心达到 100 多家，乡村白条覆盖全国近 30 多万行政村。

根据上述材料分析以下问题。

（1）京东商城的商务运作模式是什么？

（2）京东商城的盈利空间体现在哪里？

（3）京东商城的核心竞争力体现在哪些方面？

（4）与传统零售企业相比，京东商城具有哪些优势？

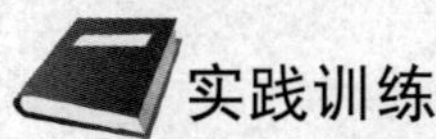

实践训练

为了更好地熟悉电子商务商业模式的相关知识，下面我们通过在各大电子商务平台进行实践训练来巩固。

【实训目标】

（1）了解主要的电子商务模式。

（2）熟悉不同商业模式下的典型电子商务平台。

（3）了解电子商务平台的基本规则与操作方法。

（4）对比分析不同模式的优缺点。

【实训内容】

列举电子商务商业模式的类型，每种类型列举至少 3 个典型的代表，并分析这些网站有哪些特点，以及网站的服务内容、目标客户和盈利模式，最后再注册网站账号，亲身感受网站的运营模式。

【实训要求】

（1）分小组进行实训，每组选择至少 3 个商业模式的网站进行分析，主要包括其业务模式和盈利的基本情况。

（2）设计表格对所分析的电子商务网站的服务内容、目标客户和盈利模式的异同点进行对比和总结，表格参考样式参见表 4-2。

表 4-2　电子商务网站模式异同分析

商业模式	典型代表	服务内容	目标客户	盈利模式

课后习题

1. 名词解释

（1）商业模式　　（2）B2C　　（3）跨境电子商务　　（4）跨境物流

2. 单项选择题

（1）下列哪个属于 B2C 电子商务网站（　　）。

A. 阿里巴巴　　B. 慧聪网　　C. 环球贸易网　　D. 以上都不是

（2）下面关于 B2B 电子商务的说法正确的是（　　）。

A. 只要企业想开展 B2B 业务，就可以通过 B2B 平台进行业务扩展

B. B2B 模式下，企业可以通过批量采购来优化企业内部的采购体系和库存体系

C. B2B 电子商务可以通过广告费、中间费用和技术服务费等进行盈利

D. B2B 电子商务分为面向制造业或面向商业的垂直 B2B、面向中间交易市场的 B2B。

（3）跨境电子商务是一种新型的商务运作模式，以下属于跨境电子商务的是（　　）。

A. 天猫国际、中国出口贸易网　　B. 环球资源、易贝

C. 亚马逊、京东全球购　　D. 速卖通、中国化工网

（4）完成跨境电子商务，下列哪些是不可缺少的部分（　　）。

A. 拥有跨境物流运输系统　　B. 跨境电商平台

C. 跨境支付结算　　D. 以上都是

（5）O2O是指将线下的商务机会与互联网结合，下列哪项是最典型的O2O模式（　　）。

A. 整合类　　B. 体验类

C. 线上线下一体化　　D. 导流类

（6）一个合格的电子商务网站，在网站流程方面应该做到（　　）。

A. 在保证客户购物安全的前提下可以忽略其他的问题

B. 对客户收取一定的交易费

C. 体现出网络购物与现实生活中购物的区别

D. 购物界面简单，操作方便

3. 多项选择题

（1）按照交易客体分类，B2C电子商务模式可以分为（　　）。

A. 买方企业对卖方个人　　B. 卖家企业对买方个人

C. 有形商品和服务　　D. 无形商品和服务

（2）C2C电子商务的盈利模式包括（　　）等。

A. 会员费　　B. 网络广告费　　C. 增值服务费　　D. 特色服务费

（3）无形商品的电子商务运作模式主要包括（　　）。

A. 广告支持模式　　B. 网上订阅模式

C. 网上赠予模式　　D. 付费浏览模式

（4）下面属于平台型综合电子商务的平台有（　　）。

A. 小米商城　　B. 京东商城　　C. 聚美优品　　D. 亚马逊

（5）跨境物流的方式主要包括（　　）等。

A. 邮政包裹　　B. 国际快递　　C. 专线物流　　D. 海外仓储

4. 思考题

（1）C2C电子商务的流程是怎样的？分别从买家和卖家的角度进行阐述。

（2）了解了B2C电子商务的相关知识后，谈谈你对B2C网站的认识。

（3）列举目前主要的B2B电子商务模式，并进行分析。

5. 技能实训题

（1）在淘宝、当当或亚马逊中找一件需要的商品并进行购买，了解电子商务的买家操作流程。

（2）以某一个电子商务网站为例，写出你对它的印象。

（3）使用手机App在京东商城中浏览并购买商品，比较它与淘宝的异同。

第5章 网络营销

【学习目标】

- 了解传统市场营销的相关知识。
- 了解并熟悉网络营销的相关知识。
- 掌握网络市场调查的方法。
- 掌握网络广告的投放方法。
- 熟悉网络营销的常用方法。

引导案例

在2012年的“双11”，上线仅4个多月的三只松鼠旗舰店当日成交额就达到766万元，一举夺得零食坚果特产类目第一名，成为中国食品电商的奇迹，也奠定了三只松鼠在互联网食品品牌的领头羊地位。2013年的“双11”，三只松鼠旗舰店单日销售额达3 562万元，连续两年蝉联食品电商行业冠军。在2014年的“双11”销售达1.2亿元；2015年销售额达2.66亿元，全年销售额破25亿元人民币；2016年仅28分钟40秒销售额就破亿元，全天销售额达5.08亿元。三只松鼠每年都在刷新自己的销售业绩，5年全网食品销售第一，从一个名不见经传的“小卒”摇身一变为互联网食品的品牌大咖。

三只松鼠之所以能有如此快速的发展速度，除了其精准的市场定位和发展策略外，还依赖于其高超的市场营销手段。以2014年的“双11”为例，三只松鼠仅在流量争夺极其激烈的“双11”前三天，社交广告平均互动率就高达近2%，但CPE（单次互动成本）却保持在1元钱以下，其总社交广告花费仅是淘宝内其他商家的1/10~1/5。

三只松鼠的创始人兼CEO章燎原先生，拥有10年的传统行业营销、管理从业经历；4年互联网品牌营销、管理经验。他很好地利用了各种方法进行网络营销，打响自己的知名度并赢得消费者亲睐。在此次营销活动中，三只松树进行了以下营销策略。

微博营销：三只松鼠当时的微博粉丝虽然人数不多，但是通过对粉丝人群的精准定位，将粉丝细分成6个类型，然后采用不同的针对性营销信息对细分群体进行营销。

广告营销：三只松鼠联合微博上的各大微账号，将这些账号按照投放人群进行定位，主要包括1号店、京东、天猫等电商账号，然后通过这些账号发布广告来吸引更多的粉丝。其次，还利用自己官微三只松鼠自有粉丝的相关账号，如零食相关账号、吃货相关账号、动漫相关账号等进行广告营销，全方位覆盖消费人群，增加自己的曝光率和人气。

话题营销：三只松鼠通过发布“不玩虚才是真狂欢”话题，以选择三只松鼠的N个理由为主题进行话题营销，引发网友的大量讨论与参与，使网友对三只松鼠的品牌、产品等更加了解，这进一步加剧了三只松鼠的曝光量和关注度。

微信营销：通过 6 个微信公众号——松鼠小酷、松鼠小贱、松鼠小美、三只松鼠、松鼠主人服务中心、松鼠星球来进行微信营销，通过推送产品信息、优惠信息、抽奖活动等来持续引发消费者的热情。

这些营销手段很快引发了传播热潮，在“双 11”当天，仅仅 3 小时三只松鼠就成功售出了 3 000 万元的订单总额。之后几天，三只松鼠继续独占鳌头，最终以 1.2 亿元的销量占据坚果类第一名。同时，三只松鼠的微博粉丝也得到了快速增长，经过 2014 年的斐然战果，三只松鼠让投资家再次看到了他们的实力，2015 年，三只松鼠获得第四轮融资，总金额达 3 亿元，三只松鼠估值 40 亿元。这些新型的营销方式没有采取传统的电视广告的方式进行宣传，但却达到了比传统营销方式更好的效果，其传播的速度、范围和影响的人群都大大提高，是电子商务环境下特有的营销方式。本章将针对网络营销进行介绍，包括它与传统营销的区别、网络营销的特点和内容、网络市场调查的方法和营销的手段等内容。

【本章要点】

传统商务　　网络市场调查　　网络广告　　电子邮件营销
微博营销　　微信营销

5.1 传统市场营销

网络营销是随着 Internet 和电子商务应用的快速普及而发展起来的，是对传统市场营销的提升。在了解网络营销的相关知识前，有必要对传统的市场营销进行学习，了解其基本概念和与网络营销的区别，为学习网络营销的相关知识奠定基础。

5.1.1 市场营销概述

市场营销（Marketing）并不是简单的销售，它是一种比较广泛的概念，并且随着社会发展与市场需求而不断变化。市场营销的发展及其概念发展如表 5-1 所示。

表 5-1 市场营销的发展及其概念

定义人员	时间	说明
美国市场营销协会（American Marketing Association，AMA）	1960	市场营销是将货物和劳务从生产者流转到消费者过程中的一切企业活动
	1985	市场营销是指通过对货物、劳务和计谋的构想、定价、分销、促销等方面的计划和实施，实现个人和组织的预期目标的交换过程
格隆罗斯	1990	所谓市场营销，就是在变化的市场环境中，通过互相交换和承诺，建立、维持、巩固与消费者及其他参与者的关系，以实现各方目的
菲利普·科特勒	1994	市场营销是个人和集体通过创造、提供、出售产品和价值，并同其他人交换产品和价值，从而获得需求之物的一种社会和管理过程

本书以美国著名的市场营销学者菲利普•科特勒教授的观点进行讲解。在这个核心概念中包含了需要、欲望和需求；产品和提供物；价值和满意；交换和交易；市场、关系和网络；营销者和预期顾客等关键概念。

（1）需要、欲望和需求。进行市场交换活动的目的是满足人们的需要和欲望，这里的需要（Needs）、欲望（Wands）和需求（Demands），虽然看起来类似，但却是截然不同的概念。需要是指没有得到某种基本满足的状态，如口渴了想找水喝，但并未指向是开水还是饮料。当需要的指向变得明确，需要就变成了欲望。欲望就是指想得到基本需要的具体满足物的一种愿望。需求是指有愿望同时也有能力购买特定产品的一种欲望。对于企业来说，只有有购买能力的欲望才能构成对企业产品或服务的需求。

（2）产品或提供物。产品不仅包括看得见摸得着的物质产品，还包括能够使人们的需求得到满足的服务或创意。提供物是指所有通过交换来满足人们需求的事物。在当今激烈的市场竞争中，企业不能仅仅局限于对物质产品的认识，而是要在市场需要的引导下，注重产品的设计与开发，从更广泛的意义上去理解产品或提供物的含义，为消费者提供能够满足他们具体需求的内容。

（3）价值和满意。产品或提供物的效用并不能直接决定人们是否采取购买行为，购买行为的决定因素还应该包括人们获得效用的代价，即费用。如果代价高于人们获得的效用，超出了人们的承受底线，那么不管这件产品怎么样都没有人愿意购买；反之，如果代价低于获得的效用，再贵的商品也愿意购买。调查研究表明，人们只会购买有价值的东西，并根据其满意程度来决定是否再次购买，客户只有十分满意企业的产品或服务才可能成为企业的忠实客户。因此，除了提供必须的产品或服务外，还要让客户在交易的过程中产生超越预期价值的感受，这样才能促使交易的顺利进行并建立稳定的企业市场。

（4）交换和交易。交换是指通过提供自己的某种东西作为回报，从而从他人那里取得所需物品的一种行为。其中交换是交易过程，交易是由双方的价值交换所构成的。进行交换和交易必须要具备一定的条件，具体包括以下几点。

① 必须具备两个以上的人员。

② 交换双方都具备可以进行交换的产品。

③ 交换双方都认为对方的产品对自己是有价值的。

④ 交换双方有可能互相沟通并把自己的产品递交给对方。

⑤ 交换双方都有决定进行交换和拒绝交换的自由。

需求的产生是交换活动的前提，价值的认同则是交换成功实现的条件。只有顺利完成交换，实现企业和社会经济效益的目的，才能算作形成了交易。交易是达成意向的交换，交易的最终实现需要双方对意向和承诺的完全履行。从这个角度来看，市场营销就是为了实现交换对象之间的交易为目的的过程。

（5）市场、关系和网络。狭义的市场就是指实现交易的场所和环境。广义的市场是指一系列交换关系的总和，主要由“买方”和“卖方”两个群体构成。在市场营销学中，一般将企业看作“卖方”，将顾客群体看作“买方”，企业为了维持稳定的市场份额和销售业绩，就会采取措施来维持与客户群体之间长期稳定的交易关系。为了做到这一点，企业应该在市场营销中同有价值的顾客、供应商和分销商建立长期互相信任的“互赢”关系，该营销即为关系营销。供应商、分销商和顾客之间的关系直接影响着交易的实现和发展，企业与其经营活动有关的各种群体所形成的一系列长期稳定的交易关系就构成了企业的市场网络。只有保证一定规模的市场网络的稳定性才能使企业正常经营。

（6）营销者和预期顾客。在市场交易活动中，积极主动的一方为市场营销者，市场营销的对象又称为预期顾客。市场营销离不开市场，同时也离不开从事营销活动的人。

5.1.2 市场营销的流程

市场营销需要经过市场营销环境分析、购买行为分析、市场营销调研与预测、市场细分与定位和实施市场营销组合策略 5 个阶段。下面分别介绍这 5 个阶段。

1. 市场营销环境分析

市场营销环境是指存在于企业营销系统外部不可控制的，直接或间接影响企业营销活动的所有因素和力量的集合，这些因素和力量是与企业营销活动有关的、影响企业生存和发展的外部条件，包括微观市场营销环境和宏观市场营销环境。企业与市场营销环境的关系可以表现为如图 5-1 所示。

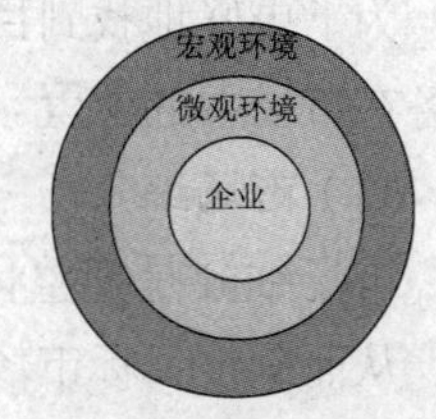

图 5-1 企业与市场营销环境的关系

（1）微观市场营销环境。与公司关系密切，直接影响企业营销活动的各种因素。如企业本身及营销中介、市场、竞争者和各类公众等。

（2）宏观市场营销环境。一些影响整个微观环境的更广泛的社会因素，即间接影响。如人口环境、经济环境、自然环境、科技环境、法律环境以及社会和文化环境等。

市场营销环境包含的内容十分复杂，一旦环境发生变化就会带来两种结果，即环境威胁和市场机会。因此，企业要做好市场营销环境的分析工作，通过对环境变化的观察来把握市场变化的趋势，从而调整企业的营销策略，以发现新的市场机会并避免可能出现的威胁。

2. 购买行为分析

根据市场作用对象的不同，可以将市场分为消费者市场和组织者市场。

（1）消费者市场：为了满足生活消费而购买商品或服务的个人或家庭所构成的市场。

（2）组织者市场：工商企业为从事生产经营活动，以及政府部门和非营利机构为履行职责而购买产品和服务所形成的市场。

购买行为分析就是主要对消费者及组织者的购买行为进行分析。具体地说，就是对消费者、生产者以及政府的购买行为进行分类，研究其行为模式、影响个体购买行为的因素，分析其购买的决策过程。市场营销必须先清楚地知道购买行为分析的内容，以及消费者购买行为表现出来的 5 个“W”和一个“H”，才能更好地进行下一阶段的工作。

“What”——对象。主要分析消费者知道什么、需要购买什么。

“Who”——人员。主要分析消费者是哪些群体。

“Where”——场所。主要分析消费者在哪里购买，在哪里使用。

“When”——时间。主要分析解消费者消费和购买商品和服务的具体时间。

“Why”——原因。主要分析消费者为什么购买。为什么选择某种产品或服务。

“How”——方式。主要分析采用什么办法和措施来影响消费者的行为。

3．市场调研与预测

市场调研是指企业通过科学的方法和手段，有目的地收集、分析和研究与市场影响有关的各种信息，提出分析的结论与建议，以此作为企业分析市场和制定营销策略的依据的过程在此基础上，根据市场的历史和现状，凭借经验，运用一定的预测理论和技术，对市场未来发展的趋势进行预测和判断的活动和过程就叫作市场预测。

通过市场调研，可以获取市场信息的反馈，并向决策者提供关于当前市场的信息、市场的影响因素，并根据这些信息推测可能发生的市场变化，帮助决策者了解市场现状和技术经验，以避免企业在制定营销策略时发生错误。

4．市场细分与定位

为了更好地找到目标消费群体，企业需要准确地进行商品与市场细分，明确自身产品或服务在市场中的位置。

（1）市场细分

市场细分是把整体市场划分为若干由消费者需求和购买行为相似的消费者构成的子市场，从而确定目标市场的过程。企业可以根据消费者群体的购买欲望、购买动机与习惯爱好等特点，将消费市场划分为不同类型的群体，让每个消费者群体构成一个细分市场，主要包括地理细分、人口细分、心理细分和行为细分 4 种。

① 地理细分。不同的地理区域的经济、文化等存在巨大差异，消费者对于同一类产品也有着不同的需求与偏好，如海鲜在南方沿海省份被视为佳肴，而内地消费者却并不一定觉得好吃。因此通过消费者所在的地理位置、自然环境来进行分类也是十分必要的。例如，根据国家、地区、城市、地形、气候或人口密度等方面的差异进行细分。

② 人口细分。消费者需求、偏好与人口统计变量有很密切的关系，例如，高收入人群一般是高档服装、名贵化妆品和高级珠宝的主要消费者。人口统计因素主要包括年龄、性别、家庭规模、家庭生命周期、收入、职业、教育程度、宗教、种族和国籍等。具体因素分析如下。

a. 性别：男性与女性在产品需求与偏好上有很大不同，如服装、化妆品等类别的商品通常是女性消费者占主导地位；汽车、数码产品等商品男性消费者占比较多。但随着社会发展与女性社会经济地位的提高，女性在购买中起着越来越重要的作用，她们不仅购买自己需求的产品，作为家庭中的一员（妻子、母亲或女儿），还经常是男性用品、儿童用品和老年用品的购买者。

b. 年龄：不同年龄的消费者对商品有不同的需求，一般来说，儿童需求玩具、食品、童装和儿童读物；青少年对学习资料、体育和文娱用品的需求较大；老年人则更关注营养品与医疗保健用品。另外，对于同一类型的产品，不同年龄阶段的消费者也可能产生不同的需求，如服装、化妆品等部分女性用品，在成年前、18~24 岁、25~29 岁、30~40 岁、40 岁以上等不同的年龄阶段，对产品的需求也不同。按照不同的年龄阶段进行市场细分，可以满足各年龄层次的消费者的特定需要。因此，对消费者的年龄结构、各年龄段的消费者占整个消费者群体的比重及各年龄消费者的需求特点进行分析，可以很好地定位市场。

c. 收入：收入水平的高低在很大程度上会决定消费者所购买商品的价格和品质。一般来说，低收入消费者比较关心商品的价格，而高收入消费者则更看重商品的品质以及购买的方便性。比如，占网络用户比重较大的学生群体，他们的购买能力比较低下，这是因为没有收入，受经济条件限制。因此，在进行商品市场细分时，一定要先明确针对的消费者层次，对不同需求的消费者采取不同的策略。

d. 职业与教育：不同的职业也会引起消费者的需求差别细分市场。例如，教师、白领、工人、农民和学生等不同职业，对商品的需求有明显的差异。消费者所受教育的程度还会引起其生活方式、兴趣爱好、文化素养和价值观念等方面的差异，这些也会对他们的购买种类、购买行为和购买习惯产生影响。

e. 家庭生命周期：消费者在家庭生命周期的不同阶段，其购买力、购买兴趣也会产生差异。如单身阶段的消费者因为没有经济负担，常常是新生事物消费的领头人；婚姻阶段的消费者对耐用品、大件商品的购买能力较强。

③ 心理细分。心理细分是指根据消费者所处的社会阶层、生活方式和个性特点等进行细分市场。一般来讲，处于同一社会阶层的成员具有类似的价值观、兴趣爱好和行为方式。而生活习惯和个性则因人而异，有的人追求简朴安静；有的人追求刺激冒险；有的人追求时尚潮流；有的人自信阳光；有的人顺从保守。根据不同的因素进行市场细分，可以更好地为产品赋予个性，与相应的消费者相适应。

④ 行为细分。行为细分是指根据购买者对产品的了解程度、态度、使用情况及反应等将他们划分成不同的群体。消费者的行为变化可以更加直接地反映其对产品的需求差异，因而行为细分是市场细分的最佳方式。行为细分市场主要包括以下 7 个方面。

a. 购买时机：根据消费者提出需要、购买和使用产品的不同时机，可以将其划分为不同的目标群体。如电扇、空调和取暖器等时令商品，节日礼品或婚嫁商品也与消费者购买的时机有一定的关系。

b. 购买目的：根据消费者购买产品是为了解决什么问题或满足某种需要来进行划分。但这种追求的侧重点有时不太一样，如购买手表的消费者有的追求经济实惠、价格低廉；有的追求耐用可靠、维修方便；有的追求时尚个性；有的追求品质、突出社会地位。

c. 使用者状况：根据消费者对商品的使用程度进行划分，可分为经常购买者、首次购买者、潜在购买者和非购买者。一般来说，在注重保持现有消费者的前提下，将潜在消费者转化为实际使用者，并设法吸引使用竞争对手企业产品的顾客来使用本公司的产品。

d. 使用数量：根据消费者使用某一产品的数量大小进行划分，可以分为大量使用者、中度使用者和轻度使用者。通常大量使用者的人数并不多，但其消费比重较大，需要商家对各阶段的消费者的数量进行分析，综合比较其消费比重，才能对商品的定价和宣传传播等方式进行策略定制。

e. 品牌忠诚度：通过分析消费者对品牌的忠诚情况，即品牌忠诚者（长时期内专注于某一品牌或少数几个品牌）与品牌转化者（经常从一个品牌变换到另一个品牌）的各种行为与心理特征，可以帮助企业了解消费者忠诚于本产品，或忠诚于竞争对手企业的产品的原因，从而更好地进行商品市场细分。

f. 对产品的了解程度：不同消费者对产品的了解程度往往不同，有的消费者可能需要某一产品而并不知道你的品牌；有的消费者虽然知道你的产品，却对产品的价值、功能等还存在疑虑。针对处于不同了解程度的消费者群体，可以采取不同的市场细分营销策略。

g. 态度：不同消费者对同一产品的态度可能有很大差异，如支持、否定或无所谓等。针对持不同态度的消费群体，在广告、促销等方面应有所不同。

（2）市场定位

市场定位是指针对消费者对企业产品某些属性的重视程度，确定产品相对于竞争对手在目标市场上所处的位置，并通过一定的信息传播途径，在消费者心中树立起与众不同的市场形象的过程。产品的特色或个性有多种表现方式，可以从产品实体上进行表现，如形状、成分、构造和性能等；也可以从消费者心理上进行表现，如豪华、朴素和典雅等；或是从质量上进行表现，如不同质量水准等。市场定位的策略主要有避强定位策略、迎头定位策略和重新定位策略 3 种。根据不同的情况采取不同的策略，能够更好地进行市场定位，为企业制订市场营销计划提供依据。

① 避强定位策略：避强定位策略是指避免与竞争对手直接对抗。将自己的产品定位于市场某处空缺或薄弱环节，开拓新的市场领域。

② 迎头定位策略：迎头定位策略是指直接与最强竞争对手"对着干"。该策略适用于具有比竞争对手更强的实力的企业。

③ 重新定位策略：重新定位策略是指企业为自己的产品重新进行定位，改变市场对原有产品的印象，使目标顾客重新建立对本产品的认识。采用该策略的情况一般为竞争对手的产品定位与本企业产品类似，侵占了本企业的部分市场；或消费者偏好发生了变化，转移到竞争对手的产品上来。

阅读材料

宜家对中国市场的重新定位

宜家在欧美等发达国家的定位是面向大众的家居用品提供商。以产品物美价廉、服务优秀闻名，受到广大中低收入家庭的欢迎。但在中国市场，由于人们普遍消费水平较低，原有市场中的低价家具生产厂家竞争激烈，市场已接近饱和，但国外高端家具产品市场的空间很大。于是，宜家将目标放在了收入相对富裕的中层阶级，对消费市场的定位变成了"想买高档产品，但又付不起高价的白领"。这种定位显然很好地满足了这个阶层的客户的需求，原因在于以下 3 个方面。

（1）宜家是全球品牌，充分满足了中层阶级的消费心理。

（2）宜家的产品质量较为出色，价格合理。

（3）宜家经营理念充斥的异国文化对中国消费者形成了吸引力。

宜家对中国市场的重新定位，很好地针对了中国消费市场的情况，并选择了有利于品牌定位的方式进行营销，是非常成功的重新定位策略。

5. 实施市场营销组合策略

市场营销组合策略主要包括产品策略、价格策略、渠道策略和促销策略，也叫 4P 营销策略。

扫一扫：

产品组合策略

扫一扫：

产品生命周期策略

（1）产品策略

产品不仅指有形的物质实体，还指人们通过购买所要获得的需求的满足。因此，产品的定义是能够满足消费者某种需求的有形物质和无形服务，主要包括实物、服务、场所、思想、主意和策划等。产品策略就是指与企业向市场提供的商品或服务有关的策划与决策。企业在制定经营战略时，首先要明确企业能提供什么样的产品和服务去满足消费者的需求，也就是要解决产品策略问题。一般包括产品组合策略和产品生命周期策略两种，需要企业根据需要来进行产品策略的调整和实施。

（2）价格策略

价格策略是指企业如何估量顾客的需求与成本，以便选定一种吸引顾客、实现市场营销组合价格的策略。影响价格策略的因素主要有市场需求、成本和市场竞争。

① 市场需求：市场需求会对产品价格的上限产生影响。因此在市场经济条件下，市场需求是企业制定产品价格时需考虑的主要因素。

② 成本：成本会对企业产品价格的下限产生影响。因为在正常情况下，企业产品的价格不会低于成本。企业成本类型主要包括固定成本、变动成本、总成本和边际成本等。

③ 市场竞争：在不同的市场条件下，竞争状况也会不同，因此企业的定价策略也不相同。一般来说，产品定价是在产品成本和消费者感知价值所构成的区间内，但具体价格水平的高低则主要需考虑竞争因素。

在充分考虑以上 3 个因素的条件下，可以通过成本导向定价法、需求导向定价法和竞争导向定价法等定价方法来进行价格调整。

（3）渠道策略

渠道策略是指企业选择将产品从制造商转移到顾客的最佳途径的策略。一般有独家分销、选择分销和密集分销 3 种策略。

① 独家分销：独家分销是指生产企业只在某地区选择一家最适合的中间商推销自己的产品。生产企业一般会与独家分销的分销商协商签订独家分销合同，规定其不得经营竞争者的产品。若是企业想控制自己的服务水平和经销商的服务水平，则适用该策略。

② 选择分销：选择分销是指制造商从所有中国经销商中选择几家经销自己的产品。该策略适用于工业品中专业性较强、用户相对稳定的产品的企业，此外消费品市场的选购品、耐用消费品和知名品牌商品等也适用该策略。

③ 密集分销：密集分销是指生产企业选择尽可能多的批发商、零售商等来推销自己的产品。消费品中的便利品、工业品中的通用设备适用该策略。

（4）促销策略

促销策略是指企业向消费者或用户传递产品信息，引起他们的注意和兴趣，激发他们的购买欲望和购买行为，以达到扩大销售的目的。企业将产品或服务在适当的地点以适当的价格出售到目标市场，一般可通过人员推销和非人员推销两种方式。人员推销是指推销员和顾客面对面地进行推销；非人员推销是指通过大众传播媒介在同一时间向大量顾客传递信息，如广告、公共关系和营业推广等方式。

5.1.3 市场营销与网络营销的区别

网络营销是基于计算机网络技术的迅速发展而形成的网络经济的一种营销方式，是一种新的市场营销途径。它与传统营销模式的不同主要表现在以下 5 个方面。

（1）营销理念的不同：传统市场营销的根本目标是通过满足顾客的需求而实现企业价值，是先有顾客需求再有以需求为基础的营销活动，是一种滞后的营销活动。而网络营销可以提供更加直接的企业与顾客的交流方式，及时掌握顾客的需求，并对未来某一段时间内的需求进行预测，与顾客建立一种长期的需求关注和伙伴关系，消费者的角色发生了转变，成为了企业营销策略的提供者，体现了顾客至上的理念。

（2）营销目标的不同：传统市场营销的核心是产品、价格、渠道和促销策略，注重的是企业利润的最大化。而网络营销的核心是顾客、成本、便利和沟通，强调以顾客为中心，以满足顾客需求，为顾客提供更加优质、便利的服务来实现企业价值。

（3）营销方式的不同：传统市场营销的推销者主要是销售者自身，这种推销方式常常使企业与顾客之间的关系变得非常僵化，不利于企业的长期发展。而网络营销方式着重强调为顾客提供优质、便利的服务，让顾客在需求的驱动下主动寻找，使企业和顾客变成了一种合作关系，而不再是顾客单向的被动接受。

（4）营销媒介的不同：传统市场营销的营销方式主要是营销人员与顾客的直接接触或广告，顾客十分被动。而网络营销以网络为平台，可以通过计算机、手机等网络终端为顾客提供更加便利的服务以实现营销的目的。

（5）营销策略的不同：网络营销的营销策略由传统市场营销理论的4P策略转向4C策略，即消费者的需求和欲望（Consumer's Want and Needs）、成本（Cost）、便利（Convenience）和沟通（Communication）。即以消费者的需求和欲望为中心，不再以企业想生产和制作的产品为主，而是销售消费者想购买的产品。以满足消费者所愿意付出的成本为策略，着重考虑为消费者提供更加方便的服务，强调与消费者之间的沟通和交流。

5.1.4 电子商务给市场营销带来的冲击

网络营销作为一种全新的营销方式，发展速度快，实践性强。特别是在目前的信息经济社会，国内市场必将更加开放，走向信息化和网络化。传统的市场营销必然会面临巨大的冲击，无论是营销理论、营销策略、营销方式还是营销组织都受到了深远的影响。传统营销活动中扩展各种营销渠道，大量的广告投入等被动营销方式并不适合电子商务环境，以往的这种方式不仅使营销活动的时间和地域受到限制，还增加了企业的运营成本。

随着电子商务的不断发展，企业和顾客可以通过网络实现多方位、全面的信息交流与共享，顾客的需求与反馈能够被实时接收，实现由顾客群体到顾客个人的转变，从而构建了崭新的企业与顾客的关系。同时，网络的透明化，信息的充分共享使企业很难以通过核心技术或价格来实现盈利。以顾客为主的核心理念才是保持竞争优势的制胜法宝。

5.1.5 传统市场营销与网络营销的融合

虽然电子商务环境下的网络营销为传统市场营销带来了巨大的影响，也有着巨大的优势，但这并不等于网络营销就可以完全取代传统营销。网络营销因为网络普及率、网络固有缺陷等特点，使其不能取代传统营销的主导地位。网络营销与传统营销是互相依赖、互相补充和互相配合的关系，二者充分整合逐渐走向融合，才是未来市场营销的发展方向。

根据传统市场营销与网络营销的特点，企业在进行营销时，应该根据企业经营目标和细分市场，整合网络营销和传统营销策略，以最低的营销成本实现最佳的营销目标。市场营销与网络营销的融合，就是将网络营销作为企业营销策略的一部分，用网络营销的优点来弥补传统营销固有的不足，使营销策略更加完善，实现以消费者为中心的传播统一性统一、双向沟通，实现企业的营销目标。

5.2 网络营销概述

网络营销不是网上销售，也不是网站推广，它不限于网上，也不等同于电子商务，它是传统营销理论在互联网环境中的应用和发展。下面我们将对网络营销的相关知识进行介绍，包括网络营销的产生和发展现状、网络营销的概念、特点、职能与内容体系等内容。

5.2.1 网络营销的产生和发展现状

20 世纪 90 年代初，互联网的日益普及和通信技术的快速发展，在全球范围内掀起了互联网应用的热潮。互联网为人们提供了更加快速和方便的信息沟通平台，彻底改变了人们过去的信息交流方式和商业运作模式。世界各国的企业，都开始纷纷利用互联网来进行业务扩展并提供相应的信息服务，同时，基于互联网的特点，积极进行企业组织结构和业务的重组。市场营销与互联网自然而然结合到一起，这必然涉及新的营销管理方法的诞生。可以说，互联网的迅猛发展促使了市场营销走入网络时代，网络营销应运而生。

随着互联网的快速普及与应用，中国的网络规模迅速扩大，互联网不仅方便了广大消费者，还逐渐向传统企业渗透，这进一步带动了经济的增长，使企业与互联网的融合更加紧密，促进了网络营销的不断发展与扩张。越来越多的传统企业对网络营销的认知和需求有了明显提高，并加大企业在网络营销中的投入，以对市场整体规模进行扩张。网络营销所涉及的行业和领域更加广泛，营销的方式更加丰富，再加上移动互联网、微博和微信等不同网络平台的开放性、互动性，网络营销得到了更加广泛的应用。但与此同时，网络营销也具有一些弊端，在安全性、网上支付和媒体信息传递等方面有一定的局限性，未来需要加大改善的力度。

提个醒

1997 年 6 月 3 日，中国科学院组建了中国互联网络信息中心（China Internet Network Information Center，CNNIC），负责管理维护中国互联网地址系统，权威发布中国互联网统计信息，代表中国参与国际互联网社群，为中国境内的互联网络用户提供域名注册、提供网络技术资料、提供网络通信目录等各种有关服务。它的出现为企业提供了适应经济全球化和信息化的手段，是一种现代社会的新的营销策略。

5.2.2 网络营销的概念

网络营销是随着互联网的发展而产生的一种新兴的营销模式。国外常使用 Cyber Marketing、Internet Marketing、e-Marketing、Network Marketing 和 Online Marketing 等词语来表示。这些词语从不同的角度对网络营销的特点进行了阐述，其中，Cyber Marketiing 主要是指在计算机平台构建的虚拟空间进行营销；Internet Marketing 是指在 Ineternet 中开展营销活动；Network Marketing 是指包括 Internet 在内的可在计算机网络上开展的营销活动，专用网络或增值网等都属于其范围；e-Marketing 和 Online Marketing 是目前比较常用的一种表述方法，表示在电子化、信息化和网络化的环境中开展的营销活动。总的来说，可以将网络营销定义为：网络营销是以现代营销理论为基础，建立在互联网之上，借助于互联网技术和功能来更有效地满足顾客的需求和愿望，从而实现企业营销目标的一种手段。

网络营销是企业整体营销战略的一个组成部分，其目的是实现企业营销，既包括网上销售也包括传统的网下销售，企业在进行网络营销时，不仅需要进行网上推广，在必要时也需要采用传统的营销手段，以提高网上推广的渗透率。也可以理解为网络营销就是借助互联网平台，综合利用多种营销方法、工具和条件，并有效协调它们之间的关系来营造网上经营环境的过程。

5.2.3 网络营销的特点

网络营销随着互联网的变化而快速衍生出新的方式和方法，相比传统市场营销手段，网络营销具有以下 7 个特点。

（1）全球性。互联网具有超越时间和空间限制的特点，任何企业的营销活动都能够扩展到最大市场范围，并且可以随时随地向客户提供全球性的营销服务，以尽可能多地占有市场份额。但同时，企业也必须要考虑如何才能开发这种营销方式的潜力，如何在这种营销环境中制定合理的营销战略。

（2）交互性。网络营销具有良好的交互性，能够为企业提供更多展示自身的机会，同时消费者也能自主通过网络平台进行信息的查看与搜索，企业能够更加直接地与消费者进行交流和沟通，提高了企业的应变能力。

（3）个性化。网络营销是一种由消费者主导的、非强迫性的和循序渐进的一种低成本与人性化的促销，消费者可以根据自己的需求自由选择是否接受，或通过信息主动寻找，并提供需求和反馈，以方便企业提供更加个性化的产品和服务。

（4）成长性。互联网的使用人数逐渐递增并遍及全球，其用户群体涵盖了各个阶层，其中又以年轻、高收入的中产阶级水平的消费者占主导地位。这部分消费群体的购买能力强且极具影响力，是一个极具潜力与成长性的市场。

（5）经济性。网络营销是通过互联网进行信息交换的，它改变了传统的交易方式，减少了交易成本，如店面费、印刷费、水费电费和人工成本费等。同时，还提高了交易的效率，减少了多次交易带来的损耗。

（6）高效性。网络营销通过计算机来储存大量的信息，并进行信息的查询与筛选，其信息传送的数量与精确度非常高。并能根据市场需求，及时更新产品或调整价格，以及时了解并满足顾客的需求。

（7）技术性。企业进行网络营销必须先具备互联网基础和一定的技术投入与支持，并且还要根据需要改变传统的组织形态，提升企业内部管理职能，招聘熟练使用计算机、网络技术和营销的复合型人才，这样才能使企业在激烈的市场竞争中保持优势。

5.2.4 网络营销的职能

网络营销职能的观点于2002年在冯英健著的《网络营销基础与实践》一书中被首次提出，并且经过几年时间的验证，在2004年10月出版的《网络营销基础与实践》第2版中进行了发展和完善。网络营销智能观点的提出对网络营销具有很好的指导作用，并一直延续至今。网络营销的基本职能表现在8个方面：网络品牌、网站推广、信息发布、销售促进、网上销售、顾客服务、顾客关系和网上调研。

1. 网络品牌

网络营销的重要任务之一就是在互联网上建立并推广企业的品牌，以及让企业的网下品牌在网上得以延伸和拓展。网络营销为企业利用互联网建立品牌形象提供了有利的条件，无论是大型企业还是中小型企业，都可以用适合自己企业的方式展现品牌形象。网络品牌建设以企业网站建设为基础，通过一系列的推广措施，达到顾客和公众对企业的认知和认可。网络品牌价值是网络营销效果的表现形式之一，通过网络品牌的价值转化实现持久的顾客关系和更多的直接收益。

2. 网站推广

获得必要的访问量是网络营销取得成效的基础，尤其对于中小企业，由于经营资源的限制，发布新闻、投放广告和开展大规模促销活动等宣传机会比较少，因此通过互联网手段进行网站推广的意义显得更为重要，这也是中小企业对于网络营销更为热衷的主要原因。即使对于大型企业，网站推广也是非常必要的，事实上许多大型企业虽然有较高的知名度，但网站访问量也不高。因此，网站推广是网络营销最基本的职能之一，是网络营销的基础工作。

3. 信息发布

网络营销的基本思想就是通过各种互联网手段，将企业营销信息以高效的手段向目标用户、合作伙伴和公众等群体传递，因此信息发布就成为网络营销的基本职能之一。互联网为企业发布信息创造了优越的条件，不仅可以将信息发布在企业网站上，还可以利用各种网络营销工具和网络服务商的信息发布渠道向更大的范围传播信息。

4. 销售促进

市场营销的最终目的是增加销售，网络营销也不例外，各种网络营销方法大都直接或间接具有促进销售的效果。同时还有许多针对性的网上促销手段，这些促销方法并不限于对网上销售的支持，事实上，网络营销对于促进网下销售同样很有价值，这也就是为什么一些没有开展网上销售业务的企业一样有必要开展网络营销的原因。

5. 网上销售

网上销售是企业销售渠道在网上的延伸，一个具备网上交易功能的企业网站本身就是一个网上交易场所。网上销售渠道建设并不限于企业网站本身，还包括建立在专业电子商务平台上的网上商店，以及与其他电子商务网站不同形式的合作等，因此网上销售并不仅仅是大型企业才能开展，不同规模的企业都有可能拥有适合自己需要的在线销售渠道。

6. 顾客服务

互联网提供了更加方便的在线顾客服务手段，从形式最简单的 FAQ（常见问题解答），到电子邮件、邮件列表，以及在线论坛和各种即时信息服务等。在线顾客服务具有成本低、效率高的优点，在提高顾客服务水平方面具有重要作用，同时也直接影响到网络营销的效果，因此在线顾客服务成为网络营销的基本组成内容。

7. 顾客关系

顾客关系对于开发顾客的长期价值至关重要，以顾客关系为核心的营销方式成为企业创造和保持竞争优势的重要策略，网络营销为建立顾客关系、提高顾客满意度和顾客忠诚度提供了更为有效的手段，通过网络营销的交互性和良好的顾客服务手段，增进顾客关系成为网络营销取得长期效果的必要条件。

8. 网上调研

网上市场调研具有调查周期短、成本低的特点，网上调研不仅为制定网络营销策略提供支持，也是整个市场研究活动的辅助手段之一，合理利用网上市场调研手段对于市场营销策略具有重要价值。网上市场调研与网络营销的其他职能具有同等地位，既可以依靠其他职能的支持而开展，同时也可以相对独立进行，网上调研的结果反过来又可以为更好地发挥其他职能提供支持。

提个醒

网络营销的各个职能之间并非相互独立的，而是相互联系、相互促进的，网络营销的最终效果是各项职能共同作用的结果。网络营销的职能是通过各种网络营销方法来实现的，同一个职能可能需要多种网络营销方法的共同作用，而同一种网络营销方法也可能适用于多个网络营销职能。网络营销的 8 项职能也说明，开展网络营销需要以全面的观点，充分协调和发挥各种职能的作用，让网络营销的整体效益最大化。

5.3 网络市场调查

网络市场调查就是基于互联网系统进行营销信息的收集、整理、分析和研究的过程，以及利用各种搜索引擎寻找竞争环境信息、客户信息和供求信息的行为。企业通过详细的市场调查，可以找到市场营销难题的解决方法，为企业制订产品计划、营销目标和价格策略等提供科学依据。

扫码看视频：

网络市场调查

5.3.1 网络市场调查的特点

基于互联网的特点，与传统市场调查方法相比，网络市场调查具有及时性、共享性、准确性、交互性、经济性、可控制性和无时空限制的特点。

1. 网络调查信息的及时性和共享性

网络中信息传播的速度非常快，任何连接到网络中的用户都能非常快速地接收到来自各方的信息。企业采取各种手段来进行信息的收集与统计，通过网络统计分析软件可以快速看到调查的结果，大大提高了传统市场调查的效率。并且由于网络的开放性，任何网民都可以主动参与，成为调查的对象，并自主查看调查的结果，充分体现了网络调查的共享性。

同时，这部分参与调查的网民一般都是企业产品或服务的潜在消费者，会认真思考并回复调查的内容，保证了调查结果的客观和真实性，能够反映真实的消费者需求和市场发展的趋势。

2. 网络调查方式的便捷性和经济性

网络市场调查只需要一台能够上网的计算机就能开展调查工作，无论是调查者还是被调查者都能通过网络进行交流，交流方式十分方便。并且，还能省去传统调查方式中大量的人力、物力、财力和时间资源，调查者只需在网络上发出调查请求并提供相关信息，被调查者就能按照自己的意愿参与并回复。调查的过程不会受到外界环境，如天气、交通和运输等因素的影响，调查的结果也省去了大量人工处理与分析，可以直接用计算机自动处理完成，是一种十分经济、便捷的调查方式。

3. 网络调查过程的交互性和充分性

由于网络的交互性，在进行网络调查的过程中，消费者可以主动对产品或服务的设计、定价和服务等一系列内容发表自己的意见，避免了传统调查方式因问题不合理而出现的结果偏差。这种调查方式是一种双向互动的沟通方式，大大提高了消费者参与调查的热情与积极性，并且能够及时向企业反馈信息，使企业的营销决策有的放矢。

同时，网络调查方式还具有传统调查方式，如留置问卷、邮寄问卷的优点，被访问者拥有充分的时间来进行思考，并自由发表自己的看法。这些优点集于一身就形成了网络调研的交互性和充分性的特点。

4. 网络调查结果的可靠性和客观性

由于网络调查的被调查者一般都对企业的产品或服务比较感兴趣，调查的针对性很强，参与调查的用户也会相对认真地回答相关问题，调查结果的可靠性较高。并且，由于网络调查不受其他人为因素的干扰，调查结果的准确性较高，能够最大限度地保证调查结果的客观性。

5. 网络调查无时空和地域的限制性

网络调查是基于互联网环境进行的，其很好地解决了传统市场调查出现的区域与时间限制。企业可以任意选择时间进行调查，被调查者可以在全天的任何一个时段选择参与调查。

6. 调查信息的可检验性和可控制性

通过互联网，可以方便地进行网络调查信息的收集，并对收集信息的质量进行系统的检验和控制。其次，可以对调查内容附加全面规范的指标解释，防止因被调查者对内容理解不当或调查员解释口径不一致造成的调查结果偏差。

最后，网络调查的结果由计算机依据设定的检验条件和控制措施自动实施，保证调查复核检验的准确性和客观公正性。

5.3.2 网络市场调查的步骤

网络市场调查具有一定的独特性，其调查步骤主要包括以下 5 点。

1. 明确问题与确定调研目标

网络市场调查的首要条件是明确调查的问题与目标，即调查什么、为什么调查。然后再根据这个目标来确定调查的范围、内容和方法，制订详细的调查计划。一般来说，可以从以下 5 个角度去进行目标设定。

（1）谁最有可能在网上使用你的产品或服务?

（2）谁最有可能购买你提供的产品或服务?

（3）在同类型的行业中，谁已经开展了网络业务，他们具体在做什么?

（4）你的竞争对手对你的客户的影响如何？客户对竞争对手的印象如何?

（5）企业的日常运作可能要受哪些法律、法规的约束？如何依法运营?

2. 制订调查计划

明确调查目标后，即可根据目标来制订出有效的信息搜索计划。调查计划是对调查本身的具体设计，传统市场调查计划主要包括调查的目的要求、调查对象的范围与数量、调查样本的选择及抽样、调查项目与内容等。一般情况下，网络市场调查主要包括确定资料来源、调查方法及手段、抽样方案和联系方法等。

（1）资料来源：市场调查的资料来源可能是一手资料也可能是二手资料。一手资料是调研人员通过现场实地调查，直接向有关调研对象收集的资料；二手资料则是经过他人收集、记录和整理所积累的各种数据资料。只要保证资料来源的准确性与真实性，不管是一手资料还是二手资料都可以采用。

（2）调查方法及手段：网络市场调查的方法很多，如网上搜索法、在线调查法和电子邮件调查法等，具体采用哪一种方法需要企业根据实际情况进行分析。

（3）抽样方案：包括抽样方法、抽样数量和样本判断准则等。

（4）联系方法：一般通过电子邮件、网上论坛等网上交流方式。

3. 收集信息

互联网没有时间和空间限制，企业可以在全国甚至全球范围内进行信息收集。网络中的信息丰富且繁杂，企业需要采用合适方法才能找到需要的信息，从而将之有效地用于网络市场调查。如网上搜索、在线问卷等方法。

4. 分析信息

收集信息后就需要调查人员进行信息的分析，从庞大的数据中提炼出与调查目标相关的信息，作为后续工作的依据。分析信息需要借助一些数据分析技术，如交叉列表分析技术、概括技术、综合指标分析和动态分析等，或者采用国际上较为通用的 SPSS、SAS 等分析软件。不管采用哪种方法进行分析，要保证分析的速度、准确与真实性，因为网络信息时代，信息的传播非常迅速，如果竞争对手比你更快占据了市场，企业将失去既有的优势。

提个醒

Excel 或 WPS 电子表格也可用于数据的分析处理，但处理的数据比较简单，且部分内容需要手动处理。

5. 提交报告

网络市场调查的最后一个阶段是撰写调研报告。这需要调研人员把调查情况与市场营销策略结合起来，以标准的调查报告的书写格式，写出调查报告。

网络调研报告的内容主要包括标题、目录、引言、正文、结论、启示及建议和附录等。其中正文的内容就是对本次调研的主要说明，如调研目的、调研方法和调查数据统计分析等。

提个醒

除了以上内容外，企业还可选择是否给予消费者适当的奖励和答谢。适当的奖励和答谢可以调动用户参与网上调查的积极性。可采取抽奖的方法来进行随机答谢，或采用致谢的报告方式向每一位参与调查的用户答谢。

5.3.3 网络市场调查的方法

在网络上既可直接进行一手资料或原始信息的调查，还可利用互联网的媒体功能与搜索引擎收集二手资料，即间接网络调查。下面进行具体介绍。

1. 网络市场直接调研的方法

在互联网上收集一手资料或原始信息的过程即为网络市场直接调研。按调查的思路不同，直接调研的方法可细分为以下 4 种。

（1）网上观察法：网上观察是通过相关软件和人员记录网络浏览者浏览企业网页时所点击的内容等活动来实施的。

（2）专题讨论法：专题讨论法的平台有 Usenet 新闻组、电子公告牌（BBS）和邮件列表讨论组等。

（3）在线问卷法：在线问卷法是指请求浏览其网站的每个人通过填写在线问卷来参与企业的各种调查。企业可将在线问卷法委托给专业公司进行。

（4）网上实验法：在网络页面上或者新闻组上设计并发布（或利用 E-mail 传递）几种不同的广告内容与形式，对比各个广告内容与形式带来的效果，以收集市场行情资料。

在上述 4 种方法中，企业使用最多的是专题讨论法和在线问卷法。

2. 网络市场间接调研的方法

网络市场间接调研是指利用互联网收集与企业营销相关的二手资料信息，包括市场、竞争者、消费者和宏观环境等诸多信息，是企业应用最多的网络市场调查方式。网上查找资料主要有以下 3 种方法。

（1）利用搜索引擎查找资料：提供一个从互联网中搜索信息的入口，根据搜索者提供的关键词对互联网信息进行检索，筛选出与关键词相关的商机信息。

（2）访问相关网站收集资料：各种专题性或综合性网站中都提供了一些特定的资料，若知道需要的资料可以从哪些网站中获得，就可以直接打开并访问这些网站。

（3）利用网上数据库查找资料：网上数据库并不都是免费的，有的数据库需要付费，如用于市场调查的数据库在国外一般都需要付费。

5.4 网络广告

网络广告就是在网络平台上投放的广告。其与传统的报纸、杂志、电视和广播 4 大传播媒体相比，网络广告更加符合互联网环境，是实施现代营销媒体战略的重要部分。本节将重点介绍网络广告的相关知识，包括网络广告的概述、表现形式、投放方法和测定标准等。

扫码看视频：

网络广告

5.4.1 网络广告概述

网络广告是随着国际互联网的发展而逐渐兴起的，是指互联网信息服务提供者通过互联网在网站或网页中以各种方式，如横幅广告、电子邮件和文字链接等方式发布的广告。

1994 年 10 月 27 日美国著名 Wired 杂志推出了网络版 Hotwired（www.hotwired.com），该网页上有 MCI 等 14 个客户的横幅广告。这是广告首次以网络的形式出现，标志着网络广告的诞生。1997 年 3 月，中国第一个商业性网络广告出现，Intel 和 IBM 是国内最早在互联网上投放广告的广告主，传播网站是 Chinabyte，广告表现形式为 468 像素 × 60 像素的动画旗帜广告。一直到 1998 年年初，中国的网络广告才稍有规模。经过多年的发展，中国网络广告行业慢慢变得成熟，艾瑞咨询最新报告显示，2016 年第三季度，中国网络广告季度市场规模为 738.7 亿元，环比增长率为 9.4%，与去年同期相比增长 33.0%。虽然受到广告新法规的影响，季度广告收入环比增速较 2015 年略有下降，但从整体发展来看，网络广告仍保持较快的增长水平。

网络广告既具有传统媒体广告的优点，又具有传统媒体所无法比拟的优势，不管是对于中小企业还是对于广泛开展国际业务的公司，都十分适用，具有覆盖面广、受众群体大、传播范围广、不受时间限制、方式灵活和互动性强等特点。

5.4.2 网络广告的表现形式

网络广告的表现形式多种多样，如横幅广告、文字广告、图片广告和视频广告等都是目前较为常用的表现形式。

1. 横幅广告

横幅广告（Banner）又称旗帜广告，是最早的网络广告形式，主要是以 GIF、JPG 等格式建立的图像文件。横幅广告是横跨于网页上的矩形公告牌，当用户点击横幅广告时，即可以直接链接到具体的网页。横幅广告根据尺寸的大小可以分为不同的类型，如表 5-2 所示。

表 5-2　横幅广告的标准规格

类　型	规　格	类　型	规　格
全幅旗帜广告	468 像素×60 像素	1 号按钮	120 像素×90 像素
半幅旗帜广告	234 像素×60 像素	2 号按钮	120 像素×60 像素
垂直旗帜广告	120 像素×240 像素	方形按钮	125 像素×125 像素
宽型旗帜广告	728 像素×90 像素	微型按钮	88 像素×31 像素
小型广告条	88 像素×31 像素		

根据横幅广告表现形式的不同，还可以将横幅广告分为静态横幅广告、动态横幅广告和交互式横幅广告，其含义分别介绍如下。

（1）静态横幅广告：静态横幅广告一般在网页中表现为一幅固定的图片，是网络广告兴起时最常用的一种方式。横幅广告的制作非常简单且能被所有网站所接受。但内容较为呆板、枯燥，点击率往往比其他的横幅广告低。

（2）动态横幅广告：动态横幅广告是将一连串图像连贯起来形成的动画，其内容更丰富。动态横幅广告通过动态的画面给浏览者传递更多的信息，加深浏览者的印象，以此来吸引浏览者点击，获取更多的流量。

（3）交互式横幅广告：当动态网幅广告不能满足要求时，交互式横幅广告这种更能吸引浏览者的形式就产生了。交互式横幅广告通过 Java 等语言来进行制作，表现形式多样，如下拉菜单、游戏和插播式等。交互式横幅广告包含的内容更多，但更加直接，其点击率比动态横幅广告更高。

2. 文本链接广告

文本链接广告以文字的形式链接到具体的网站首页，是一种对浏览者干扰最少，但效果最好的网络广告形式，如图 5-2 所示。

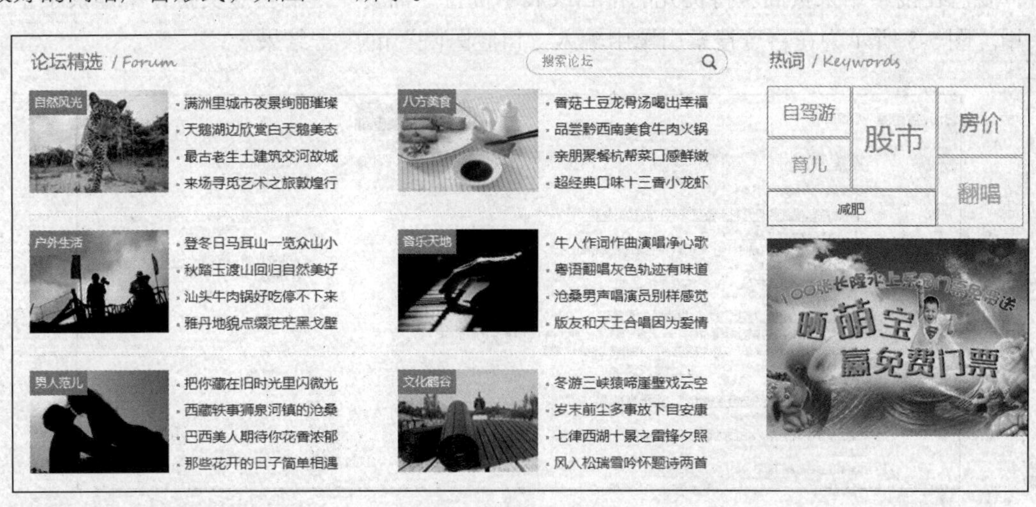

图 5-2　文本链接广告

3. 视频广告

视频广告是指广告中含有视频文件的网络广告形式，可以在网络中实现在线播放。视频广告的表现形式有标准的视频形式、画中画形式和焦点视频形式，格式主要包括 flv 格式、wmv 格式和流媒体格式等。视频广告具有很强的冲击力和交互性，并且用户在播放视频广告时，可以进行重播、音量控制、快进和暂停等操作。

视频广告整合了网络媒体和电视媒体的双重优势，受众覆盖面广，挖掘潜力深，如目前较为流行的移动视频广告。移动视频广告主要采用数码和 HTML 5 技术，充分融合了视频、音频、图像和动画等元素，在移动设备（手机、PSP 和平板电脑等）用户开启或退出应用的时间里插播视频，以进行广告营销。

4. 电子邮件广告

电子邮件广告（E-mail Advertising）是指通过互联网将广告发到用户电子邮箱的网络广告形式，具有针对性强、费用低廉、传播面广和信息不受限制等特点。电子邮件广告需要事先征得网络用户的同意，用户把信息加入到电子邮件广告邮件列表才表示同意接受这类广告信息，这样其才能收到电子邮件广告，否则电子邮件广告会被视为垃圾邮件而被用户忽略。

电子邮件广告一般采用文本格式或 HTML 格式。文本格式是指把一段广告性的文字放置在经过许可的邮件中，或设置一个 URL 链接到广告主公司主页或提供产品或服务的特定页面。HTML 格式与网页中的横幅广告类似，可以插入图片，但兼容性不好，用户在不同的系统和浏览器中看到的内容可能并不完整，因此建议将邮件广告做得简单一些。

5. 其他广告形式

除了以上介绍的几种网络广告形式，还有一些其他类型的网络广告。

（1）搜索引擎广告

搜索引擎广告也叫作关键词搜索广告，是指广告主根据自己的产品或服务的内容、特点等，确定相关的关键词，撰写广告内容并自主定价投放的广告。搜索引擎广告是一种付费广告，要想在搜索结果页面获得优先的排名或展示位置，需要一定的资金支持，不建议小企业采用。图 5-3 所示为在百度搜索引擎中输入“口腔医院”的广告结果。

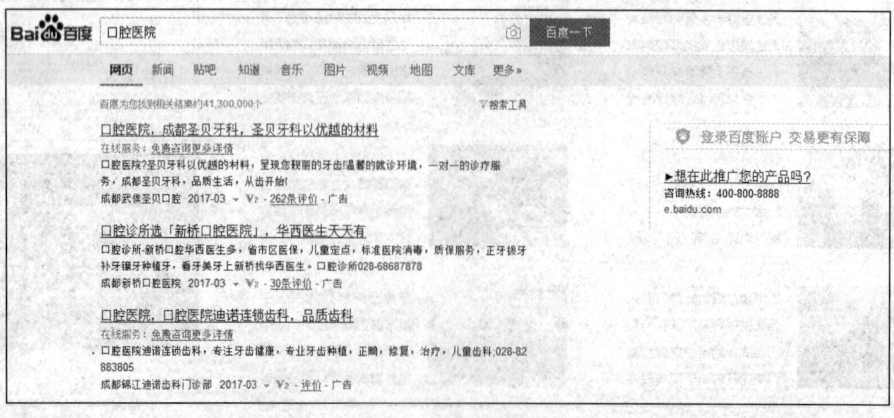

图 5-3　搜索引擎广告

（2）插播式广告

插播式广告是指在两个网页互换空隙插入的网页广告，其表现形式主要有弹出式广告和过渡插入式广告。

① 弹出式广告:弹出式广告是浏览者在请求登录网页时强制插入一个广告页面或弹出广告窗口，类似于电视广告。

② 过渡插入式广告:过渡插入式广告是一种在两个网页间隙中出现在浏览器主窗口中的一种插播式广告。其表现形式为：当用户单击网页中的链接时，首先出现的是广告页面，等待一段时间（一般为5~10秒）后才会出现用户请求的目标页面。

插播式广告的尺寸并不固定，可以是全屏的，也可以是小窗口的；广告的内容可以是静态的，也可以是动态的。浏览者可以通过关闭窗口的方式来屏蔽广告，或采用插件屏蔽弹出式广告。

（3）游动式广告

游动式广告又称移动广告，它会随着网页的上下滚动而移动，也就是说，它会一直出现在屏幕上，只有当网页被关闭时才会消失。

（4）赞助式广告

赞助式广告主要包括内容赞助、节目赞助和节日赞助3种形式。其中内容赞助是最常见的形式，常以网页内容的形式出现。节目赞助是指广告商通过对自己感兴趣的内容或网站节目的赞助来达到做广告的目的，如体育、艺术等特殊的行业。节日赞助是指广告商通过参与网站在特殊节日所推出的网站推广活动而发布自己的广告。

5.4.3 网络广告的投放

要想使网络广告达到预期的效果,需要企业根据自身需求选择一种或多种方式进行投放。下面对网络广告投放的方法进行介绍。

1. 建立企业网站

建立自己的企业网站是企业进行网络营销的一种必然趋势。企业网站的建立不仅能树立企业的形象，还能提供更加方便的宣传企业的途径。建立企业网站前，企业需要先明确建网站的目的，并确定网站的功能、规模以及预期的费用，进行市场分析，拟定网站建设的策划书，然后再开始网站的建设工作，如确定网站域名、空间和开发网站页面等。

建立企业网站是网络广告投放最基本的形式，通过主页的形式来进行企业产品或服务的宣传，主页地址也会像企业名称、地址等一样具有独特的标识，是企业的一种无形资产。

2. 利用免费的互联网服务

互联网中提供了大量的免费服务，企业可以利用这些免费的服务来发送网络广告，如免费电子邮箱、免费网络论坛等。这种方式具有主动性和可统计性，是一种比较方便的网络广告投放方式。

（1）主动性强：这种方式可以让所有使用者都按照自己的喜好和兴趣选择订阅一些免费信息，订阅后即可定期收到这些信息，企业可以在这些信息中添加广告内容，以达到宣传推广的目的。但使用者也可以随时修改或停止订阅，具有很强的主动性。

（2）可统计性：用户在使用这些服务时必须填写相关的信息资料，这样，这些提供免费服务的企业网站就能知道使用者的具体情况，并根据使用者的特征（如年龄、性别和兴趣爱好等）采取针对性的策略。

3. 通过大型门户网站

大型门户网站，如国内的新浪（http://www.sina.com.cn）、搜狐（http://www.sohu.com）、网易（http://www.163.com）具有访问量大、用户多等优点，企业在这些网站中发布网络广告能获得更多的访问量。这些门户网站提供的网络广告服务多种多样，但都不是免费的，企业需要根据实际情况选择网络广告的投放方式。图 5-4 所示即为新浪网通栏网络广告的价格参考。

扫一扫：

新浪网全部网络广告投放报价单

新浪网络广告2014Q2-Q3报价单

执行日期：2014.4.1-2014.9.30

单位：人民币元

通栏

频道	页面	产品名称	售卖单位	最新刊例价
新浪首页	首页	首页顶部五轮播1000*90通栏	天	450000
		首页顶部五轮播非定向1000*90通栏(CPM天)	CPM天	100
		首页两轮播1000*90通栏01	天	430000
		首页两轮播1000*90通栏02	天	300000
		首页两轮播1000*90通栏03	天	240000
		首页两轮播1000*90通栏04	天	180000
		首页1000*90通栏05	天	150000
		首页底部三轮播1000*90通栏	天	60000
新闻中心	新闻首页	新闻首页顶部三轮播1000*90通栏	天	350000
		新闻首页顶部三轮播非定向1000*90通栏(CPM天)	CPM天	90
		新闻首页非定向1000*90通栏01(CPM天)	CPM天	60
		新闻首页要闻下两轮播1000*90通栏02	天	150000
		新闻首页国内新闻下三轮播1000*90通栏03	天	90000
		新闻首页国际新闻下两轮播1000*90通栏04	天	120000
		新闻首页体育新闻下两轮播1000*90通栏05	天	100000
		新闻首页财经新闻下两轮播1000*90通栏06	天	90000
	正文评论通发页	正文评论通发页底部585*90通栏	天	50000
财经	财经首页	财经首页顶部三轮播1000*90通栏	天	250000
		财经首页两轮播1000*90通栏01	天	250000
		财经首页两轮播1000*90通栏02	天	200000
		财经首页两轮播1000*90通栏03	天	150000
		财经首页两轮播1000*90通栏04	天	100000
	股票	股票1000*90通栏01	天	150000
		股票1000*90通栏02	天	150000
	股票图表最终页	股票图表最终页顶部950*90通栏	天	100000
		股票图表最终页顶部非定向950*90通栏(CPM天)	CPM天	25
		股票图表最终页顶部两轮播950*90通栏	天	100000
		股票图表最终页分时图表下操盘软件专区两轮播728*90通栏	天	80000
	基金	基金和基金图表最终页顶部两轮播950*90通栏	天	60000
		基金两轮播1000*90通栏01	天	50000
		基金要闻下两轮播1000*90通栏00	天	40000
	保险首页	保险首页顶部950*90通栏	天	25000
	理财首页	理财首页顶部两轮播950*90通栏	天	90000
	期货首页	期货首页顶部950*90通栏(周)	周	100000
	外汇	外汇顶部950*90通栏(周)	周	100000
	新股首页	新股首页顶部950*90通栏	天	100000
	银行首页	银行首页顶部950*90通栏	天	20000
	债券首页	债券首页顶部950*90通栏(周)	周	100000

图 5-4　新浪网通栏网络广告的价格参考

4. 通过专业网站

专业网站用于提供某类专门的服务，这些专业网站的用户大多是相关领域的专业人士或爱好者，其用户群体比较固定，针对性强，且具有较强的专业知识水平和忠诚度。在这些网站中发布网络广告，针对性强，广告效果佳，但需要支付的广告费用也相对较高。如蜂鸟网（http://www.fengniao.com），作为专业的中国影像互联网平台领军企业，在为广大摄影用户提供专业、丰富的摄影资讯的同时，为器材厂商和经销商提供卓越有效的互联网营销解决方案。摄影类企业在这类网站中发布专业产品的广告效果就比较好。

5. 利用网络黄页

网络黄页是指那些像电话黄页一样，在互联网中分门别类专门提供企业网址、联系方式等内容查询服务的网站。这些网站的页面一般会留出一定的位置来给企业做广告，利用这些位置，企业可以发布相应的网络广告。

网络黄页中的内容一般按照关键词进行区分，针对性较强。且位于网页中较为醒目的位置，能够在第一时间吸引浏览者的注意，容易被浏览者关注且点击。

6. 网上报纸或杂志

互联网的快速发展使传统媒体行业的经营模式也发生了变化，网上报纸和杂志开始流行，国内一些著名的报纸和杂志，如《中国体育报》《南方都市报》等都在互联网上建立了自己的网站。甚至一些新兴的报纸和杂志直接脱离了传统的纸质媒介，只以网上报纸或杂志的方式存在。这些网上报纸或杂志的访问人数随着互联网的普及逐渐增多，可以预见，未来这种方式将成为人们日常生活的必须，在其上发布网络广告，可以很好地宣传企业的产品或服务。

7. 网络论坛

网络论坛是除了即时通信软件以外最为流行的通过方式之一，它具有用户数量庞大、用户群体集中和用户活跃度高等特点。在网络论坛中发布广告，一般可采取下面两种方式。

（1）选择与产品有关的网络论坛直接发布相应的网络广告。这种方式能够直接吸引对广告感兴趣的用户群体。

（2）建立自己的网站论坛系统，吸引具有相同兴趣和爱好的用户到论坛中发言，以起到宣传的作用。

提个醒

一些网络服务提供者（ISP）或政府机构会将一些企业信息加入他们的主页，利用这个机会将企业列入相关名录，可以更好地进行网络广告的投放。

5.4.4 网络广告投放过程中的注意事项

网络广告投放的效果与投放的时间、金额和管理息息相关，要想让网络广告投放带来更多的效益，就必须重视以下内容。

1. 明确网络广告投放的目的

每个企业投放网络广告的目的都不同，有的是宣传产品或品牌，有的是推广在线业务，应根据企业的需求来选择不同类型的网络广告。如要宣传品牌，建议选择访问量大、访问群体与目标消费者符合的大型门户网站或专业网站；如果是为了推广在线业务，建议购买关键词进行宣传，以实现精准的网络广告投放。

2. 确定网络广告投放的费用预算

不同网站平台和网络广告所投放的费用不同，一般来说，大型网站的广告费用在数万到数十万不等；小型网站的广告费用在数千到数万；搜索引擎广告一般按点击收费，每次点击在几毛到几块不等；其他个人网站的价格相对便宜，但效果不佳。因此，企业应该针对自己推广的目的，合理选择性价比最高的投放方式，确定合理的费用预算。

3. 预留一定的测试时间

网络广告投放不是一件简单的事情，需要相应的技术、资金支持。为了避免发生不必要的错误，应在投放广告前进行测试，保证广告播放正常、链接正确和广告监测系统正确计数，以正常完成网络广告的投放和后续工作。

4. 确定网络广告的更换周期

不管多有创意的广告，看的时间久了自然会产生视觉疲劳。因此，随着投放时间的增加，广告的点击率必然会有所下降，此时，建议定期更换网络广告，可保持两周换一次的频率。但若是进行新产品的推广以增强品牌记忆，建议采取在同一广告位长期投放，以培养用户的浏览习惯。

5. 做好网络广告的管理

网络广告投放成功后并不代表整个过程的结束，相反，这是最重要的阶段。要充分做好网络广告的管理，如建立必要的备份方案，做好详细的广告流量检测、投放效果分析等，以保证网络广告的有效性。

5.4.5 网络广告效果测定的标准

网络广告效果是指网络广告传播之后所产生的影响，或受众对网络广告效果的反应。对网络广告效果进行测定，可以更好地总结经验，便于企业对广告的设计和制作进行改进，提高企业网络广告决策的科学性，促进整体营销目标与计划的实现。根据《中国网络营销（广告）效果评估准则》，主要从广告展示量、广告点击量、广告到达率、广告二跳率和广告转化率 5 个方面来进行测定。

1. 广告展示量（Impression）

广告每显示一次，称一次展示。对广告展示量进行测定，可以按照不同的时间周期来统计，如小时、天、周和月等。广告展示量可以反映广告所在媒体的访问热度。

2. 广告点击量（Click）

广告点击量是指网民点击广告的次数。通过对广告点击量进行统计，可以查看广告的投放量。把广告点击量与产生点击的用户数（以网页 cookie 统计为准）进行对比，可以反映广告是否存在虚假点击。用广告点击量除以广告展示量，可以反映广告对网民的吸引程度，也叫作广告点击率。

3. 广告到达率（Reach Rate）

广告到达率是指网民通过点击广告进入被推广网站的比例。广告到达率可以反映广告点击量的质量和广告着陆页的加载效率。其计算方法如下。

广告到达率=广告到达量÷广告点击量

其中，广告到达量是指网民通过点击广告进入推广网站的次数。

4. 广告二跳率（2nd-Click Rate）

广告带来的用户在着陆页面上产生的第一次有效点击称为二跳,二跳的次数即为二跳量。广告二跳率是指通过点击广告进入推广网站的网民，在网站上产生了有效点击的比例。广告二跳率可以反映广告带来的流量是否有效，也可以反映着陆页面对广告用户的吸引程度。其计算方法如下。

广告二跳率=广告二跳量÷广告到达量

5. 广告转化率（Conversion Rate）

广告转化率是指通过点击广告进入推广网站的网民形成转化的比例，常用来反映广告的直接收益。判断用户产生转化的标志是达到一些特定的页面，如注册成功页、购买成功页和下载成功页等，此时用户从普通的浏览者转变成注册用户或购买用户。广告转化率的计算方法如下。

广告转化率=广告用户的转化量÷广告到达量

5.5 网络营销的常用方法

网络营销是企业利用广告和网页等在互联网上进行品牌宣传、产品和服务营销的一种策略活动，其目的在于诱导客户进入目标网站并进行产品或服务的购买。网络营销的方式有很多，下面我们对主要的几种方式进行介绍。

5.5.1 许可式电子邮件营销

电子邮件营销（E-mail Direct Marketing，EDM）是在用户事先许可的前提下，通过电子邮件向目标用户传递价值信息的一种网络营销手段。电子邮件营销包括用户许可、电子邮件传递信息和信息对用户有价值 3 个基本因素。

这种基于用户许可的方式又叫作许可式电子邮件营销。许可式电子邮件营销是一种利用电子邮件与受众群体进行商业交流的方式，可以刺激无明确需求的消费者，具有覆盖人群和应用范围广泛、操作简单、成本低廉和针对性强等特点。

阅读材料

优衣库电子邮件营销扩展市场

优衣库（UNIQLO）是日本零售业排名首位的服装企业。2002 年优衣库进驻中国，2007 年优衣库中国区销售额同比增长了一倍。2009 年，优衣库中国门店迅速扩展至 34 家。如此快速的扩展速度正是因为优衣库采取了电子邮件营销的方式。

随着互联网的发展与国内网民规模的不断扩大，网络购物逐渐成为一种潮流。为了扩大在中国二、三线城市的覆盖，优衣库于2009年4月23日正式成立了淘宝旗舰店，并选择了上海亿业网络科技发展有限公司以电子邮件营销的方式来进行市场的推广和品牌宣传。主要包括以下手段。

（1）发送电子邮件邀请函，将对优衣库感兴趣的淘宝会员，转化为优衣库的活跃用户。

（2）定期向新老会员发送电邮杂志，内容丰富，以吸引会员长期关注。

（3）定期向客户推荐新产品，保持产品的活力与新鲜感。

多年的电子邮件营销，大大提高了优衣库的活跃用户数，销售额增加了约20%，优衣库迅速成为服装企业网络销售的领头羊。电子邮件营销也成为优衣库重要的网络推广和客户维护手段，并一直延续至今。

1. 许可式电子邮件营销的优势

许可式电子邮件营销比传统的推广方式更具有优势，能够减少广告对用户的滋扰、增加潜在客户定位的准确度、增强与客户的关系和提高品牌的忠诚度。它既可以与其他的营销推广手段结合使用，也可以单独推广。

（1）覆盖范围广，成本低

不管用户在世界上的哪个角落，只要他有电子邮箱，就能够收到企业发送的电子邮件。并且电子邮件的操作方式十分简单，无须掌握复杂的技术就可以操作，也无须花费大量的人工成本雇用专门的营销人员来进行推广，与其他不加定位地投放广告的媒体相比，营销费用大大降低。

（2）精准定位客户，回应率高

电子邮件推广是点对点的推广方式，我们可以针对某一特定的人群发送特定的邮件，也可以根据行业、地域等进行分类，针对这些客户进行推广。这大大增加了目标客户群体的定位，使宣传推广更加到位，更能获得客户的良好反馈，便于推广工作的开展。

（3）促进顾客关系

企业在开展电子邮件推广工作的同时，可以和客户形成一个良好的信息传递通道。企业既可以通过电子邮件给客户发送推广信息，也可以在节假日、客户生日的时候，发送一封电子贺卡，送上一些温馨的祝福，与客户保持一种长期的关系，促进与客户之间的交流，维护与现有客户的友好关系。

长期坚持下去，就会获得客户的好感与信任，也会在一定程度上提升客户的回访率，久而久之，就会使客户记住我们的网站并养成经常登录的习惯。

（4）满足用户的个性化需求

电子邮件推广可以为用户提供更多的个性化服务，用户可以选择自己感兴趣的信息，也可以退订不需要的服务，如图5-5所示。用户对电子邮件推广的内容具有主动选择权，可以自主决定是否需要接收这些内容，因此用户对决定接收的信息的关注度也更高，这也是电子邮件推广能够获得较好效果的原因。

图 5-5　查看或退订电子邮件

（5）传播迅速，营销周期短

电子邮件推广可以让邮件在几秒到几个小时内将数以万计的邮件快速传递给用户，及时让用户接收企业的最新动态，实现快速沟通。并且如果邮件没有被接收，也可以立即退回企业的电子邮件账户，营销的周期较短，可以在几天内完成所有的工作。

（6）提升知名度

电子邮件推广还有一个特点，就是只要知道目标客户的电子邮箱地址就可以发送信息，这样就可以通过经常发送企业相关信息的邮件来提升知名度，让客户对企业产生一定的印象。

2. 电子邮件营销的方法

电子邮件营销可以帮助企业实现品牌推广、客户关系维系和产品促销等效果，其具体的实施方法需要保证两点，一是需要科学的实施思路与流程，二是需要企业选择适合自己的电子邮件营销方式。具体进行电子邮件营销的方法基本类似，下面对其进行介绍。

（1）确定电子邮件营销的目的与目标

与普通的电子邮件发送不同，电子邮件营销是一个面向目标客户的长期的持续的营销活动，必须事先明确营销活动的目的和目标，制订合理的目标任务计划，选择合适的方法与策略并建立相应的配套组织和服务体系，以应对整个营销活动随时出现的各种问题。

（2）收集与整理客户数据，建立数据库

电子邮件营销需要获得用户的许可并拥有用户的电子邮件地址，因此收集与整理客户资料，并建立对应的数据库是必不可少的。一般来说，需要对用户进行细分，通过对客户行为进行分析，将具有相同关注内容和爱好的用户划分到一起，以方便开展一对一的营销活动、数据库更新与维护等。

收集与整理客户数据时，企业可从用户、潜在用户资料中自行收集整理，也可通过第三方用户资源获得。对于银行业、保险业、教育培训行业和网站等行业，可以很方便地获取用户的信息，因为这些行业的客户需要主动提供自己的姓名和联系方式。对于一些获取信息比较困难的行业，可以建立自己的企业网站，让潜在用户注册并提供邮件地址，并保证不把地址泄露给第三方，以取得用户的信任，方便开展电子邮件营销工作。

（3）制作电子邮件的内容

电子邮件的内容可以由销售人员来设计，也可以委托专业的服务商。但需要注意的是，当今社会是一个个性化的时代，用户希望收到的内容是独一无二的、真实的、贴近生活的，这样才能大大提高用户打开电子邮件的概率。

（4）选择电子邮件的发送方式

电子邮件的发送系统很多，企业可以利用自己的邮件发送系统，也可以选择第三方电子邮件系统，如 Foxmail、Outlook 等常规的邮件工具。或者由服务商根据服务协议发送邮件。

（5）电子邮件营销效果反馈

定期进行电子邮件营销的跟踪分析，统计并分析营销的结果，删除无效的邮件地址，并重新对邮件内容、方式和用户细分进行调整，总结营销活动的经验，为下次开展营销活动提供依据。

提个醒

电子邮件营销需要与客户建立良好的关系，因此需要企业进行客户维护与管理，做好客户咨询、购买、服务和投诉等的准备工作。

5.5.2 搜索引擎营销

搜索引擎营销（Search Engine Marketing）是以搜索引擎平台为基础的网络营销，其表现为：人们在使用搜索引擎时，企业的营销信息将自动地出现在搜索的信息中。该方式能有效地将营销信息传递给目标客户，是目前主要的网络营销手段之一。搜索引擎营销的主要方法包括：关键词竞价排名、分类目录登录和搜索引擎优化等。

扫码看视频：

搜索引擎营销

1. 关键词竞价排名

关键词竞价排名是一种由客户自己为网页购买关键词排名，并按点击付费的一种营销方式。网站付费后就能被搜索引擎收录，并按单次点击付费最高者排名靠前的原则进行排列，付费越高排名可能越靠前。常见的搜索引擎有 Google、百度和雅虎等。在这些搜索引擎中，企业可以通过调整每次点击付费的价格，控制自己在特定关键字搜索结果中的排名，并设置不同的关键词来捕捉不同类型的目标访问者。

阅读材料

百度竞价

百度竞价排名是一种按搜索效果付费的网络推广方式，它是按照给企业带来潜在新客户的访问量计费，企业可以根据自己的需要，灵活控制推广力度和投入力度，使企业的网络推广获得最大回报的一种竞价方式。百度竞价的操作流程如下。

第一步：企业需要建立自己的网站，或在其他企业平台上建立网页。

第二步：通过百度推广的企业客户资质审核。

第三步：企业选择推广关键词，百度联盟网站发布推广信息。

第四步：潜在客户在百度搜索，或者浏览百度联盟，点击企业推广信息。

第五步：客户与企业进行联系洽谈，达成交易。

图 5-6 所示为搜索关键词“财经软件”可查看到的推广效果。

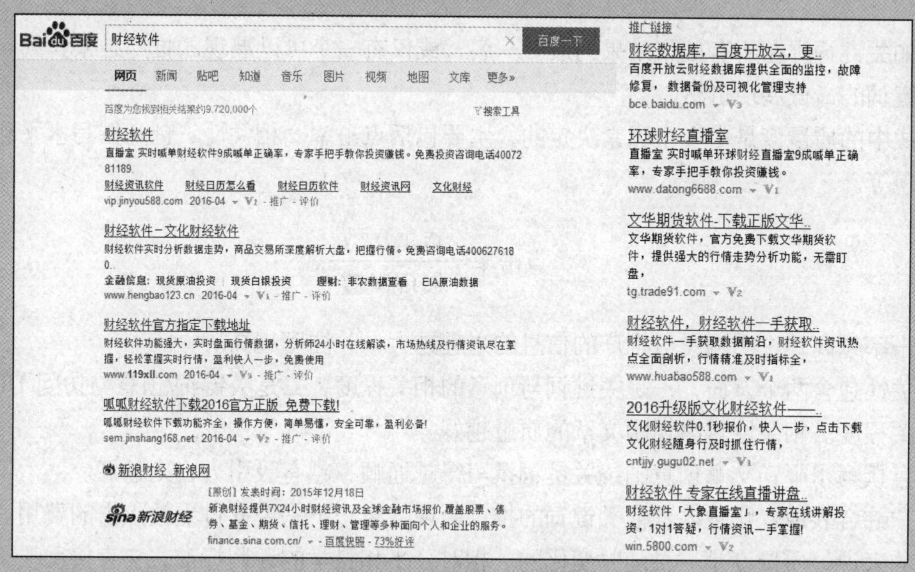

图 5-6 推广关键词及推广效果

百度竞价的一大特点就是按效果付费，即按照给企业带来的潜在客户点击量计费，没有点击则不计费。只有当潜在客户点击一次推广信息时，企业才需要给百度支付费用，费用从企业的推广账户中扣除，图 5-7 所示为其收费流程。进行百度竞价推广的企业在首次开户时，需要缴纳基本预存推广费用 6 000 元，专业服务费 1 000 元，（服务费和基本预存推广费根据地区情况可能有所变动，具体费用由客户和服务提供方另行约定）。

开通竞价服务后，客户可自助选择关键词，设置投放计划。当用户点击客户的推广信息访问企业网站时，系统会从预存推广费中收取一次点击的费用，每次点击的价格由客户根据自己的实际推广需求自主决定，客户可以通过调整投放预算的方式自主控制推广花费。当账户中预存推广费用完后，客户可以续费保持或加大推广力度，通过百度推广获得更多的客户和生意。

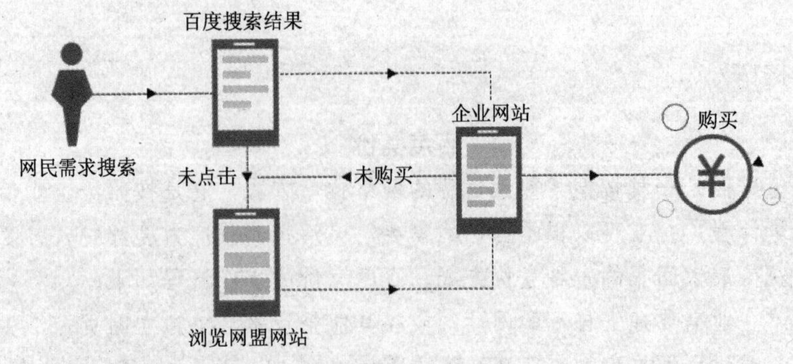

图 5-7　计费方式流程

百度推广的竞价方式如下。

$$每次点击价格=\frac{下一名的出价\times下一名的质量度}{本关键词质量度}+0.01元$$

假如关键词排在所有推广结果的最后一名，或仅有一个可以展现的推广结果，则点击价格为关键词的最低展现价格。

公式中的质量度是由多个因素决定的，主要包括点击率、相关性、创意撰写水平和账户综合表现等。

$$点击率=\frac{点击次数}{展现次数}$$

点击率越高，说明网民对推广的信息的兴趣越大，关注度越高。

相关性包含两个方面，一是关键词与创意的相关程度，二是关键词/创意与访问 URL 页面的相关程度。相关性越高说明文章的质量越好。

创意撰写水平：文章创意围绕关键词撰写得越通顺，越有吸引力，则越好。

账户综合表现：账户内其他关键词的推广表现。客户不需要支付无效点击的费用。

总的来说，质量度是一种随时变化的、相对公平和科学的评判标准，它直接反映了网友的真实需求，使推广的效果不会因为价格而造成不公平。

2. 分类目录登录

分类目录登录是一种比较常用的网站推广手段，企业可以直接将网站免费申请为网站分类目录收入，以获得更好的曝光度和被搜索引擎抓取的概率。图 5-8 所示为百度的免费登录界面，在该界面中，企业可以添加站点并分析站点的流量和网页抓取信息。

登录分类目录前，企业需要先确定自己的网站的类别，找到最适合自己的目录，可以通过查询各种主题分类的方法来确认，也可搜索竞争对手，研究他们的目录分类。然后再开始提交，填写网站的详细资料，提交完成时需注意以下事项。

（1）提交的频率不能太高，可保持两到三个月一次的频率，切忌重复提交。

（2）网站分类信息一定要认真填写，不能存在虚假信息。

（3）网站描述信息尽量简洁、明确，最好是根据网站的关键字来展开描述，突出重点。

（4）关键字不能太多，保持 3~4 个比较适中。

（5）网站收录的时间可能较长，应保持良好的心态，耐心等待并做好站内优化。

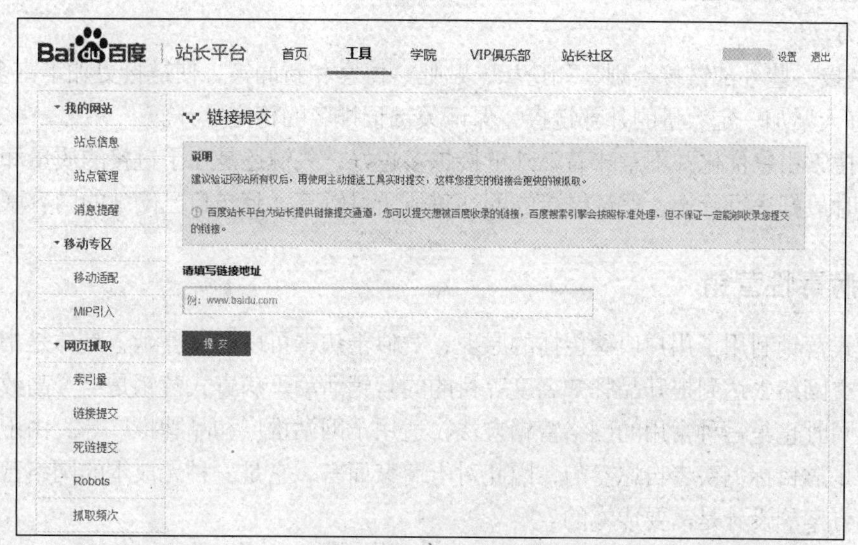

图 5-8　百度免费登录界面

3. 搜索引擎优化

搜索引擎优化（Search Engine Optimization，SEO）是指通过提高网站的质量，使网站各项基本要素适合搜索引擎的检索原则，更容易被搜索引擎收录及优先排序。这是一种让搜索引擎自动发现自己的网站，不需要企业自己登录搜索引擎，主要包括站内搜索引擎优化和站外搜索引擎优化两种。

（1）站内搜索引擎优化

站内搜索引擎优化主要可以通过 META 标签优化、内部链接优化和内容优化 3 方面来进行。

① META 标签优化：META 标签是网页 HTML 源代码中用来描述网页文档属性的标签，可包括网页标题（Title）、关键字（Keywords）、描述（Description）、作者（Author）等内容。图 5-9 所示为网站“汽车之家”的部分 META 标签信息。在浏览器中选择“查看”菜单，在弹出的菜单中选择“查看网页源代码”或“源文件”等即可查看。MTEA 标签中最重要的内容是 keywords 和 description，因此一定要保证这两个标签内容的完整，这样才能让搜索引擎准确发现你的网站，吸引更多用户访问你的网站。设置关键字时，尽量不要使用太笼统的词汇，要保证关键字精准且密度不要太高。

```
<title>汽车之家_我的汽车网站，我的汽车之家</title>
<meta name="keywords" content="汽车,汽车之家,汽车网,汽车报价,汽车图片,新闻,评测,社区,俱乐部"/>
<meta name="description" content="汽车之家为您提供最新汽车报价，汽车图片，汽车价格大全，最精彩的汽车新闻、行情、评测、导购内容，是提供信息最快最全的中国汽车网站。"/>
```

图 5-9　“汽车之家”网站的部分 META 信息

② 内部链接优化：内部链接主要是网站中的相关性链接（tag 标签）、导航链接和图片链接。要保证这些链接的指向正确且有效。

③ 网站内容优化：对网站内容进行优化，主要是保持内容的更新。

（2）站外搜索引擎优化

站外搜索引擎优化是指优化外部链接，使链接真实自然并合理递增。增加外部链接可以采取以下方法。

① 链接一些外部链接类别，如论坛、贴吧、博客和新闻等，使链接更加丰富多样。

② 每天增加一定数量的外部链接，保证关键词排名的稳定上升。

站外搜索引擎优化并不意味着站外链接越多越好，关键还是在于链接的质量和相关性。选择链接时最好进行筛选，保证链接的网站整体质量较高，且与自己网站的内容联系紧密。

5.5.3 病毒性营销

病毒式营销利用了用户口碑传播的原理，类似于病毒可以迅速蔓延，具体是指企业利用已有的社交网络去达到提升品牌知名度等目的的营销活动。病毒式营销是当今高效的信息传播方式，同时也是一种常用的网络营销方法，适用于网站推广和品牌推广等。由于病毒式营销的传播是靠目标消费者自愿参与，因此对于商家而言，它是一种无成本的网络营销，但病毒性营销方案的设计是需要成本的。

阅读材料

乐事薯片新口味开发

2012 年乐事推出了一个竞赛活动 Do Us a Flavor（乐味一番）。这是一个以请求网友帮忙（Do me a favor）为名义，向网友征集薯片口味并进行品牌宣传与推广的活动。该活动通过网友的推荐来确定薯片的口味，并决定向最终获胜者发放 100 万美元或这款口味薯片销量净利润 1%的提成的奖励。

这个活动一推出就吸引了大批膨化食品爱好者，不少网友觉得非常有意思，并自主通过 Facebook 和短信等渠道进行传播。很快，乐事就收集到了 400 万个口味创意，并组织了专家评审团挑选了 3 个最佳口味：芝士蒜香面包味、炸鸡华夫味、甜辣酱味。为了进一步加强与消费者的互动，使宣传效果更佳，乐事将最终选择权交还给了消费者，让消费者通过 Facebook、Twitter 和短信进行投票评选，100 多万名消费者参与了评选，最终芝士蒜香面包味获胜。

乐事的这次营销活动使乐事母公司菲多利在美国地区的 Facebook 粉丝数量增长了 3 倍，产品销量也大大增加。乐事营销活动的成功，主要是因为消费者的自发传播，这是因为这次活动，让消费者感受到自己的观点受到了企业的重视，企业听取并采纳消费者的意见。有这次的成功，乐事 2014 年再次采用了这种营销方式，与上一次有所不同的是，乐事这次添加了一项新规则，即消费者提出的新口味必须基于乐事的三款原创口味进行延伸。这项新规则很好地将企业产品融入其中，加深了消费者对产品的认识，引发了更多的消费者来了解乐事。

病毒式营销之所以能够引起目标消费者的自发传播，是因为它抓住了消费者的心理，给予了消费者传播的驱动力，即消费者与他人的分享。企业若采取这种方式进行宣传推广，必须要先明确以下一些问题。

（1）你的产品、技术或服务在哪些方面具有分享的价值？

（2）消费者为什么愿意进行分享？

（3）怎样让消费者自愿加入谈论的队伍？

（4）采取什么方式来激发消费者的分享行为？

总的来说，要想成功进行病毒性营销，需要满足下面 5 个基本要素。

（1）提供有价值的产品或服务。

（2）提供方便的向他人传播信息的方式。

（3）信息传递的范围广泛，并以从小向大的规模进行扩散。

（4）公众要有参与的热情和行为。

（5）利用现有通信网络或别人的资源进行信息传播。

提个醒

病毒性营销的传播途径很多，主要包括即时通信工具、社区论坛、个人博客、电子邮件、视频网站、微博、微信和短信等。

5.5.4 网络社区营销

网络社区营销就是把具有相同兴趣的访问者集中到一个虚拟空间，以此达到营销的效果。网络社区的形式非常丰富，论坛、聊天室、微博和 QQ 群，甚至是线下的社区等都可以作为营销的场所。

扫码看视频：

社区营销

目前，网络社区通过分析喜好或共同体验，并通过网络跟帖或发表新贴表述意见，来吸引具有相同兴趣的伙伴，让网民产生互动、情感维系及资讯分享。网络社区营销主要有以下 3 个特点。

（1）网络社区的开放程度很高，流量很大。企业发表任何营销诉求的话题，都能够获得积极的响应与反馈，特别是一些热帖，可以获得网友的热烈追捧，能有效地为企业提供营销传播服务。

（2）网络社区营销的成本较低，可以通过发话题、发帖和跟帖等操作进行产品或服务的推广。并且还能在不同的社区平台中进行重复利用，降低了推广的成本。

（3）网络社区具有强大的聚众能力，能够快速在网友之间形成互动交流，扩大服务或产品的传播人群，通过网友的自发传播来迅速感染周围的人群，形成小范围的传播高潮，有利于消费市场的扩展。

网络社区营销需要讲究一定的规则，否则不仅达不到预期的效果，还会带来一些负面影响。其主要包括以下内容。

1. 针对性地对外发布信息

网络社区是网民按照自己的兴趣爱好或是职业特点聚集起来的电子社区，每个论坛中聚集的都是特定行业或特定兴趣爱好的客户，如果采取广撒网的推广方式，在社区中大规模营销，而没有考虑营销的性质和针对的目标客户群体，只能导致营销失败。因此，推广前要先进行充分的调查，明确自身产品所面向的客户群体，不要盲目进行推广活动，这样才能达到营销的目的。

2. 保证营销内容的质量

网络社区营销的过程中会投放大量的内容帖子，写作这些帖子要遵守基本的规则，保证用语平和，态度诚恳。帖子中尽量将我们的思想、所要呈现的内容表达出来。在写作时，尽量从自己熟练的方面入手，通过合理的布局和清晰的表达来进行描述。其次，排版尽量简洁明了，可以采用图文结合的方式进行推广。最后，帖子内容应该还具有一定的独创性，要有个人的独特见解，绝不能出现雷同或抄袭的现象。以不着痕迹的形式来进行推广信息的植入，让浏览者潜移默化地接受你所推广的商品或服务，这才是最成功的营销之道。

3. 坚持营销过程中的引导和后期维护

要想达到甚至超过预期的推广效果，只靠发布帖子是不可能完成的，它还要包括前期的市场和受众分析定位，推广过程中的发帖和引导，以及后期的维护和信息反馈。在进行推广的过程中，推广人员要正确引导网友的回帖，保证树立和维护良好的企业及产品形象，并注重帖子质量的维护，保证帖子的高曝光率，这样才能起到持续宣传的作用。

4. 不要疯狂发帖

疯狂发帖的后果就是造成刷屏，使帖子变成纯粹的广告进而导致网友无法正常地寻找自己感兴趣的帖子。此时网友不仅不会点击帖子，甚至可能举报发帖者，造成删帖或封号的后果。可想而知，这种行为对推广不仅没有任何好处，还会造成无法挽回的后果。推广人员要注重的是帖子的质量，而非帖子的数量。

5.5.5 微博营销

扫码看视频：

微博营销

微博是基于社交关系的一种分享和传播信息的网络媒介和平台。用户通过 WEB、WAP 等各种客户端服务组建个体传播社区和传播网络，以 140 个（包括标点符号）文字、图片和视频片段等内容信息，实现即时发布和共享。微博具有及时性、交互性、海量性、碎片化和广播性等传播特点。借助微博平台发布信息，已经受到越来越多企业与机构的重视。按照微博主体的不同，可以将微博营销分为个人微博营销和企业微博营销。

个人微博营销指主要靠个人的知名度进行营销，这类人一般是某个领域的成功人士。主要用于进行情感的抒发，功利性不强。企业微博营销是运用微博来增加企业的知名度，进行产品品牌的宣传与推广，最终达到卖出产品的目的。由于微博具有更新速度快、信息量大等特点，企业在进行微博营销时，需要先建立自己固定的消费群体，通过与粉丝的互动与交流来带动宣传行为，扩大粉丝群体来进行企业的宣传。不管是个人还是企业，运用微博营销时都需要注意以下一些内容。

1. 获得并增加粉丝

微博中粉丝的数量决定其影响力，企业的微博粉丝越多则有越多的人会转发你发布的微博，越能增加微博被其他人看到的概率。因此要积极扩展自己的粉丝数量，企业既可主动搜索相关的用户进行互相关注，也可通过具有吸引力的内容来吸引用户的关注。

2. 保证微博更新的频率

微博是个快速分享与传播信息的平台，如果你的微博长时间不发表消息，或一直转发、复制他人的消息，没有自己的原创信息，不仅不能吸引到新的粉丝，还会掉粉。因此，既要保证每天的微博更新，又要使内容不千篇一律。一般来说，每天微博的数量可以控制在 5~13 条，不能频繁发博造成“刷屏”现象，引起大家的反感；且微博发布的时间不能间隔太近，因为用户往往只能看到你最近发布的前一两条信息，如果发博的时间间隔太短，很容易让用户直接忽略你发布的信息。

3. 保证粉丝的质量

虽说微博粉丝的数量越多越好，但有些粉丝是一旦关注了你之后就不再上线，几乎没有活跃度，也不会转发、评论或点赞你的微博，这样的粉丝可以说是形同虚设。还有一些粉丝虽然十分活跃，但他们关注的人很多，每天微博上都充斥着大量的信息，很可能忽略你发的微博。因此，要尽量保证微博的粉丝质量，让你的微博能够尽可能地出现在粉丝的首页，且粉丝能主动转发、评论。

4. 提高微博撰写质量

微博是一个个性化的信息分享平台，博主可以发表自己的看法和意见，也可以对其他人的言论进行评论。如果滥发信息，不仅会遭粉丝的吐槽，还会丢掉很多粉丝。特别是在前期需要增加粉丝数量时，更要注意微博的质量，多发布一些原创性的、实用性强的和有价值的内容，这样可以引起大众的共鸣，增加微博的转发率和传播率。

5. 积极互动，扩大影响力

微博是一个即时信息传播平台，我们发布的消息可以在瞬间引起其他用户的关注和转载。因此，当我们有了一定数量的粉丝后，一定要经常保持与粉丝、网友之间的互动，这样才能增加与粉丝之间的黏性，不至于产生让粉丝失望和取消关注的情况。

与粉丝互动的方法很多，下面介绍常见的 3 种方法。

（1）在微博中直接提问，吸引粉丝参与讨论与回复，同时自己也要积极参与其中。

（2）发起讨论、投票和有奖竞猜等互动活动，从不同的角度进行分析，在活跃气氛的同时，还能完善自己的微博，了解粉丝的想法与行为。

（3）多看网友的留言、评论，特别是粉丝的反馈意见，要及时做出正确回应，以保证粉丝的忠诚度。

提个醒

微博营销要注重微博个性化，切忌只以官方的形式发布消息，这样会给人一种冷冰冰的感觉。应该将其塑造成一个有感情、有思考、有回应、有特点和个性的“人”。

5.5.6 微信营销

随着互联网、电子商务和移动 App 客户端的快速发展，微信作为当今最流行的移动互联网入口，无疑成为了移动电商时代的最佳选择。微信不仅能作为通信工具，随着微信公众号和微信商城的推出，无论是大、中、小企业或电子商务商家，都开始通过微信进行营销，或直接以微信作为电子商务经营的平台。

微信营销最大的特点是只有关注者才能看到你发送的消息，与微博只要发送了消息就都能被查看相比，微信具有更准确的客户定位。使用微信进行营销的方式主要有以下 4 种。

（1）第一种是微信自媒体运营，通过微信内容来吸引更多的潜在客户关注自己，然后再通过内容推送来增加与关注者之间的黏度，将潜在用户转化为客户，或忠诚的粉丝。

（2）第二种是将微信二维码放在其他的广告文章或推广活动中，让用户通过扫描二维码来关注你的账号。

（3）第三种是通过微信中的微网站或微网店来宣传自己的产品。

（4）第四种是直接在目标消费群体所关注的微信号上做推广。

这 4 种方式都能达到营销推广的目的，在进行营销推广的过程中可结合以下技巧。

1. 助力营销

借用病毒式传播中的助力营销方式，通过朋友圈的不断转发来实现快速传播并引发全民关注。助力营销需要前期的准备工作，它要求技术人员在制作活动网页时，在网页中添加助力内容。当用户参与活动时，可以在其中输入信息，包括姓名、电话号码和联系地址等，并点击报名参加。助力营销是一种有奖营销方式，通过奖品来调动用户的参与积极性，用户若想增加获得奖品的概率，就必须转发信息并邀请更多的人参与活动。这样不仅可以很快扩大信息的传播，还能最大限度地挖掘用户的朋友圈资源，让更多的用户关注并参加活动，达到宣传并推广企业品牌的效果。

阅读材料

广厦国际登山节”报名活动

2014 年 5 月，今日早报公司策划了一个“广厦国际登山节”微信报名活动。这个活动的主题是“你登山，我送房”，通过发布广告，在全国征集 1 200 人参与登山活动，并从微信助力活动中挑选 400 人参与，参与者有机会赢取价值 200 万元的住房。由于奖品非常可观，活动一经发布就引发了大量用户的转发、报名，仅当天就有 40 万的点击量。在随后的几天中，源源不断地有新的用户参与助力活动，对活动内容和主办方进行了很好的宣传。

2. 打造品牌公众号

微信公众账号是企业微信营销必不可少的环节。在使用微信公众号进行营销推广前，要先注册公众号的名字。名字是用户对企业的第一印象，因此要取容易记忆的、不太生僻的名字，可以是与行业相关的关键词。完成账号的注册后，需要对账号的头像、签名和自动回复等内容进行设置，建议更换为企业的标志或文化。最后，最核心的是微信推广的内容，建议写作内容前先搭建内容的整体框架，结合企业的特点和用户的思维，从为用户服务的角度进行写作，并推送，注意文章的结尾最好设置原文链接，以进行产品或服务的推广。

3. 线上线下同步营销

除了线上营销，线下实体店面也是充分发挥微信营销的重要场所。用户可以在企业产品的包装、宣传册、海报和展架中添加二维码并采用会员制或者优惠的手段，吸引消费者扫码并关注微信公众号。这样不仅可以为企业公众账号增加粉丝，还累积了一大批实际消费群体，用户定位十分明确，方便了后期的营销宣传。

5.6 案例分析——戴尔网络营销分析

迈克尔•戴尔于 1984 年创立了戴尔（Dell），总部位于美国得克萨斯州的朗德罗克。经过 30 多年的发展，戴尔现在已经是一家世界五百强企业。戴尔的产业主要是生产、设计、销售家用以及办公用计算机，同时还涉及生产与销售服务器、数据储存设备和网络设备等。戴尔之所以能够快速发展成为一家全球规模的互联网企业，与其精准的市场定位与网络营销手段是分不开的。

5.6.1 戴尔公司的网络营销定位

戴尔是最典型的直销模式代表企业，其理念是：按照客户的需求制造计算机，并直接向客户发货，不经过中间商。这种方式能够直接有效地了解客户需求，并减少成本。在如今互联网高速发展的环境下，作为一家国际性的公司，为了更好地满足不同市场的需求，戴尔在推行网上直销时专门对不同的区域市场制定了特定的模式。如针对中国市场，直销模式与中国的销售方式存在明显冲突，因此针对中国市场设置了各级代理、专卖店和分销商。

1. 戴尔产品分析定位

由于戴尔采用直销的形式，因此产品价格较低，能够满足一部分对产品价格较为敏感的客户的需求。但由于个性化消费需求的逐渐增多，单一的低成本方式已不能够满足用户的需要，因此，戴尔还从产品期望价值的方向出发，以简洁明快的外形，实用的产品性能，和个性化的定制需求来满足客户。

2. 戴尔目标客户分析定位

戴尔产品的目标客户主要有 3 类：第一类是中小企业客户群；第二类是政府专用类；第三类是个人消费者。面对不同的客户群体，戴尔提供不同特点的产品，立足于满足所有消费者，并在产品性能方面不断进行提高，以满足不断增长的消费者业务需求。戴尔一般根据客户的特点来进行细分，如购买力，以便于针对不同的客户提供服务。

3. 戴尔经营环境分析定位

1992—1995 年，戴尔的发展非常迅速，并成为全球五大计算机制造商之一。此时，正值电子商务萌芽阶段，戴尔的发展速度和技术都足以支撑涉足网络市场。于是，戴尔迅速制定了相关战略，开始进军在线销售，成为最早的互联网企业之一。据戴尔内部消息，戴尔公司每年营业额的 40%~50%来源于戴尔网站，可见戴尔网络营销的重要性。

5.6.2 戴尔的网络营销策略

戴尔网络营销的策略主要有以下几点。

1. 网络直销模式

戴尔主要经营计算机软硬件产品，这些产品的更新换代与消耗较快，十分适合网络直销。戴尔充分利用这点，通过互联网来推广其直销订购模式，使其快速发展并成为了全球知名的计算机公司。网络直销之所以能够取得如此巨大的成功，主要是因为它具有以下优点。

（1）价格优势

直销模式免除了中间商的传递，同时，由于网络营销的沟通方式主要通过互联网，除了专线连接和上网的电话费以及基本的连线和设备费用外，不需要支付其他的费用，大大削减了不必要的成本。这些成本最终都会反映到产品价格上，这就使戴尔的产品具有了价格优势，在质量相同的情况下，戴尔的产品当然更受消费者欢迎。

（2）快速了解消费者需求

戴尔的网络直销方式，可以让消费者充分发表自己的要求与观点，对产品从定位、设计和生产等阶段为消费者量身定做。允许客户通过网络配置并订购个人计算机，这样就为戴尔赢得了一大批忠实的顾客。

（3）客户资源丰富

戴尔直接与消费者接触，建立了一对一的关系，除了为客户带来更加完善的服务，还能掌握客户的第一手资料。通过对这些资料进行分析，可以为其制订营销计划提供依据。

2. 产品细分策略

戴尔的产品众多，为了提供更加精准的服务，戴尔将产品按照用途进行划分，主要包括家庭与个人产品、商用产品两个大类，再依次进行细分，如图 5-10 所示。

图 5-10 戴尔产品细分

3. 广告策略

Dell 在网页中投放了很多广告，广告形式丰富多样，有多媒体图片、性能比较图表，或幻灯片动画效果等，这些广告很好地激发了用户的点击行为，使更多的用户了解戴尔并产生购买的欲望。

其次，还邀请明星为其代言，除了在传统的媒介中进行广告传播外，还在各大网络视频中投放，通过粉丝效应与高曝光率来宣传。

4. 网络社区营销策略

戴尔提供了完善的网上服务和技术支持服务，能够很好地解决用户提出的各种问题，并定期发布软件升级通知、软硬件问题的解决方案等。能够吸引对这些内容感兴趣的用户加入讨论并成为企业的忠实客户。

其次，戴尔早在 1998 年就开设了在线论坛“与 Dell 共进早餐”，欢迎企业的所有客户都加入论坛并开展讨论活动。

5. 微博和微信营销

在互联网的快速发展下，戴尔也跟随潮流开设了微博和微信账号，并通过微博和微信定期推送相关内容，对企业产品和服务进行推广，树立企业形象。

6. 搜索营销

在百度搜索引擎中以关键字“电脑”进行搜索，可以看到图 5-11 所示的搜索结果。从中可以看出戴尔进行了搜索引擎营销，让用户通过搜索关键字在结果中排名靠前的位置看到戴尔的信息。

图 5-11 戴尔搜索引擎营销

戴尔还提供了全方位的搜索服务，用户可以通过搜索服务快速找到自己需要的产品和技术支持。

根据上述材料分析以下问题。

（1）戴尔取得成功的原因是什么？

（2）戴尔的网络营销主要采取了哪些方式？

（3）结合当下的环境分析戴尔模式的优势与不足？如果要进行改进，可采取什么办法？

实践训练

为了更好地理解网络营销的概念，并掌握相关的基础知识，下面我们将通过一系列实践训练来进行练习。

【实训目标】

（1）了解网络营销的基本知识和中国网络服务商的基本情况和特点。

（2）了解网络营销的运作过程。

（3）了解网络调研的方法。

（4）了解网络推广的主要模式、适用范围和特点。

（5）掌握网络营销的推广方法。

【实训内容】

（1）收集3个网络服务商，掌握这3个网络服务商的基本情况和业务范围。

（2）在网络中收集至少3个网络调研公司的资料，并分析其调研方法。

（3）收集5个网络营销的成功案例，了解其成功的原因。

（4）收集5个网络营销失败的案例，了解其失败的原因。

（5）对比分析网络营销的案例，从中分析网络营销的模式和特点。

【实训要求】

（1）要求设计表格对比3个网络服务商的异同点。主要从网站的服务对象、产品定位和营销模式等方面进行分析，选择其中最成功的一个网络服务商，并对其进行说明。包括但不限于以上几个方面，读者也可根据自己的想法进行设计。

（2）要求对调研公司的调研方法进行分析，掌握调研公司的调研方法，并总结出调研的特点。然后根据这些方法，选择一个自己关心的问题设计一份调查问卷，并发布到网络中进行调查。

（3）设计表格来分析对比网络营销成功与失败的案例。并选择2~3种网络营销方法来实现，以提高对网络营销的认识与动手能力。

课后习题

1. 名词解释

（1）网络营销　　（2）网络市场调研　　（3）病毒性营销

（4）网络广告　　（5）搜索引擎营销　　（6）网络社区营销

2. 单项选择题

（1）下面关于网络营销的特点，表述错误的是（　　）。

A. 与传统市场营销相比，网络营销具有跨时空的特点

B. 与传统市场营销相比，网络营销具有个性化的特点

C. 与传统市场营销相比，网络营销具有交互式的特点

D. 与传统市场营销相比，网络营销具有多元化的特点

（2）下面关于网络营销主要内容的描述，错误的是（　　）。

A. 网上促销与网络广告　　B. 使用电子邮件发送营销信息

C. 设计并制作网页　　D. 网上消费者行为分析

（3）某乳制品公司将消费者细分为婴幼儿、青少年和中老年，该公司市场细分依据变量是（　　）。

A. 地理变量　　B. 心理变量　　C. 行为变量　　D. 人口变量

（4）下列网络市场调研中，属于网络市场间接调研的是（　　）。

A. 搜索引擎法　B. 在线问卷法　C. 网上实验法　D. 网上观察法

（5）下面关于网络市场调研的描述，不是其优势的一项为（　　）。

A. 网络调研具有可靠性和客观性

B. 网络调研具有生动性和可控性

C. 网络调研具有交互性和充分性

D. 网络调研具有便捷性和经济性

（6）下面关于网络营销和传统营销说法正确的是（　　）。

A. 网络营销的实现还有诸多困难，目前还是主要以传统市场营销为主

B. 网络营销不能和传统营销相比，传统营销将继续占据主导地位

C. 网络营销已经完全取代了传统市场营销的地位

D. 未来的市场营销将是网络营销与传统市场营销的结合

（7）网络广告是较为常见的一种网络营销方式，下面（　　）不是常见的网络广告。

A. 横幅广告　　B. 文本链接广告　C. 音频广告　　D. 视频广告

（8）（　　）一般使用 JPG 或 GIF 格式的图像文件，横放于页面中，以快速吸引浏览者的注意。

A. 游动式广告　B. 视频广告　　C. 旗帜广告　　D. 弹出广告

（9）网络市场调研是一项比较复杂的工作，下面哪项不属于网络市场调研的主要方法（　　）。

A. 专题讨论法　B. 在线问卷法　C. 数据库查找法　D. 资料复制法

（10）电子邮件营销是较为常用的网络营销手段，下面对电子邮件营销说法不正确的是（　　）。

A. 电子邮件营销的操作简单，成本低廉

B. 电子邮件营销可以主动向用户发送信息

C. 电子邮件营销不受限制，能够向任何用户发送消息

D. 电子邮件营销更有针对性，能够有选择性地发送消息

3. 多项选择题

（1）网络营销的特点包括（　　）。

A. 全球性和交互性　　B. 成长性和经济性

C. 个性化和高效化　　D. 技术性和成熟性

（2）网络营销作为未来主流的营销方式，下面说法正确的是（　　）。

A. 网络营销是一种有局限的营销手段

B. 网络营销将影响传统营销所涉及的各个方面

C. 网络营销与传统营销是互相影响互相促进的，未来的方向是实现两者的融合统一

D. 传统营销具有网络营销不可比拟的优势，将一直存在

（3）下面关于电子邮件营销的说法，正确的是（　　）。

A. 电子邮件营销具有主动性

B. 电子邮件营销是网络广告的一种形式

C. 电子邮件营销可以以问卷调查的方式体现

D. 电子邮件营销可以与其他的营销手段一起使用

（4）关于网络市场细分，下面说法正确的是（　　）。

A. 网络市场细分是对企业所经营产品进行分类的过程

B. 网络市场细分是对网络消费群体的分析

C. 网络市场细分需要保证同一个细分市场内的产品具有相同的特征或按照某一个统一的标准进行划分

D. 网络市场细分只要按照企业的需求进行划分即可，不需要考虑其他因素

（5）下面哪些属于网络广告的推广形式（　　）。

A. 网易首页图片广告　　B. 爱奇艺视频网站贴片广告

C. 百度搜索推广　　D. 春晚赞助广告

（6）网络营销能够达到的效果包括（　　）。

A. 产品和品牌推广　　B. 促进销售

C. 企业宣传　　D. 研发新产品

（7）网络营销的步骤主要包括（　　）。

A. 明确问题与确定调研目标　　B. 制订调查计划

C. 收集与分析信息　　D. 提交报告

（8）电子邮件营销需要具备的3个基本因素是（　　）。

A. 基于用户许可　　B. 通过电子邮件传递信息

C. 信息对用户有价值　　D. 电子邮件地址的获取途径合法

（9）网络社区的主要形式有（　　）。

A. 论坛　　B. 聊天室　　C. 微博　　D. QQ群

（10）下面哪些是属于网络营销的手段（　　）。

A. 病毒性营销　　B. 网络社区营销

C. 微博和微信营销　　D. 搜索引擎营销

4. 思考题

（1）网络营销的特点是什么？与传统市场营销有什么区别？

（2）网络调研的步骤和方法有哪些？

（3）网络营销的方法有哪些？列举1~3个实例说明。

（4）网络广告的形式主要有哪些？

（5）微博营销需要注意什么？

5. 技能实训题

（1）登录新浪论坛并注册一个账号，选择一件商品来进行论坛营销。主要通过发布帖子的方式来进行营销，并记录营销过程中发现的问题。

（2）收集电子邮件地址，并通过QQ邮件的形式发布电子邮件广告。

（3）设计一份商品满意度调查问卷，并上传到网络中进行调查。

（4）在微博中发布一条营销信息，并发动粉丝进行传播。

（5）注册微信账号并发布一条营销信息，以二维码的形式邀请用户关注。

第6章　网络商店的建设与运营

【学习目标】

- 掌握网络商店的定位方法。
- 了解并掌握网络商店的建设。
- 掌握网络商品的数据分析方法。
- 熟悉网络代运营的方法。

引导案例

淘宝网是最具代表性的网络商店平台。用户只需花费少许就可以在其中开设自己的网店，因此淘宝网成为很多大学生和闲暇时间富裕人士开店的首选。小王就是淘宝开店浪潮中的一员。

小王大学毕业并没有与大部分同学一样，选择专业对口的工作，而是嗅到了淘宝开店的商机，准备开设一家调味料网店。小王先是在网上搜索调味料生产商和采购商，然后电话联系并实地考察，选择了一家调味料味道不错的商家。然后申请开设了淘宝店铺，对店铺进行装修产品上架后，小王的调味料店铺开张了。随着店铺规模的扩大，小王店铺中的产品越来越多，口碑也越来越好，不仅吸引了很多个人买家，还有一部分商家也选择在小王的淘宝店铺中购买商品。

在销售产品的过程中，小王非常关注买家的使用体验，有些买家也会对店铺商品提出一些建议和要求，如觉得产品的种类不够多，建议丰富一下商品类型等。小王将买家建议反馈到生产厂家，跟厂家商量后，决定扩大产品宽度。随着新产品的推出，越来越多的买家可以在店铺中买到想要的商品，使得店铺的生意也越来越红火。

从一名普通的大学生开始自主创业，一路成长为年收入几十万的淘宝卖家，小王说，“年轻人头脑活、知识面广，对新事物的接受度高，就要有敢闯敢拼的精神。淘宝是一个很好的平台，其上面的操作也简单，只要准备齐全有关资料并进行申请就可以开店，努力经营，总会有成绩的！”

小王还说，淘宝开店发展到现在已经过了十多年，最开始的客流、物流和支付等难题已经不再是问题，现在重要的是店铺的运营与维护，保证自己在众多的同类竞争者中脱颖而出。

在电子商务高速发展的环境下，任何个人或企业都可以开设自己的网络商店。要想网络商店正常运营，需要掌握一定的知识，本章就将对网络商店的相关知识进行介绍。

【本章要点】

网络商店定位　　网络商店规划　　网络商店建设　　网络商店的运营

6.1　网络商店的定位

市场定位可以更好地发现市场机会，有效地定位目标消费人群，从而使企业以较少的经营费用取得较大的经营效益。电子商务市场由于网络技术和实现途径等特殊原因，与传统实体市场的消费者购买行为产生了较大差异，因此对网店进行定位分析是十分必要的，它可以帮你更好地了解各个不同网络消费者群体的需求情况和目前满足程度。

6.1.1　网络商店的市场定位

开设网络商店前需要先进行网络的市场定位，分析市场行情、网店的产品、用户群体和竞争对手等信息，从而更好地熟悉当前行业的情况，制定出更有效的店铺发展策略。

1. 行业行情定位分析

分析行业行情是指对某行业的热门程度、发展前景、竞争力和市场等进行分析。正确分析一个行业的前景，可以对店铺的发展方向、发展水平等进行预测和规划。在分析的过程中，可以结合当前的社会热点、人们的生活方式和经商者的商业行为等，分析行业在未来的发展趋势、供求变换，预测市场的未来走向，以提前做出决策，更好地抓住商机。

2. 网店商品定位分析

选择具有良好市场和竞争力的产品，是网店成功的重要因素。近几年，随着网上商店的快速增加，商店类型越来越多样化，网站的商品也更加丰富，同一种类的商品成千上万，其销量也存在很大差异，不能以某一个种类商品的销量来衡量其总体发展前景。与线下市场一样，有计划地规划和实现目标，不断增强自身竞争力才是关键所在。因此在进行商品定位分析时必须要全面，并有一定的市场敏感度，到底是选择热门行业的商品参与竞争，还是选择非热门行业的商品来打造自己的特色。找准自身的定位，避免盲目选择商品，为网店的后期发展带来隐患。

3. 用户群体定位分析

用户群体是网店定位中非常重要的一个因素，产品必须拥有较稳定的用户群体，才能有更大的发展空间。同时，不同的用户具有不同的消费观念和消费行为，分析消费群体可以帮助经营者更好地进行产品定位。研究表明，在目前的电子商务环境下，18~35 岁的年轻消费者正在逐步成为消费主力军，且预计在未来还将持续增长。但这并不是说，其他年龄阶段的消费者就不具有消费能力。其实，消费者的消费能力与年龄段有一定的关系，但也与行业和产品有关，不能以单一的因素来进行衡量。企业在进行顾客群体分析时，要结合多方面的因素，如年龄、地域、行业、经济和文化教育等特征来综合考量，了解消费者的购买动机，才能激发消费者的消费欲望。

4. 竞争对手定位分析

通过对竞争对手的分析可以发现市场的空缺，以及自己的店铺与竞争对手的区别，找出产品和店铺的竞争优势。这主要包括了解竞争对手的优点、产品信息、数量、分布和营销策略等，根据分析结果制定出适合自己产品成长的策略，是选择参与竞争与对手共享市场，还是选择避开竞争对手，单独开辟自己的市场。

6.1.2 网络商店的主题定位

网店主题即网店的内容，建立网店要先明确网店的方向，对于个人或小型企业，刚开始建立网店时，建议主题定位小而精，不要设立一个宽泛的范围。当网店规模发展壮大后，就可以朝着更大的范围进行扩展。

进行网站主题定位前，还需要先确定网店的界面，规划好网店的结构内容，尽量去除与网站主题无关的栏目，将最有价值的内容以导航菜单的形式列出来。尽量从访问者的角度来进行设计，清晰且便于识别的网站内容可以方便浏览者访问，增加点击量。

如果网店有多个主题，要注意主题之间保持相对独立，主题下的板块内容要围绕主题展开。图 6-1 所示为 361° 在天猫商城中的网店首页，除了鞋子这个主要产品外，它还出售服装，因此，其将主题内容划分为"男鞋""女鞋""男装""女装"，从产品类型和用户群体的性别两个方面来综合考虑，再将每个主题内容进行细分，使网店结构清晰，主题明确。可见，结合市场分析，选择正确的经营策略，在产品质量和服务质量上打造出自己的特色，这样才能使网店长期发展下去。

图 6-1 网店主题内容

提个醒

网店辅助内容，店铺简介、版权信息和企业纪实等内容尽量不要放在主导航中，建议放在页面的末尾。

6.1.3 网络商店的功能定位

网络商店功能定位主要是进行网店结构、内容设计和风格等的定位，是建设网店前最基本、最主要的工作。由于每个企业的经营理念、经营策略和服务对象有所不同，在网店的功能定位上应有所区别。对于在淘宝、天猫和京东等电子商务平台中开设网店的经营者来说，可以在这些平台中提供的店铺模板的基础上进行修改和定位。对于需要单独建设网店的企业来说，进行网络商店的功能定位，需要包含以下一些最基本的内容。

（1）企业概况。主要进行企业的介绍，内容可以包括企业的背景、发展历史、主要业绩和重要企业人员等。这些基本信息可以让访问者对企业有一个基本的了解，是网站内容中不可缺少的一部分。

（2）产品目录。产品目录主要用于进行企业产品和服务的陈列，以方便访问者查看。产品目录的内容可根据需求来确定详略程度，除了文字介绍外，也可搭配图片、视频和音频等资料进行说明，丰富内容的表现形式，为访问者带来不同的体验。

（3）企业动态。企业动态用于提供企业最近的发展动向，可以是未来的战略方向、运营信息和广告宣传等内容，在加深客户对企业印象的同时，达到宣传企业品牌和形象的效果。

（4）产品搜索。搜索功能是网站比较重要的功能，特别是产品较多的企业，一定要提供产品搜索功能，方便访问者找到需要的产品。

（5）产品价格表。产品价格是访问者最希望了解的内容，对于能够明确定价的产品，都应该标明其价格。或者制作一个产品价格表，将产品价格分类标识；或设计一个产品价格搜索条，用户搜索产品时即可看到对应的价格。

（6）网上订单与支付系统。任何一个网络商店都需要有完善的网上订单与支付系统，用户可以通过该系统选购心仪的商品，并通过网络下单和支付，实现足不出户完成购物的目的。

（7）售后服务。网店经营过程中售后服务所占的比重越来越大，对于产品的质量保证条款、售后服务措施以及售后服务联系方式等信息，应该在网店中有明确的指示。这样既能方便客户进行售后操作，还能避免与客户之间因交流不善而造成的摩擦。

（8）联系信息。网店中除了企业的地址、联系电话、传真和电子邮件地址等基本信息外，还要详细地列出客户或业务合作伙伴的相关信息。如果有分支机构，还应留下分支机构的联系方式，方便用户查看的同时也起到宣传的作用。

（9）辅助信息。除了以上信息外，有助于企业宣传、推广的其他辅助信息，如经销商或用户的相关新闻、产品保养知识和产品效果展示等，都可以加入到网站中，不仅可以丰富网店的内容，还能吸引感兴趣的用户来查看。

每个网站的定位与设计风格不同，并不是所有内容都要涉及，企业可根据实际需要选择这些内容，或添加其他必须的功能。

6.2 网络商店的建设

完成网络商店的定位后，即可着手进行网络商店的建设。建设前需要先选择域名与服务器，然后进行网店页面的设计，保证网店功能齐全，最后再进行网站的发布，使其能够在互联网上运行。

扫码看视频：

网络商店的建设

6.2.1 域名与服务器选择

对于自建网站的企业来说，域名与服务器至关重要。一个好的域名能够让用户快速记住并留下深刻印象，而服务器则是连接域名与网站的桥梁，企业要将网站的内容放到网络中让用户访问，就需要先将网站内容放置到服务器空间中，这样用户才能通过域名来访问企业的网站。

1. 域名选择

域名是企业在网络中的标志，是用户对网站的第一印象，因此域名要选择容易让用户记忆和产生信任的名字。域名注册遵循先申请先注册的原则，每一个域名都是独一无二的，因此域名是一种相对有限的资源，若企业心仪的域名已被他人抢占，可通过购买域名的形式获得。

一个好的域名要求与企业和产品贴合，并方便用户记忆，这样才能既给网站带来效益，又便于后期优化。选择域名时，可以从以下 5 个方面考虑。

（1）企业网站域名建议与企业的中文名或英文名结合，以在域名中凸显企业的名称或产品，方便用户通过网址与企业联系。

（2）域名要便于用户输入，不要使用特殊的符号或字母、文字组合，也不要将域名设置得太长，这样不方便用户输入且不容易记忆。建议注册的域名尽量不要超过 5~6 个字符，如果企业有实力，还可购买更短的，以突出品牌的域名。

（3）对于某些地域性很强的企业，可以在域名中添加代表地区的内容，如很多中文企业网站，就将地区的第一个字母或区号添加到域名的开始字符处，以表示地区特点。

（4）若选择直接购买域名，要注意域名服务商是否可靠。建议选择正规的公司进行购买，这样才能保证域名过户、续费或其他业务的正常进行，避免带来经济上的损失。

（5）若要给域名添加后缀，建议选择.com。如果没有，建议不要或选择.cn。域名后缀是否需要，需要从网站的主题出发，这样才能保证有益于网站的发展。

目前国内著名的域名注册服务商如表 6-1 所示。

表 6-1　国内著名的域名注册服务商

服务商名称	网站地址	域名代码	机构类型
中国万网	http://www.net.cn	新网	http://www.xinnet.com
西部数码	http://www.west263.com	美橙互联	http://www.cndns.com

2. 服务器选择

网站能够被用户正常访问，除了域名外，还需要服务器空间。合适的服务器对企业网站至关重要。建议从服务器的稳定性、访问速度和功能支持 3 个方面进行考虑。

（1）稳定性：稳定的服务器对于网站来说非常重要，如果用户访问网站时经常打不开或者发生错误，不仅影响了访问者对网站的印象，还会让网站不被搜索引擎所信任，减少搜索引擎对网站页面的收录。因此，选择服务器时不要因为价格便宜而心动，一定要考虑服务器的稳定性与口碑，最好能够试用。

（2）访问速度：使用国内的服务器都要进行网站备案，为了避免这一繁杂的操作，很多站长都选择境外的服务器，但这些境外服务器由于质量不佳，在国内打开的速度很慢，这就严重影响了访问者的用户体验，导致访问者直接关闭网站页面，增加了网站的跳出率。因此，一定要选择速度快的优质服务器，这样才能保证访问者浏览网站页面时不受阻碍。

（3）功能支持：功能支持主要是指服务器的功能全面完善，能够支持 url 静态化、301 跳转、404 页面和服务器日志等。这些功能并不一定要全部有，但选择具有部分或完整功能的可以让网站运行更加稳定。

总的来说，优质的服务器对于网站的影响非常大，需要综合以上因素进行考虑，选择一个适合企业网站运行的服务器。

阅读材料

错信服务商导致网站用户流失

王先生是一家食品企业的负责人，在当前互联网和电子商务的大环境下，为了宣传并扩大店铺的规模，王先生决定开设网上商店。了解了网上开店的诸多事项后，王先生没有选择在淘宝、京东等电商平台中开店，而是想打造一个独具特色的食品网店。为此，王先生专门聘请了设计团队进行网店页面和功能的设计。这时，一家域名和服务器服务商找到王先生，向他推荐自己的服务器，并以低廉的价格出售。王先生十分心动并购买了这款服务器，但当网站发布运行后，却出现了诸多问题，用户纷纷留言反映网页打开速度慢、图片显示不完整等，向服务商咨询也没有办法解决，这些问题导致用户越来越少。

6.2.2　网络商店的购物流程建设

网络商店的购物流程要根据消费者的购物习惯来进行建设，考查大部分的网络商店可发现，网络商店购物主要包括 5 个步骤，如图 6-2 所示。

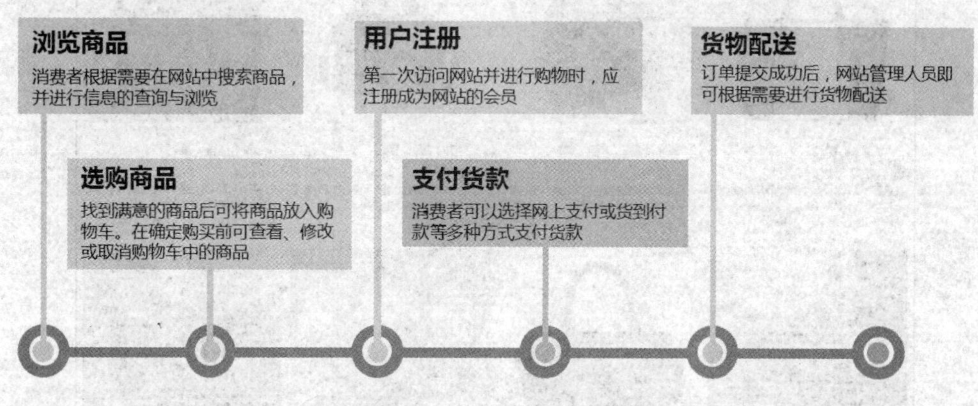

图 6-2　网络商店购物的步骤

根据网络商店的购物步骤，可以得到网络商店购物的主要功能模块，在此基础上进行页面的设计与开发，保证消费者能够按照图 6-3 所示的流程进行购物，即为一个成功的网络商店的购物流程设计。

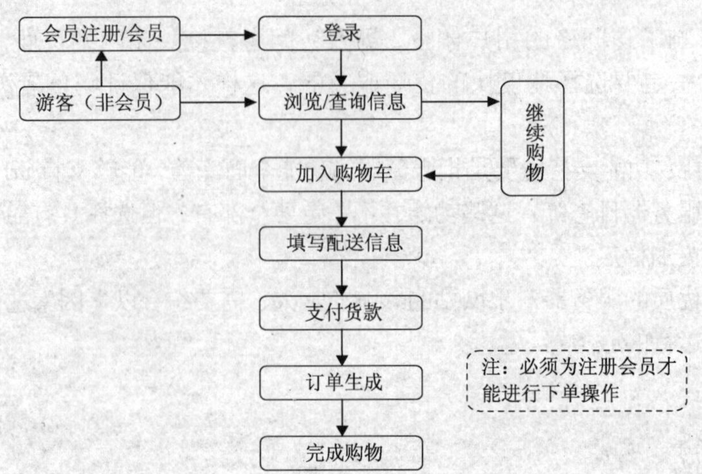

图 6-3　网络商店的购物流程设计

6.2.3　网络商店的商品列表页建设

电子商务中的商品列表页也称为商品聚合页，是为了方便用户购买，为消费者提供更完善的商品种类选择而建设的。商品列表页的内容丰富、信息量大，主要包括商品名称、价格、图片、商品简介和商品比较等内容。因此，建设商品列表页时要求结构清晰、布局合理和内容完整。

不同网店的商品列表页不同，但都是以全方位展示商品并方便用户购买为目的而建设的。目前，国内电商网站的商品列表页有 3 种常见的表现形式，分别是行列排列、瀑布流和特别款突出。

（1）行列排列：行列排列方式适合于种类数量繁多的商品，常以整整齐齐的行列排列方式呈现，方便用户查看，如图 6-4 所示。

图 6-4　行列排列

（2）瀑布流：瀑布流形式在流行、时尚领域的电商中经常使用，常以不规则的行列排列方式呈现，表现一定的设计感，如图 6-5 所示。

（3）特别款突出：特别款突出方式常在一些节日、庆典活动的宣传促销专题页中出现，页面中某个商品会以突出的方式显示，吸引用户的视线，如图 6-6 所示。

图 6-5　瀑布流

图 6-6　特别款突出

关于 3 种表现方式并没有特别的规定，按照企业商品的实际表现需求选择即可。

访问者在商品列表页中看到某一商品后，可能想了解该商品的具体信息，此时，系统还应能够按照顾客的需求显示该商品的详细信息。一般可通过单击商品图片、价格或文字信息等跳转到详细信息页面。详细信息页面的内容主要包括以下 4 个方面。

（1）商品图片：提供大、中和小 3 种商品图片。小图片用于进行商品列表显示；中等图片用于进行商品的放大显示效果；大图片用于进行关键细节的展示。其次，商品图片还应尽量丰富，应提供能够展示商品材质、用途、规格和颜色等角度的图片。

（2）详情说明：对商品的信息进行详细说明，需根据不同商品的特点来提供。如服装商品可提供面料、风格、颜色和尺码等说明。

（3）相关商品链接：是指向消费者推荐与之相关的商品，可以是配套的商品、互补的商品，用于吸引可能感兴趣的消费者。

（4）第三方评价：提供其他顾客的良好购物体验评价、媒体正面评价和报道、权威机构认证等，有助于帮助建立与客户的信任感，促使客户做出购买决策。

6.2.4　网络商店的会员服务建设

会员服务页面主要用于为会员提供服务，是网站建设中的重要内容。该页面应该包括以下 4 项基本功能。

（1）会员注册：应该提供一个注册页面，以供新会员填写个人基本信息。成为会员后才能享受相应的服务。

（2）会员信息修改：若发现信息有误或需要更新，可登录会员服务页面进行修改。

（3）会员特殊服务：与普通用户不同，会员可以享受更加优惠和特殊的服务，如优惠折扣、生日特权和先试后买等。

（4）积分兑换：会员在企业网站中购买商品后应返回一定的积分，这部分积分可用于进行抽奖、抵现等，以激发消费者持续购物的欲望。

关于会员服务页面的内容，企业可以根据实际需要来进行设计，并不一定要与以上所述完全一致。图 6-7 所示为天猫会员服务的页面。

图 6-7　会员服务页面

6.2.5　网络商店的交付结算建设

网络商店必须具备交付结算功能才能使交易正常进行，一般来说，网络商店需要提供在线支付的功能。因此，企业在设计时需要在订单页面中提供付款按钮，通过单击付款按钮跳转到支付页面，在页面中即可选择支付方式。目前的网络商店一般支持第三方交易平台和网上银行两种在线交易方式，企业在进行交付结算设计时，可以随意选择。图 6-8 所示为一部分网上银行，企业可根据需要选择合作的银行，建议尽量多一些，方便用户选择。

图 6-8　网上银行

随着移动互联网的快速发展，移动支付方式也渐渐开始流行，企业在设计时可考虑在付款页面添加移动付款标识，让需要以移动方式付款的用户跳转到移动支付页面。最后，还要注意交付结算的安全性。由于网络交易完全通过互联网进行，系统漏洞、黑客入侵和网络诈骗等都可能导致交付结算出现异常，使企业或消费者利益收到损害，因此要选择安全的方式，并定期检测，保证交易双方的利益。

阅读材料

在“钓鱼网站”支付结算导致资金受损

黄小姐在某企业的网络商店购买了一条项链，一段时间后收到一个自称“店家”的电话，告诉黄小姐因为网站系统的原因，交易失败需要办理退款，同时给了黄小姐客服的QQ号码。黄小姐没有怀疑，添加QQ号并与“客服”沟通，根据“客服”人员提供的退款链接打开了退款页面，按照提示输入银行卡号和密码等信息。没想到黄小姐不仅没收到退款，反而收到了银行卡的扣款通知。

不法分子通过非法渠道获取客户的网购信息，以“退款”或“退货”为由联系客户，客户不小心上当后，在不法分子提供的“钓鱼网站”中办理“退款”或“退货”手续，使其利益受损。企业在网络商店中应明确告知客户，不接受任何第三方的退款退货。要明确提醒客户一切操作皆以官方渠道为准，切勿轻信不明身份的电话、网络聊天工具或其他形式提供的非正规途径的网络链接。切勿轻易泄露自己的身份证件号、银行卡信息、交易密码和动态验证码等重要信息。

6.2.6 网络商店的备案与发布

完成网站的设计制作后，即可将网站发布到互联网中试运营。但发布网站前，还需要进行一个很重要的操作，即网站的备案——ICP 备案。ICP 备案是指网站在信息产业部提交网站信息进行官方认证，一般在主机购买成功后即可开始，备案时间一般为 20 天。

不管任何网站，只要是以营利为目的，都需要进行网站 ICP 备案。对于没有合法备案的非经营性网站或没有取得 ICP 许可证的经营性网站，将根据网站性质予以罚款，严重的关闭网站，以此来规范网络安全，打击一切利用网络资源进行不法活动的犯罪行为。

ICP 备案的流程如图 6-9 所示。

网站备案后，即可将域名与服务器绑定在一起，然后通过网站上传工具将网站内容上传到服务器中，测试网站运行没有问题后，用户即可通过域名访问你的网站。

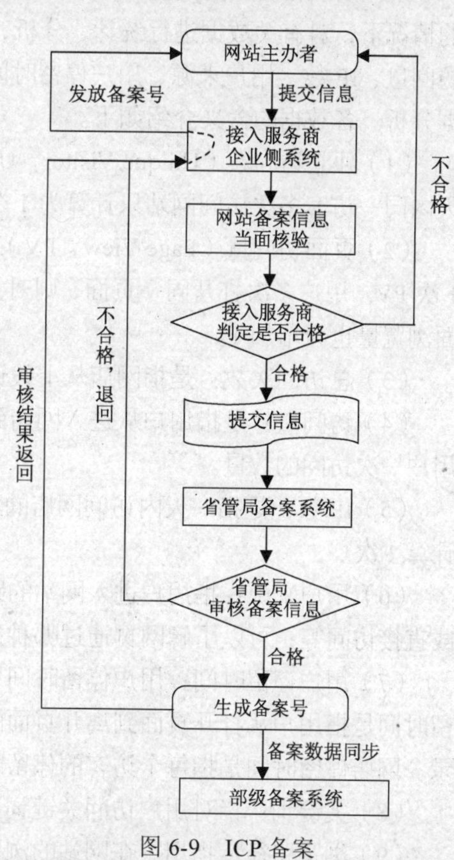

图 6-9 ICP 备案

6.3 网络商店的数据分析

对网络商店进行数据分析可以很好地监测网店运营过程中的情况，对不足的地方加以改进，更好地进行网站经营决策的实施。网络商店数据分析应该尽量采用网络信息技术，以提高数据分析的质量与准确性。下面我们将对网络商店数据分析的相关知识进行介绍。

6.3.1 网店数据分析的概念

网店数据分析是指对已经上线的网络商店进行运营数据和服务器流量数据的统计分析，以对网站的效益、营销策略、访客特性和购买行为等进行评估。

网络商店数据分析需要关注的内容很多，主要包括服务器每天的访问量、不同地区和不同时段访问的变化情况、网店中各个商品页面的点击情况等。根据这些数据统计分析，对网站的页面结构和内容、网店布局和质量进行不断改善，对网站的交易行为进行追踪，并以报告的形式进行展示，直观地揭示网站的运营情况，找到有益于网站运营的规律，使企业获得更多效益。

6.3.2 网店基本流量分析

从网店经营管理的角度来进行定义，网店流量分析就是指在获得网站访问量等基本数据的情况下，对有关数据进行统计、分析，主要包括独立访问数、页面访问量、总访问次数、访问量、IP 数、用户来源、用户停留时间、关键词、浏览路径、着陆页和不同时段流量等数据分析。各数据的含义介绍如下。

（1）独立访问数（Unique Visitor，UV）：独立访问数只对唯一 IP 访问数量进行统计，一天内同一访客多次访问网站只计算为 1 个访客，UV 统计等同于访问网站的用户数量。

（2）页面访问量（Page View，PV）：用户每打开网站上的一个页面就会被统计工具记录 1 次 PV。用户多次打开同一页面，则对页面浏览量值进行累计，就算刷新页面，该页面的页面浏览量也会增加 1。

（3）总访问次数：是指网店从上线运行至今被访问的次数，用于总体评估网店的人气。

（4）访问量：是指用户从进入网店到离开网店的过程中，浏览的页面总数量，用于衡量用户一次访问的数量。

（5）IP 数：是指一天内访问网店的独立 IP 数量。一天内相同 IP 地址的用户访问网店只计算 1 次。

（6）用户来源：指用户进入网站的路径，如来自百度、搜狐等搜索引擎，来自其他网站或直接访问等；可以了解网页通过哪种途径打开的方式更好，以针对用户途径进行优化。

（7）用户停留时间：用户停留时间包括页面停留时间和网店停留时间两个方面。页面停留时间是指用户从打开页面到离开页面的时间间隔，只有在用户点击了下一个页面时才会记录。网店停留时间是指每个访客的停留时间，是指一个会话从开始到结束的时间。

（8）关键词：指对用户访问关键词进行的统计，即用户是通过哪些关键词进入网站的。

（9）浏览路径：指用户在网站的浏览路径，如浏览了什么网页、在某网页停留的时间以及从什么网页离开等。

（10）着陆页：记录用户进入网站的第一个页面，在其中可统计出用户进入数量和比例。

（11）不同时段流量：指在日、周等时间范围内分析不同时段的网站流量变化。

对以上数据进行统计分析，以发现用户访问网站的规律，并将这些规律与网络营销策略等相结合，从而发现目前网络营销活动中可能存在的问题，并为进一步修正或重新制定网络营销策略提供依据。

6.3.3 网店基础运营数据分析

网店运营过程中对流量来源、关键词、访客地区、流量分布、访客退出率、着陆页质量、不同时段的流量变化等数据进行分析，可以帮助网店更好地找到运营方向。

扫码看视频：

网店基础运营数据分析

（1）流量来源：通过分析流量来源，可以帮助经营者了解流量的效果，即哪些流量可以给网店带来更大收益。此外，对不同来源的流量进行单独分析，能够方便经营者对不同推广渠道进行跟踪，并通过跟踪结果选择合适的推广活动。

（2）关键词：通过对不同搜索引擎、不同网站的关键词流量进行分析，可以使经营者了解不同搜索引擎带来的关键词流量情况，为搜索引擎推广方案提供准确的数据参考。

（3）访客地区：了解访客的地区，也有助于运营者做出正确的营销引导，如分析流量高的地区的顾客特征，可以更好地寻找目标客户群，也可对高流量地区的客户提供部分优惠，进一步扩大该地区的市场。同时，在跟踪顾客信息时，还可以对新老顾客进行区分，回访老顾客，维护新顾客，协同会员管理、邮件营销和自媒体营销等方式制定更好的营销策略，从而达到更好的营销效果。

（4）流量分布：分析网站中不同网页的流量情况，帮助经营者了解店铺中的热门页面，并将此作为店铺打造爆款、打造畅销品的依据之一，从而更精准地将营销费用用在合适的产品推广中。

（5）访客退出率：分析访客退出率，即对顾客离开原因进行分析。根据顾客退出率和退出页面的数据对比，了解店铺产品的劣势，以便进行修正。

（6）着陆页质量：分析着陆页质量即是对着陆页商品销售情况进行分析，着陆页效果的好坏不仅是推广效果好坏的一种体现，也是商品转化率高低的一种展示。

（7）不同时段的流量变化：对不同时段的流量和销售情况进行监测和分析，可以帮助经营者了解网店销售的活跃期，从而更合理地安排商品的上下架时间，合理地安排运营人员的工作时间，提高网店的工作效率。

6.3.4 网店重点数据分析指标

扫码看视频：

网店重点数据分析指标

除了上面介绍的一些数据分析指标外，网店经营过程中，还需要对退出率、跳出率、转化率和购物车等重点数据进行分析。这些数据从不同的侧面反映了商品的各种问题，下面我们分别对其进行介绍。

（1）退出率：退出率是指从该页面离开网站的次数占该网页总浏览次

数的比例，是对直接从该网页离开网站的流量数据进行的分析。退出率是一项综合衡量用户离开网站行为的重要指标，对于网上店铺而言，退出率高的网页则是存在问题的网页，需要重点关注，分析用户可能退出的原因。

（2）跳出率：跳出率是指当网站页面展开后，用户仅浏览了该页面就离开网站的比例，跳出率高对网店而言非常不利，需要及时找到跳出原因。影响网店跳出率的因素有很多，如目标顾客群定位不准确、访问页面内容不吸引顾客、页面访问存在问题、广告与访问页不符等都可能导致跳出率偏高。

（3）转化率：转化率指在店铺产生购买行为的人数与到店人数的比率，转化率直接体现为营销效果。转化率的分析需要结合多个渠道的因素，如结合商品页面进行分析时，适合观察热门商品、热门品牌和商品分类等转化效果，并针对低转化率的页面进行合理、完善的调整；当结合入口页面分析时，适合观察着陆页对网店销售的影响力，并可根据其数据评估相关促销活动的实际效果。

（4）购物车：购物车收藏量也是反映商品情况的重要指标，购物车不仅可以反映买家选购商品的动向，还可以侧面体现商品的受欢迎程度。同时，将购物车信息与产品页面分析结合起来，还可以判断产品的转化情况，如购物车指标高，但是最终的实际转化率偏低，说明产品在价格和产品描述等方面可能存在问题，需要对描述页或价格进行优化。

6.3.5 网店数据分析的技术

网店数据统计分析需要一定的技术才能实现，常用的技术有数据仓库技术、数据挖掘技术和商业智能等。

1. 数据仓库技术

传统的数据分析以单一的数据资源，即数据库为中心进行事务的处理、批处理和决策分析等数据处理工作。主要用于进行基本的、日常的事务处理，而随着企业业务指数的增长，数据量慢慢累积，到一定程度后，只靠单一的数据库无法实现更加精细、多样化的数据分析的处理要求，这种情况下，数据仓库运应而生。

数据仓库是一个一个面向主题的（Subject Oriented）、集成的（Integrate）、相对稳定的（Non-Volatile）、反映历史变化（Time Variant）的数据集合，用于支持经营管理决策，并提供直观易懂的查询结果。与传统数据库面向应用不同，数据仓库中的数据面向主题，主题是数据归类的标准，每一个主题对应一个宏观的分析领域，是在较高层次上将企业信息系统中的数据进行综合、归纳和分析利用的抽象概念，如顾客、产品、订单、财务或其他某项事务或活动就是一个分析领域，即主题。数据仓库的集成性是指在数据进入数据仓库前，必须将所需数据从原来的数据中抽取出来，经历数据加工和集成、统一和综合。数据仓库的稳定性是指数据仓库反映的历史数据的内容，不是日常事务处理产生的数据，数据经加工和集成进入数据仓库后是极少或根本不修改的。数据仓库反映历史变化是指数据仓库是不同时间的数据集合，它要求数据仓库中的数据保存时限能够满足进行决策分析的需要，且数据仓库中的数据都要标明该数据的历史时期。

数据仓库是一个过程，是数据库技术的一种新的应用，企业在进行数据仓库的建设时，应该以现有企业业务系统和大量业务数据为基础。数据仓库的任务是将信息加以整理归纳和重组，以及时提供给相关的管理决策人员，建设数据仓库的步骤如下。

（1）收集和分析业务需求。

（2）建立数据模型和数据仓库的物理设计。

（3）定义数据源。

（4）选择数据仓库技术和平台。

（5）从操作型数据库中抽取、净化和转换数据到数据仓库。

（6）选择访问和报表工具。

（7）选择数据库连接软件。

（8）选择数据分析和数据展示软件。

（9）更新数据仓库。

提个醒

常用的数据库主要有 MySQL、Oracle 和 SQLServer。常用的数据仓库主要有 AWS Redshift、Greenplum 和 Hive 等。

2. 数据挖掘技术

数据挖掘就是从海量的数据中通过采用自动或半自动的建模算法，寻找隐藏在数据中的，事先未知的，但又是潜在有用的信息和知识的过程，如趋势（Trend）、模式（Pattern）及相关性（Relationship）等。

数据挖掘可以看作是一类深层次的数据分析方法，主要用于对商业数据库中的大量数据进行抽取、转换、分析和其他模型化处理，以帮助企业进行商业决策。常用的数据挖掘技术主要包括：决策树、神经网络、回归分析、粗集、遗传算法和模糊集等几种。从数据本身的角度考虑，数据挖掘需要信息收集、数据集成、数据规约、数据清理、数据变换、数据挖掘过程、模式评估和知识表示 8 个步骤。

（1）信息收集。根据确定的数据分析对象得出需要的特征信息，然后选择合适的信息收集方法将这些信息存入数据库。

（2）数据集成。把不同来源、格式和特点性质的数据在逻辑上或物理上有机地集中，从而为企业提供全面的数据共享。

（3）数据规约。由于商业运营数据量非常巨大，因此需要采用数据规约技术对得到的数据集进行规约表示。规约后的数据集的数据量要小得多，但仍然接近于保持原数据的完整性，并且规约后执行数据挖掘结果与规约前执行结果相同或几乎相同。

（4）数据清理。数据库中有一些不完整的、不一致的数据，对这些数据进行清理，将完整、正确、一致的数据信息存入数据仓库中。

（5）数据变换。通过各种方法（如平滑聚集、数据概化和规范化等）将数据转换成适用于数据挖掘的形式。

（6）数据挖掘过程。根据数据仓库中的数据信息，选择合适的分析工具，应用统计方法、事例推理、决策树、规则推理、模糊集、神经网络和遗传算法等方法处理信息，得出有用的分析信息。

（7）模式评估。从商业角度，由行业专家来验证数据挖掘结果的正确性。

（8）知识表示。将数据挖掘所得到的分析信息以可视化的方式呈现给用户，或作为新的知识存放在知识库中，供其他应用程序使用。

数据挖掘是一个不断反复循环的过程，其中的任意一个步骤没有达到预期目标，都会使操作过程返回前面的步骤，经重新调整后再进行执行。

提个醒

不是每项数据挖掘工作都需要以上所有步骤，根据实际需要选取即可。如当不存在多个数据源时，数据集成的步骤便可省略。

3. 商业智能

商业智能是对商业信息进行收集、管理和分析的过程，以使企业各级决策者获得知识或洞察力，做出对企业更有益的决策。其基本体系结构包括数据仓库、联机分析处理和数据挖掘等技术。其中，联机分析处理是使分析人员、管理人员或执行人员能够从多个角度对从原始数据中转化出来的、能够真正为用户所理解的、并真实反映企业多维特性的信息进行快速、一致和交互的存取，从而获得对数据的更深入了解的一类软件技术。其目的是满足决策支持或多维环境下的查询和报表需求，是一种多维数据分析工具的集合。

商业智能常被理解成是一种解决方案，其操作流程是：从企业现有的数据中提取出有用的数据并进行清理，以保证数据的正确性，然后经过抽取、转换和装载，将其合并到企业级的数据仓库中，在此基础上通过查询和分析工具、数据挖掘工具等进行分析处理，将数据转化成便于识别的知识，为企业管理者提供决策支持。这个过程中所涉及的数据，既包括来自企业业务系统的订单、库存、交易账目、客户和供应商，也包括企业所处行业和竞争对手的数据，以及其他外部环境中的各种数据。

6.4 网店代运营

网络商店建设成功后，企业即可进行网店的运营与管理，但对于很多传统企业或中小企业来说，由于技术、人员、经验等的不足，可能在网店运营过程中存在一定的问题。此时，网店代运营应运而生，下面我们将对网店代运营的相关知识进行介绍。

6.4.1 代运营的概念

代运营是在企业对电子商务的需求上衍生出来的一种商业服务，帮助企业以更专业的手段来进行网店的管理与运营，提高工作效率、降低成本，满足企业对拓展电子商务战略的需求。

电子商务代运营的概念是传统品牌企业以合同的方式委托专业电子商务服务商为企业提供部分或全部的电子商务运营服务或网络营销服务。其内容主要包括电子商务战略咨询、电子商务渠道规划、电子商务平台设计与建设、电子商务网站推广、电子商务营销策划、数据分析、客户关系管理、商品管理等在内的电子商务运营托管、企业网络营销策划等方面。

6.4.2 代运营的模式

网店代运营主要是帮助一些希望开展电子商务业务的企业进行网店营销，对于企业来说，寻找到一种合适的代运营模式，是网站运营的关键。目前，网店代运营的模式主要有以下 4 种。

1. 加盟收费合作模式

加盟收费合作模式需要加盟商交纳一笔加盟费，这样就可以享受代运营公司提供的网店装修、推广、货源和售后等一些列服务。这种模式一般会按照加盟价格和企业对业务的需求，对企业进行级别划分，不同的级别享受的服务不同。一般来说，加盟费越多，能够享受到的利益越多。

2. 免费代运营模式

免费代运营模式不需要企业交纳加盟费，代运营公司通过商家销售额的提成来获取收益。这种模式因为不需要任何费用，吸引了大量的商家，但一般代运营服务商的提成偏高，商家能够获得的利润往往较少，一般持续合作的时间都较短。

3. 免费试运营，收取保证金

这种模式允诺先免费试运营，再收取低额保证金，但往往代运营服务商前期只提供简单的服务，待有一定成效，收取服务费后，便将重心转移到开发其他客户身上，使企业的最终效益无法得到保障。因此，这种模式实际上是一种带有模糊商家“视线”的模式，建议尽量不要采用。

4. 基础服务费和销售额提成模式

基础服务费是前期用于专业运营团队组建、店铺装修、品牌策划和推广活动等的业务的费用，企业通过支付一定的费用维持运营团队的正常运转，保证网店的良好经营运作，从而达到提升销售额的目的。然后代运营服务商从中抽取销售提成，以达成合作共赢的模式。

6.4.3 代运营的服务流程

了解网店代运营的服务流程，可以使企业更好地进行网店代运营的工作。其服务流程如下。

（1）确定合作意向。企业与代运营服务商商讨，了解彼此的情况，达成合作意向。

（2）品牌商品调研。对企业的商品进行精准调研，明确品牌特色，找准品牌定位。

（3）确定营运方案。根据确定的品牌定位来逐步确定营运方案。

（4）网店建设或入驻申请。建立独立的电子商务网站或在淘宝、天猫商城和京东等大型电子商务平台中申请开店。

（5）网店装修与产品设计。根据品牌和产品定位确定网店的风格，并进行装修与产品设计。

（6）产品销售。产品上架，并制定产品销售的模式。

（7）客服营销售后处理。随着产品的销售成功，客服和售后处理服务应运而生。

（8）活动策划与营销推广。进行产品与活动的策划与推广，促进网店产品的销售，树立产品品牌，并吸引更多的忠实顾客。

（9）数据报表的提报。网店经营一段时间后，会形成相应的订单数据。对数据进行统计与报告。

（10）财务结算。以月为单位进行进账、出账结算，分析企业盈利情况。

6.4.4 代运营服务商的选择

代运营服务商对企业代运营的效果有着直观的影响，企业必须确定自身情况适合开展电子商务业务，并选择合适的代运营服务商才能正常开展电子商务业务。其实，企业可以将代运营服务商看作一种商品，以挑选商品的眼光来进行选择，坚持货比三家，通过对不同的服务商进行考察、对比，确定最终的合作对象。一般情况下，我们可从以下几个方面进行考察。

1. 代运营服务商的发展背景

代运营服务商的发展背景主要从发展经历、从业背景、企业文化和服务理念等方面来进行考量。这些内容决定了代运营服务商的基本条件，尤其要关注与企业产品层次、市场占有状况、固有营销模式的结合情况，考查服务商是否具有建立企业网络品牌体系的能力，是否具有良好的理解能力、服务能力和整合能力。

2. 代运营服务商的规模

服务商要具备代运营的资格，应该有最基本的技术条件、专业技术水平和能力，如企业网站建设、设备配置、技术管理、营销渠道和品牌建设等能力。这就要求代运营服务商要有一定的规模，一般来说，规模较大的服务商的专业技术更强，管理、技术等更加规范，选择这种服务商一般能够享有较好的服务。因此，建议企业选择具有一定发展历史、专业技术过硬、员工队伍团结的代运营服务商。

3. 代运营服务商的整合能力

整合能力是指代运营服务商对电子商务业务的驾驭能力。除了一般的电子商务基本建设和管理能力外，还要求对企业的业务渠道、营销市场进行整合，以实现企业网络品牌的推广，并具备较强的线上、线下业务的协调能力。建议企业在选择代运营服务商时，着重考察其业绩，查看是否有典型的案例。

4. 代运营服务商的信誉度

信誉度决定了代运营服务商的服务质量、服务水平和综合实力的强弱。一般来说，得到客户或同行好评的企业其信誉度较高，具备基本的为服务对象着想和服务的精神，其诚信度也较高。因此，企业在选择代运营服务商时，要对企业的资质、信誉度进行考察，了解其与现有合作对象的和谐程度，是否能够形成友好、协调的合作关系，是否能够信守承诺，为企业运营和服务尽心尽力。

6.4.5 代运营的风险控制

并不是所有的代运营都能使企业获益，代运营服务商服务质量、运营手段的不同，都会导致运营结果的不同。因此，代运营是一项具有风险的活动，企业要降低代运营的风险，可以从以下 3 个方面进行控制。

1. 建立有效的管理机制

企业管理制度是进行企业管理的依据和基础,特别是进行电子商务代运营业务的管理时,更要保证执行过程的有效性,以保证企业的基本利益。对电子商务代运营来说,我们可以从下面两个方面来加以推进。

（1）成立专门的电子商务管理部门,全程监督控制电子商务代运营的实施进度和过程,包括代运营的战略、业务确定、服务商的选择、运营过程和运行效果评估等。从代运营的第一步开始跟踪,进行实时全程风险控制。电子商务管理部门组成应包含高层管理人员、电子商务专业人员和法律专家等。

（2）制定对应的电子商务代运营的管理制度,对代运营的全过程、双方各类活动的程序和责任进行规范,并确保能够执行。

2. 加强与服务商的合作关系管理

电子商务代运营是一个双向的过程,需要企业与代运营服务商保持良好的合作关系,以减少外包的风险。

（1）企业应充分考虑外包商的利益,树立双赢的合作理念。并积极支持服务商的工作,提供必要的帮助。

（2）企业应充分信任自己选择的代运营服务商,给予服务商完整的权限,建立互相信任的合作关系。

（3）企业应该保持与代运营服务商的充分沟通,建立高效的信息沟通渠道,防止因沟通不顺畅而造成工作失误。

3. 建立合理的激励机制

为了保证代运营业务的顺利开展、服务商积极向上的工作态度,使网络商店获得良性的可持续发展,可对代运营服务商进行必要的激励。企业可以建立代运营服务商的绩效评价机制与监督机制,在此基础上,根据企业的运营情况和服务商的业绩来实施一系列合理的激励机制。如根据服务商的业绩效果给予相应的报酬奖励、长期合作等,鼓励外包商保持热情、提升工作绩效。

6.5 案例分析——苏宁易购网上商城

苏宁创办于 1990 年 12 月 26 日,发展至今其经营商品涵盖传统家电、消费电子、百货、日用品、图书和虚拟产品等综合品类,线下实体门店 1 600 多家,线上网络商城——苏宁易购位居国内 B2C 前三,是典型的传统企业实现线上、线下的融合发展的案例。

基于苏宁长期以来积累的丰富的零售、采购、物流和售后服务等经验,苏宁与电子商务行业的领先合作伙伴 IBM 公司合作开发了自己的新型 B2C 网上购物平台——苏宁易购。网上商城的建立可以很好地将苏宁实体经济与虚拟经济结合起来,进一步扩大苏宁的市场规模和用户群体,最大限度地赢取 B2C 市场的收益,并计划自成立起 3 年之内占据中国家电网购市场超过 20% 的份额，成为中国最大的 3C 家电 B2C 网站。

为了达成既定的战略目标，苏宁易购在建站之初就组建了 1 000 人的专业 B2C 运营团队，形成了以自主采购、独立销售和共享物流服务为特点的运营机制。同时，苏宁易购调整了以往的战略定位，形成以商品销售和消费者服务为主的理念，同步实体店面与网络商城，为消费者提供全面的服务和良好的互动，如产品资讯、服务状态查询。不仅如此，苏宁易购还成立了专门的新产品实验基地，用于研究消费者的购物习惯、喜好，将结果实时反馈给供应商，提升整个供应链的柔性生产、大规模定制能力。

其实，苏宁早在 1999 年就开始了对电子商务的研究，并于 2004 年开始尝试嫁接门户网站，以进行企业和产品的宣传。2005 年苏宁组建了自己的 B2C 电子商务部门，苏宁网上商城一期面世，销售区域仅限南京。之后，随着市场、用户需求的变化，不断调整并完善网站结构，相继以苏宁网上商城二期、三期的形式出现。2009 年苏宁电器网上商城全新改版升级并更名为苏宁易购，重新对当前的网络购物特点进行分析，调整网站的页面风格、结构，进行页面的重新设计与功能完善，如采购、物流、商品清单、购物流程、支付手段和配送售后等方面。同时，还进行了产品品类的扩充，优化产品结构，在原有家电产品的基础上，新增了家居用品和办公用品，致力于为用户提供轻松、愉悦的购物体验。2009 年 8 月 18 日苏宁易购开始试运营，2010 年 2 月 1 日苏宁易购正式对外发布上线。图 6-10 所示为苏宁易购目前的网站界面。

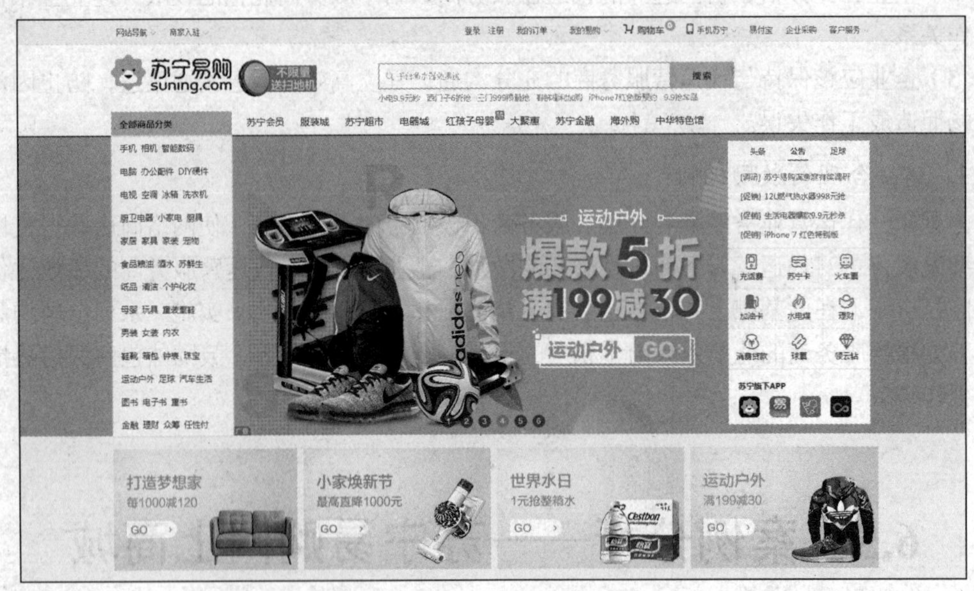

图 6-10　苏宁易购首页

从图 6-10 中可以看出，苏宁易购网站的商品种类非常丰富，且拥有完整的电子商务网站系统，即支持个人消费者在网站中进行购物，也为其他没有能力自己建立网上商店的商家提供了一个平台，使其能够入驻苏宁易购，在苏宁易购中开设自己网络商店。

根据上述材料分析以下问题。

苏宁易购网站建设经历了哪些阶段？

苏宁易购有哪些优势？与单纯的网上商店有什么区别？

实践训练

为了更好地理解网络商店的概念，并掌握相关的基础知识，下面我们将通过一系列实践训练来进行练习。

【实训目标】

（1）了解网络商店的基本内容组成。

（2）了解网络商店的功能组成。

（3）了解网店数据分析的工具。

【实训内容】

（1）查看主流的几个电子商务平台，如淘宝、京东、天猫和当当等，观察其内容组成。

（2）浏览网站中的页面，体验网站的购物功能、支付功能和客户服务功能。

（3）选择一个电子商务平台进行开店操作，并进行店铺的装修设计。

（4）选择一种方式来宣传推广店铺，扩大店铺的知名度。

【实训要求】

（1）观察网站内容组成，在体验其功能后，以文档的形式对所体验的电子商务平台进行总结，分析其运营的流程，有什么优缺点。

（2）开设网店前，先了解各个平台的开店规则，并准备好相应的资料。

（3）推广店铺时建议制定一个完整的方案，并以书面的形式呈现。

课后习题

1. 名词解释

（1）UV　（2）PV　（3）转化率　（4）数据挖掘技术

2. 单项选择题

（1）下面对于企业域名命名的说法，错误的是（　　）。

A. 域名最好与企业的名字联系起来，以突出企业的名称或产品

B. 域名对字符没有要求，可以选择任何自己喜欢的内容进行组合

C. 域名的长度要适中，尽量不超过 5~6 个字符

D. 对于某些地域性很强的企业，可以在域名中添加代表地区的内容

（2）下面对网络商店的建设，有关说法错误的是（　　）。

A. 建设网络商店必须要具备域名与服务器

B. 商品列表页的内容只要丰富就行了

C. 会员服务建设要保证会员的基本利益

D. 网络商店中的支付结算可以是网上银行，也可以是第三方支付工具

（3）独立访问数只对唯一 IP 访问数量进行统计，其英文表示为（　　）。

A. UV　　B. PV　　C. TV　　D. NV

（4）（　　）是顾客退出率和退出页面的数据对比。

A. 跳出率　　B. 访问率　　C. 访客退出率　　D. 重复率

（5）下面关于代运营的说法正确的是（　　）。

A. 代运营负责网店的一切事务

B. 代运营服务商的规模比实力更重要

C. 选择代运营服务商时应对服务商的发展背景、整合能力、信誉度等进行综合考察

D. 代运营具有一定的风险，企业可以通过宏观调控来避免

3. 多项选择题

（1）选择服务器空间时，要从以下哪几个方面进行考虑（　　）。

A. 稳定性　　B. 访问速度　　C. 功能支持　　D. 价格

（2）网络商店的市场定位主要从以下哪些方面进行分析（　　）。

A. 市场行情　　B. 网店商品　　C. 用户群体　　D. 竞争对手

（3）下面关于网店数据的分析说法正确的是（　　）。

A. 用户每打开网站上的一个页面就会被统计工具记录 1 次页面访问量。当多次打开同一页面时其值不会累计，仍然统计为 1 次

B. 一天内相同的 IP 访问网店只计算 1 次

C. 页面停留时间是指用户从打开页面到离开页面的时间间隔，只有在用户点击了下一个页面时才会记录

D. 着陆页用于记录用户进入网站的第一个页面，在其中可统计出用户进入数量和比例

（4）网店数据分析的技术主要包括以下哪几项（　　）。

A. 数据仓库技术　　B. 数据挖掘技术

C. 商业智能　　D. 数据存储技术

（5）选择代运营服务商时应该从下面哪些因素进行考虑（　　）。

A. 发展背景　　B. 业务规模　　C. 整合能力　　D. 信誉度

4. 思考题

（1）企业建立网络商店前需要做哪些准备工作？

（2）试对网络商店的购物流程设计进行简述，并画出其流程图。

（3）企业通过哪些方法可以有效地控制代运营的风险？

5. 技能实训题

（1）进入华为或三星主页面，观察其网店的基本内容。

（2）在淘宝网上注册账号并开设一家网店。

（3）对网店进行装修与设计，并进行商品的发布。

第 7 章 电子商务物流配送

【学习目标】

- 了解电子商务环境下的物流相关知识。
- 掌握电子商务物流配送的特点和作业流程。
- 了解商品退货处理的相关知识。

引导案例

京东是中国最大的自营式电商企业，为了更好地为消费者服务，保证货品能够快速、完整地到达消费者手中，京东早在 2009 年就着手创建了自己的物流配送体系。最开始只在天津、苏州、杭州、南京、深圳、宁波、无锡和济南等 23 座重点城市建立了城市配送站，发展到现在，已经在华北、华东、华南建立了三大物流中心，覆盖了全国的各个主要城市。并且，为了满足不同消费者的送货需求，京东还提供了不同的模式供消费者选择，主要包括以下 4 种模式。

（1）限时达。消费者当日上午 11:00 前提交的现货订单（部分城市上午 10 点前），以订单出库完成拣货时间点开始计算，当日送达；晚上 11:00 前提交的现货订单（以订单出库后完成拣货时间点开始计算），次日 15:00 前送达。

（2）次日达。在一定时间点之前提交的现货订单（以订单出库后完成拣货的时间点开始计算），将于次日送达。

（3）极速达。对于部分需要急速物流服务的消费者，可以在成功提交订单时勾选“极速达”服务，京东会在服务时间内，2 小时将商品送至消费者所留地址。该服务目前仅支持北京、上海、广州、成都等部分城市。

（4）夜间配。消费者下单时若选择“19:00～22:00”时段配送，则属于“夜间配”服务范围。此时，商品会在消费者选定当日晚上 19:00～22:00 送货上门。该服务目前仅支持北京、上海、广州、成都、武汉和沈阳 6 个城市。

京东的物流配送体系从根本上解决了企业物流的货权问题，加强了对供应链各个环境的有效控制，使物流与资金流、信息流联系得更加紧密，大大提高了企业的工作效率。

除了自建物流体系外，京东还与第三方物流公司合作，对于某些大件商品或入驻商家均可选择以这种方式进行物流配送。京东商城多样化的物流配送模式几乎能够满足消费者的所有需要，因此备受好评。本章就将对电子商务物流配送的相关知识进行介绍，帮助读者了解现代物流的实现方式与退换货处理的相关知识。

【本章要点】

现代物流的特点　　物流的实现模式　　退换货处理

7.1　电子商务与物流概述

电子商务的任何一笔完整交易都包含信息流、商流、资金流和物流。物流作为电子商务不可缺少的重要一环，主要指物质实体（商品或服务）的流动过程，如商品的储存、保管、运输、配送和信息管理等活动。

7.1.1　物流概述

人类社会开始进行经济活动的初期就已经存在物质实体的物理运动，这就是最早的物流的雏形。然而，物流形成系统的认识与研究大概在 20 世纪 30 年代。物流起源于美国，原意为“实物分配”或“货物配送”，后经日本引入并加以研究和不断创新。随着人们对物流实践的深化和理论的不断研究，物流（Logistics）出现了不同层面和角度的概念，主要包括以下 4 种解释。

（1）物流是指为了满足客户的需求，以最低的成本，通过运输、保管和配送等方式，实现物品（包括原材料、半成品、成品、服务或信息）由产地到消费地的计划、实施和管理的全过程。它主要包括物体的运输、仓储、包装、搬运装卸、流通加工、配送以及相关的物流信息等环节。

（2）中国 2001 年颁布的国家标准《物流术语》对物流的定义为：物流是物品从供应地到接收地的实体流动过程，根据实际需要，将运输、储存、装卸、搬运、包装、流通加工、配送、回收和信息处理等基本功能实现有机结合。

（3）物流中的“物”是指一切拥有经济意义的物质实体，如物资、货物和商品等。“流”是一种物理性运动，其范围可以是同一地域、同一环境中的微观运动，也可以是地理性的大范围。“物”和“流”的组合即为物流，即物品从供应地向接收地的实体运动。

（4）现代物流是以满足消费者的需求为目标，把制造、运输和销售等市场情况统一起来考虑的一种战略措施。

7.1.2　电子商务与物流

据国家发展改革委、中国物流与采购联合会统计，2016 年，全国社会物流总额 229.7 万亿元，按可比价格计算，比 2015 年增长 6.1%，增速比 2015 年提高 0.3 个百分点。2016 年物流业总收入 7.9 万亿元，比 2015 年增长 4.6%，全年社会物流总额呈现稳中有升的发展态势。其中由电子商务驱动的快递物流占据了总量的 60% 以上。电子商务推动了中国物流的快速发展，也对物流在配送速度、质量和服务等方面提出了更高的要求。物流作为电子商务的重要环节，在电子商务发展之初曾因其跟不上电子商务的发展速度，使电子商务所具有的优势难以得到有效的发挥。

同时，物流也为电子商务的成功进行提供了基本的保障，使实体商品能够通过运输、配送等物流环节，完成从卖方到买方的转换。因此，可以说电子商务交易必须倚靠物流才能完成。其次，由于物流具有面对客户的特点，物流服务的好坏直接影响着客户的消费体验，在很大程度上决定了消费者的忠诚度。

7.1.3 电子商务环境下物流的特点

电子商务的快速发展，给全球物流带来了新的发展，也使物流具备了一些新的特点，主要包括信息化、自动化、网络化、智能化和柔性化等。

1. 物流信息化

电子商务环境下，物流信息化是一种必然的结果。无论是供应链管理的上游还是下游，都需要进行频繁的信息交换，而通过网络进行信息的传递，可以有效地实现对物流的实时控制，保证供应链各环节的正常运行。常用的物流信息化技术有条形码技术、数据库技术、电子订货系统、电子数据交换、企业资源计划和客户反映等。

2. 物流自动化

物流自动化是基于物流信息化的基础而实现的物流作业过程的设备和设施的自动化，如自动识别系统、自动检测系统、自动存取系统和自动跟踪系统等。物流自动化在物流管理的各个层次中都发挥着重要的作用，并且在电子商务的带动下有了快速的发展，国内外很多大型企业都装备了物流自动化生产线，以适应电子商务时代物流的需求，提高企业的物流运作能力，如海尔集团、新华书店等。

3. 物流网络化

电子商务环境下信息能够通过网络进行传递，这就使原本费时、费力的物流信息传递能够以低廉的成本进行即时传递，促进了物流信息管理系统与网络系统的重合，并最终被网络系统所取代。物流网络化就是指物流信息管理的网络化，主要包括两层含义：一是物流配送中心与供应商或制造商之间的通信联系网络化；二是物品配送中心与下游客户之间的信息联系网络化。由于网络化的组织结构，整个网络结构中的各个组织成员都能实现信息资源的共享。

4. 物流智能化

物流智能化是物流自动化、信息化的一种高层次应用。它是指物流系统具有推理判断和自行解决物流中某些问题的能力。物流智能化主要包括物流运筹和决策、确定库存的水平、选择运输路线、自动导向运动轨迹和自动运行分拣机等。要实现物流的智能化，需要结合人工智能与计算机系统，通过智能计算机系统，使物流信息能够即时甚至提前于物流过程在相关环节中传递，使物流信息管理系统能够收集到足够的信息，并提前预测模拟出最佳的选择方案，使物流各环节变得相对自动化和精确，更加智能地解决物流过程中遇到的各种问题。

5. 物流柔性化

物流柔性化原本是在“以顾客为中心”的理念上提出的，这是快速适应市场的一种应对方法，如柔性自动化、柔性制造系统。但要真正实现物流的柔性化，需要根据消费者需求的变化来灵活调节生产工艺，这就需要相应的柔性化的物流配套系统。其实，在 20 世纪 90 年代，国际生产领域就提出了柔性化的理念，如弹性制造系统、计算机集成制造系统、制造资源规划、企业资源计划和供应链管理等。其实质就是将生产与流通融合，根据需求端的需求组织生产，安排物流活动。因此，物流柔性化就是为了适应生产、流通与消费的需求而发展起来的一种新型物流模式。

7.1.4 电子商务环境下物流的实现模式

不同的电子商务用户，可根据自身的条件选择不同的物流方式。总体来说，目前物流的模式主要有两种：一是企业自营物流；二是第三方物流。

1. 企业自营物流

企业自营物流是指进行电子商务的公司或企业，拥有全资或控股的物流公司，负责完成本企业的物流配送业务。企业自营物流，其主要经济来源不在于物流，而是有能力自身承担物流业务并且从中获利。 随着电子商务的发展，物流显得越发重要，一些大型的电子商务平台为了使用户有更好的购物体验，保证产品的物流配送时间以及保证配送品质，纷纷建立自己的物流系统，如当当、京东、唯品会和海尔等都是自营物流。

但是自营物流并不适合小型的电子商务公司，这是自营物流模式本身需要的条件所决定的。企业自营物流有如下弊端。

（1）投资成本大：需要自建物流系统，包括物流固定设施的建设、物流场地的选择等，随之而来会有一系列开销。

（2）分散企业主业：需要很大一部分员工来做物流操作，把资金投入物流操作中，不利于企业集中做主业。

（3）不利于企业的柔性：企业有一整套自己的物流设施及物流技术，有可能造成资源闲置而又不能满足需求。

2. 第三方物流

第三方物流又称外协物流或合同物流，是发货人与收货人之外的第三方从事物流服务的企业。第三方物流是相对于自营物流而言的，其前身一般是运输业、仓储业等从事物流及相关活动的企业。现在第三方物流公司一般有两类：一是邮政、铁路和航空为主体的国有企业发展而来的公司；二是由民营小型速递公司、仓储公司发展而成的。作为第三方物流，它拥有自己的特点。

（1）提供合同导向的一系列服务：第三方物流有别于传统的外协公司，外协分司只限于一项或一系列分散的物流功能，如运输公司提供运输服务、仓储公司提供仓储服务。第三方物流则根据合同条款规定的要求，提供多功能、全方位的物流服务。

（2）建立在现代电子信息技术基础上：第三方物流采用现代化信息技术管理，提高了仓库管理、装卸运输、采购、订货、配送发运、订单处理的自动化水平，使订货、包装、保管、运输、流通加工实现一体化；同时由于计算机软件技术的飞速发展，使混杂在其他业务中的物流活动的成本能被精确计算出来，还能有效管理物流渠道中的商流，这就使企业有可能把原来在内部完成的作业交由物流公司运作。

（3）企业之间是联盟关系：依靠现代电子信息技术的支撑，第三方物流的企业之间共享信息，达到比单独从事物流活动时取得更好的效果。从物流服务提供者的收费原则来看，平行的第三方物流企业之间是共担风险、共享收益；再者，企业之间可以相互更换交易对象，在行为上，各自不完全采取导致自身利益最大化的行为，也不完全采取导致共同利益最大化的行为，只是在物流方面通过契约结成优势相当、风险共担、要素双向或多向流动的中间组织。因此，企业之间是物流联盟关系。

7.2 电子商务环境下的物流配送

电子商务环境下的物流配送可以简单地用电子商务配送来表示，就是以信息化、现代化和社会化的方式来进行物流的配送。电子商务配送是指在进行电子商务活动时，物流配送企业通过计算机、互联网以及相关的物流系统，按用户的要求进行商品的分类、编配、整理、分工和配货等工作，然后将商品交给指定用户。

7.2.1 电子商务下的物流配送服务的特点

电子商务环境下的物流配送服务是整个物流产业发展的关键，不仅可以有效地降低企业成本，还能使客户的需求尽可能被满足。一般来说，电子商务环境下的物流配送服务具有以下 3 个特点。

（1）面向顾客：不管是向供货商取货，还是向消费者送货，物流配送服务需要与顾客直接接触。

（2）提供服务与消费的同时性：物流配送服务可以看作是一种即时服务，提供服务与享受这种服务同时进行，但受限于外界环境的影响，具有较大的变数和不可预见性，需要及时反馈客户的满意程度。

（3）复杂性：物流配送服务涉及供应商、物流中心、快递和客户等不同的对象，容易受到这些因素的影响和制约，协调和管理的难度较大，具有一定的复杂性。

7.2.2 电子商务下的物流配送作业流程

要完成一项电子商务活动，需要 4 个角色：供应商、物流中心、快递公司和客户，其物流作业流程如图 7-1 所示，其中实线表示货物实体流动，虚线表示物流信息流动。物流作业从供应商将物品送达配送中心开始工作，具体操作如下。

扫码看视频：

物流配送流程

（1）经过“集货/验收”作业确认物品后将物品入库。

（2）当接到客户订单后，先将订单依其性质做“订单处理”。

（3）按订单信息将客户需求物品从分拣区取出进行“拣货”。

（4）拣货完成后如发现拣货区所剩的存量过低，则必须由储存区来“补货”；若整个储存区的存量也低于标准，便应向上游供应商采购进货。

（5）分拣出的物品经整理包装称重后准备“出货”。

（6）出货作业完成后，快递安排车辆上门取货，并将其“配送”到客户手中。

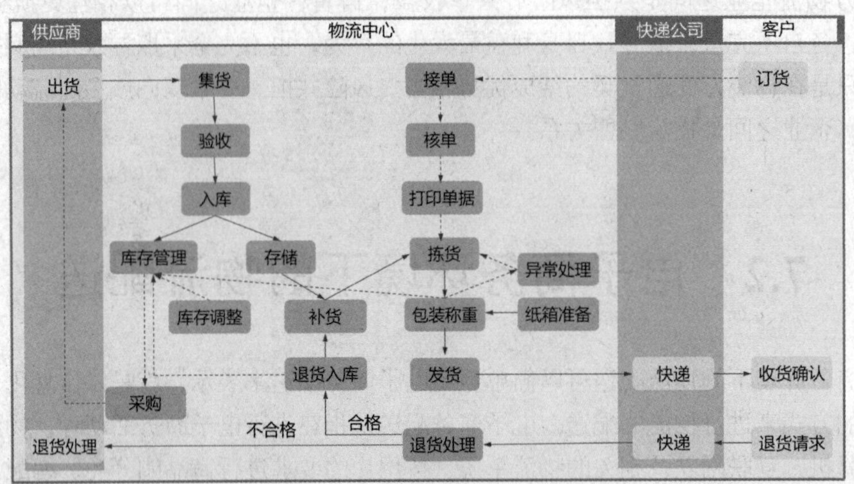

图 7-1　一般的电子商务物流作业流程

1. 集货/验收

集货/验收简单说来就是收集货物，然后验收入库，但在实际操作中，这是一项比较繁杂的工作，总体说来包含如下部分。

（1）从供应商处接收货物，从货车上将货物卸下，并核对该货物的数量及状态（数量检查、品质检查和开箱等），然后将其记录到计算机中。

（2）开出采购单后，在采购人员进货入库跟踪催促的同时，仓库管理员依据采购单上的预定入库日期，做好入库作业排程、入库站台排程。

（3）在商品入库时，做入库资料查核、入库品检，查核入库货品是否与采购单内容一致，有不符时即做适当的修正或处理，并将入库资料登录建档。

（4）入库管理员依据指定的方式指定卸货及栈板堆叠。对于由客户处退回的商品，需经过退货品检、分类处理而后登录入库。

提个醒

一般商品入库放堆叠栈板之后有两种作业方式。一种方式为商品入库上架，储放于储架上，等候有出库需求时再予出货。该种方式商品入库上架，由计算机或管理人员依照仓库区域规划管理原则或商品生命周期等因素来指定储放位置，或于商品入库之后登录其储放位置，以便于日后的存货管理或出货查询。另一种方式即为直接出库，此时管理人员依照出货要求，将货品送往指定的出货码头或暂时存放地点。在入库搬运的过程中，由管理人员选用搬运工具，调派工作人员，并做好工具和人员的工作日程安排。

2. 入库搬运

入库搬运是将散装、包装或整体的原料、半成品或成品，在水平或垂直方向加以提起、放下或移动，从而使物品能适时、适量移至适当的位置或场所存放。在配送中心的每个作业环节都包含着搬运作业。

3. 储存

储存就是把将来需要使用或要出货、拣货的物料保管好，且经常要进行库存品的核查控制；同时，需要注意存货的盘点、保管等管理工作。

4. 订单处理

订单处理阶段是指从接到客户订单开始至准备着手配货之间的作业阶段，包括有关客户订单的资料确认、存货查询、单据处理及出货配发等。

5. 拣货及补货

根据客户订货单所规定的商品品名、数量和储存仓位，将商品从货架上取出，分放在指定货位，完成用户配货要求并在计算机中进行相应的信息操作。由客户订单资料的统计即可知道货品真正的需求量。当库存数足以供应出货需求量时，即可依据需求数进行出库拣货单及各项拣货指示，做拣货区域的规划布置、工具选用及人员调派；当库存数不足时，应及时补充，使拣货作业得以流畅进行。

6. 发货

将拣取分类的物品做好发货检查，装入合适的容器并做好标识，根据快递公司的要求将物品运至指定的发货准备区，最后装车配送。

7. 快递

快递作业是指通过快递公司将客户定购的物品，从物流中心配送至顾客，并签字确认交付的活动。

8. 采购

接受客户网上提交的订单后，企业要保证仓库有足够的货品，如果发现缺货则需要立即向供应商采购商品。采购作业的内容包含商品数量统计、供货厂商查询，而后依据所确定的数量及供货厂商所提供的较经济的订购批量，提出采购单。采购单发出之后进行入库进货的跟踪运作等。

9. 库存管理

库存管理主要包含两个方面：一是仓库区的管理；二是库存数量的控制。

（1）仓库区的管理：包括货品在仓库区域内摆放方式、区域大小和区域的分布等规划。货品进出仓库的控制遵循先进先出或后进先出原则。进出货方式的制定包括货品所用的搬运工具、搬运方式和仓储区储位的调整及变动。

（2）库存数量的控制：依照一般货品出库数量、入库数量、时间等来制定采购数量及采购时点，并做采购时点预警系统。制定库存盘点的方法是，在一定期间印制盘点清册，并依据盘点清册内容清查库存数，修正库存账册并制作盘亏报表。

10. 核单

为了更好地满足客户的个性化需求或应对客户提交订单后发现错误需要修改订单的情形，进行电子商务的企业一般允许客户通过备注进行订单内容的补充或修订，因此核单员需要根据订单备注修改订单，以满足客户需求。

7.2.3　电子商务物流配送中心

电子商务物流配送中心是指从事物流活动的场所或组织。物流配送中心把商流、资金流、信息流、物流融为一体，成为企业之间的中介。配送中心是指接受并处理末端用户的订货信息，对上游运来的多品种货物进行分拣，根据用户订货要求进行拣选、加工和组配等作业，并进行送货的设施和机构。一个合格的物流配送中心应该符合以下条件。

（1）主要为特定的用户服务。

（2）配送功能健全。

（3）完善的信息网络。

（4）辐射范围小。

（5）多品种，小批量。

（6）以配送为主，储存为辅。

配送中心能够直接与厂商建立业务合作关系，以获得迅速有效的信息反馈，减少交易次数与流通环节，并尽量减少客户库存。配送中心是电子商务活动能够正常开展的物质技术基础，从不同的角度看待配送中心，可以将配送中心分成不同的类别。

1. 按专业程度划分

按照配送中心的专业程度，可以将配送中心分为专业配送中心、柔性配送中心和综合配送中心。

（1）专业配送中心

专业配送中心的含义有两种。一是指配送的对象、技术属于某一特定的专业范畴，如为汽车制造厂提供汽车零配件的产前配送服务的配送中心、为超市等连锁企业提供配送服务的生鲜商品配送中心、图书配送中心等。二是以配送为专业化职能，不从事经营的服务型配送中心，这种类型的配送中心在国外十分普遍。

专业型配送中心应该针对所配送的商品特性，体现出处理专项商品的技术与服务特色，因此，在配送中心规划建设中必须配备专用的商品处理设施。

（2）柔性配送中心

柔性配送中心是一种与专业配送中心相对立的配送中心。这种配送中心不固定供需关系，能够根据用户的需求来进行调整，具有很强的适应性。

（3）综合配送中心

综合型配送中心是指那些配送多种货物或商品的配送中心，如日用工业品、生鲜食品和副食品等齐聚的配送中心。综合型配送中心一般为满足处理多品种的商品需要而建立。

2. 按运营主体划分

按照运营主体来进行划分，可以将电子商务物流配送中心分为 4 种类型，分别是以生产厂商为主的配送中心、以批发商为主的配送中心、以零售商为主的配送中心和以物流企业为主的配送中心。

（1）以生产厂商为主的配送中心

一些流通管理能力较强的生产厂商，一般会自建物流中心来存储自己的商品。这种方式可以让生产厂商快速向顾客配送商品，具有成本低、中间环节少的特点。但对于零售商来说，这种配送中心的商品种类十分单一，不能满足销售的需要。

（2）以批发商为主的配送中心

这种配送中心的商品来自于各个批发商。批发商通过集中多个生产厂商的商品，向有需要的零售商提供。商品种类一般比较丰富，适合于没有独立销售路线的厂商或本身不能集齐各种商品的零售店。

（3）以零售商为主的配送中心

规模发展到一定程度后，零售商可以考虑自己构建物流配送中心，以向其他需要商品的对象服务，如超市、百货商场、粮油食品商店、宾馆和饭店等。为了保证商品供应，零售商需要有足够的仓库来存放商品，并保持不间断地进行商品的配送，这样才能在节约库存面积的同时，减轻库存存货的压力。

（4）以物流企业为主的配送中心

以物流企业为主的配送中心具有很强的运输配送能力，能够为制造商或供应商提供存储商品的仓库，这些商品的所有权属于制造商或供应商，配送中心只进行商品的仓储管理与配送服务。与企业自建配送中心相比，这种方式具有物流设施现代化程度高、利用率高、成本低和服务范围广泛等特点。

3. 按内部特性进行划分

按照配送中心的内部特性进行划分，可以将配送中心分为储存型配送中心、流通型配送中心和加工配送中心3种。

（1）储存型配送中心

不管是买方市场还是卖方市场，成品与企业原材料、零部件都需要有较大的库存来存储。而存储型配送中心能够提供较强的储存功能，能够存储大量的商品。

（2）流通型配送中心

这种配送中心不能进行货物的长期存储，只以暂存或随进随出的方式进行配货、送货，货物在配送中心只做少许停滞。

（3）加工配送中心

这种类型的配送中心，能够根据用户或市场的需要对配送的货物进行加工后再进行配送。如分装、包装、初级加工和组装产品等。世界著名连锁服务企业肯德基和麦当劳的配送中心就是这种类型的典型案例。

7.3 商品退货处理

国家工商行政管理总局发布的《流通领域商品质量监督管理办法》中部分关于退换货处理的条例如下。

扫一扫：

流通领域商品质量监督管理办法

第十六条　销售者销售的商品不符合质量要求的，应当依照国家规定、当事人约定履行退货、更换、修理等义务。没有国家规定和当事人约定的，消费者可以自收到商品之日起七日内退货；七日后符合法定解除合同条件的，消费者可以及时退货，不符合法定解除合同条件的，可以要求经营者履行更换、修理等义务。

对依法经有关行政部门认定为不合格的商品，消费者要求退货的，销售者应当负责退货。

第十七条　销售者采用网络、电视、电话和邮购等方式销售商品的，消费者有权自收到商品之日起七日内退货。销售者应当依照法律规定承担无理由退货义务。

第十八条　销售者应当及时履行商品修理、重作、更换、退货、补足商品数量、退还货款和服务费用或者赔偿损失等义务，不得故意拖延或者无理拒绝。

从中可以看出，不管是线下商务活动还是线上商务活动，都会涉及退换货问题。其中特别是网络零售业，由于借助于互联网开展在线销售业务，更容易发生以上问题。企业应该树立良好的退换货意识，通过有效的手段来降低物流成本，提高企业的竞争力。

7.3.1　产生退货的原因

在进行退货处理前，建议先弄清楚退货的原因，针对原因进行处理，避免盲目退货使企业遭受重大损失。

1. 信息不对称

电子商务贸易的有关商品信息都是通过网络来展现的，消费者无法真实地触摸并观察商品。这些通过网络来展现的信息，如文字、图片或视频等的来源并不能保证完全真实、可靠。消费者通过这种途径了解到的商品信息与真实的商品存在一定的差距或根本不一致，导致了消费者与商家之间存在严重的信息不对称，进而导致退货的发生。

2. 商品本身原因

商品本身存在瑕疵或质量问题，但销售时未明确告知消费者，消费者收到货物后发现与描述不符。或商品接近或超过保质期，可使用价值不高，消费者利益受到损失导致退货发生。

阅读材料

商品过期导致退货

黄先生在一家坚果零食店中购买了几包商品，购买后发现食品已过保质期 20 天。于是黄先生联系店铺要求退货并赔偿，网店坚持称商品经过严格的检查，不可能存在长期过期食品，不同意黄先生的退货要求。于是，黄先生投诉到网站，经调查，黄先生提供的实物和订单消息、购物清单都属实，商品确实存在过期的问题。最后，网店为黄先生退货并赔偿了 100 元。

3. 正向物流的不完善

由于物流的原因使原本完好的商品在运输过程中造成了一定的损坏，如零部件丢失、变质和商品破损等。或由于配送时间不及时，造成商品配送延迟；或商品发货时出现的产品种类或数量错误；或配送错误等。

4. 消费者冲动购物

商家为了促销产品往往会以优惠的价格和服务来吸引消费者。部分不太理智的消费者，往往很容易受到诱惑，一时冲动购买了自己不够满意或不需要的商品。这种不是出于需求的购买行为具有很大的变动性，消费者收到商品后发现无法满足自己的需求而提出了退货的要求。

提个醒

互联网消费市场竞争激烈，商家为了获得更多顾客往往竞相推出各种优惠政策，其中，就包括退货政策，如无条件退货、不满意就退货等。这些优惠的退货条件往往使消费者产生了冲动性购物行为，让消费者形成了先购物，不满意就退货的思想。这也增加了退货情况的发生。

7.3.2 商品退货管理原则

不管是来自经销商还是来自消费者的退货，在进行退货处理时都要遵循一定的原则。

（1）责任原则：发生退货问题时，首先要明确产生问题的责任方，是客户的问题，配送的问题，还是商品本身的问题。方便制定出最佳的解决方案。

（2）费用原则：退货一般需要消耗大量的人力、物力和财力。配送时除了明确退货的责任方外，还要对责任方加收一定的费用，以保障各方的利益。

（3）条件原则：应该制定一定的退货条件，即满足什么条件可以退货，并且规定相应的退货时间期限。如质量问题接受退货、7 天之内无条件退货等。

（4）凭证原则：退货时应该提供相应的退货商品的证明，并对凭证加以说明，如退货申请表、商品损失证明等。

阅读材料

商品质量问题导致退货

王女士在淘宝网中的一个女士皮包店铺购买了一个真皮单肩包，该包售价 560 元。三天后快递公司按时将货物送到，王女士不在家，由物业代收。待王女士取回包裹并打开包装后，发现包包的肩带脱落，无法正常使用。王女士向店家反映商品有严重的质量问题，并提供了商品破损的照片，要求退货。经店家核实后，店家承诺退还王女士的 560 元。同时承担商品退回的快递费用，并表达歉意。由于店家处理及时、态度良好，王女士并未为难卖家，退货后重新购买了相同的商品。

7.3.3 商品退货策略

制定有效的退货策略，能够帮助企业更快速地进行退货处理，同时提高客户对企业的好感度。

1. 提高退货物流管理的意识

企业管理者应该具有物流退货管理的意识，并能认识到它能为企业带来的价值。对企业来说，应该成立专门的物流退货管理部门，合理规划退货的政策、退货处理的流程和突发情况的处理等，以专业的手法进行退货处理。同时加强对物流的管理与监督，提高物流配送的质量，有效地减少退货情况的发生，增强企业的竞争力。

2. 制定合理的退货政策

为了吸引消费者购物而无下限地放宽退货的条件并不可取。这不仅会让消费者形成不好的购物习惯，还会给企业带来额外的经营成本。而制定合理的退货政策，可以丰富企业的组织结构，树立企业的良好形象、口碑，打消消费者购买的顾虑，增加企业在消费者心中地位，进而提高消费者的忠诚度。一般来说，电子商务企业在制定退货政策时，应尽量明确退货的条件、流程，使消费者充分了解并建立对企业的信任。图 7-2 所示为某网店的退货说明。

感谢您的支持

感谢您本次的购买，无论什么问题请先与我们沟通，我们会尽最大努力解决问题。您的一次理解与包容给了我们为您继续服务的宝贵机会。如果您对我们的服务或产品不满意，请联系售后帮您及时处理！

退换货注意事项

（1）商品外包装和外观要保持完好无损，商品附件、合格证、标签，请保持商品出售时的原质原量。

（2）退货申请须在签收货物后的七天内办理。

（3）非产品质量问题而退换货所产生的运费由买家自行承担，因质量问题退换货产生的费用，由本店承担，由您先行垫付。

（4）换货只接受快递方式寄回，拒收到付件及邮局包裹。

退换货地址

北京市XXXXXXXXXXXXXXXXXXXXXXXXXXXXXXXX

收件人：XXXXXX　　电话：XXXXXX

★ 产品退回请不要使用平邮和到付，这两种无法我们无法收货，谢谢配合！

售后服务登记表

用户帐号：＿＿＿＿＿＿＿　收货人：＿＿＿＿＿＿

联系电话：＿＿＿＿＿＿　交易订单号：＿＿＿＿＿＿

收货地址：＿＿＿＿＿＿＿＿＿＿＿＿＿＿＿＿＿＿

退换原因：☐ 质量问题-退货
☐ 质量问题-换货
☐ 七天无理由退换货
☐ 尺码问题
☐ 发错货

退换要求：☐ 退货　☐ 换货

质量问题描述：＿＿＿＿＿＿＿＿＿＿＿＿＿＿＿＿

退回商品	货号	尺码	颜色	数量

换出商品	货号	尺码	颜色	数量

图 7-2　某网店的退货说明

3. 建立退货物流管理系统

目前的电子商务企业，基本上还没有建立完善的退货物流信息管理系统，对于退货管理不能有效地进行规划和提供解决方案，导致问题解决不及时、退货周期长等问题，极大地影响了客户对企业的印象。因此，建立完善的退货物流管理系统是相当有必要的，并且目前的网络和信息技术也支持企业建立这样的系统，以快速响应退货问题，实现对退货的全面管理。

4. 建立集中式退货中心

集中式退货中心可以将需要进行退货的所有商品集中到一起，经过分类、处理后，再运送到最终的归属地。集中式退货中心的工作流程如图 7-3 所示。

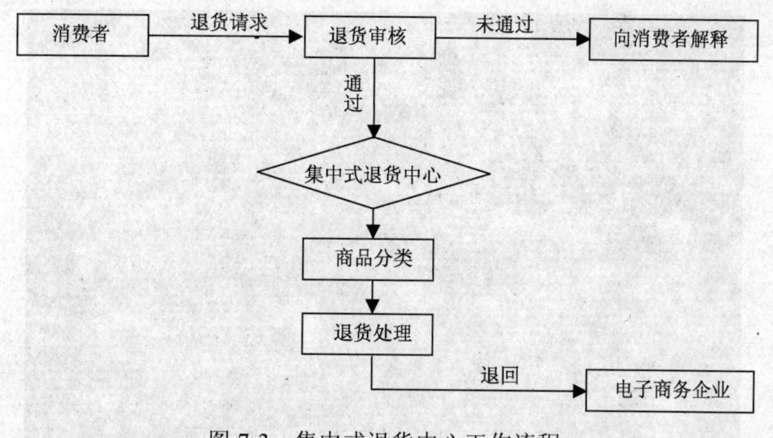

图 7-3　集中式退货中心工作流程

集中式退货中心是一种高效的物流退货方式，它强调退货的现场管理，因此需要充分的信息化手段来支持。目前，跨国企业的配送中心一般设有专门的退货集中地，通过这种方式来协调退货，改善客户对企业的印象。

7.4　案例分析——天猫超市物流配送

天猫超市是阿里巴巴旗下的网上超市，依托于淘宝网强大的电子商务管理系统，为广大消费者提供丰富的商品，如食品饮料、粮油副食、美容洗护、家居用品、家庭清洁和母婴用品等所有生活必需品。天猫超市在系统平台、采购、仓储、配送和客户关系管理等方面做了大量的投入，打造了从“生产工厂到仓储中心到顾客家中”这样一个成本最低、速度最快、效率最高的流通链路，让消费者能够随时随地逛超市，享受不排队、送货上门的服务。

天猫超市为了保证消费者能够及时收到所购商品，建立了专业的仓储物流中心，通过整合上海、广东和浙江等地的仓储资源和物流配送资源，采用统一的商品包装，已经实现次日送达，并将陆续实现每日三配、指定时间送达、指定日期送达等更多更好的配送服务。

消费者在天猫超市中采购后，订单将实时显示到天猫超市的仓库作业管理软件系统上，并打印出来。同时，系统将以打印的这张订单为对照，自动挑选类似的订单来优化组合，即将类似的订单优化成一张合并装箱单，通过择优组合、切单合单的方式来加快商品的处理。同时，系统还会自动测算商品的体积和匹配度，以规划出商品需要的包装材料和包装箱的尺寸。这一系列的操作听起来复杂，实际完成过程却不到一分钟。

天猫超市的仓库中摆满了大大的货架，各种各样的商品陈列在其中，方便分拣员挑选货物。与一般仓库按照商品种类分类的方式不同，天猫超市依托于自己研发的 WMS 仓库作业管理软件系统，将仓库“切割”成无数个虚拟的格子，然后将各种商品按销量摆放进去。规则是越畅销的商品被分配到越靠近通道的位置，这样分拣员就能在最短时间内找到需要的商品，提高了配货的速度。商品分拣完成后还需进行验货、封箱和装车等流程，然后再被运送到消费者订单上的目的地。图 7-4 所示为天猫超市仓库。

图 7-4　天猫超市仓库

天猫超市目前已开通的配送省份/城市主要包括：江苏省、浙江省、上海、安徽省；北京、天津、重庆；山东省、河北省、山西省、河南省；湖南省；湖北省、江西省；广东省、海南省、福建省；四川省、陕西省、辽宁省、吉林；宁夏自治区、贵州省、云南省、青海省、甘肃、新疆、广西省；黑龙江省、内蒙古自治区等县级及以上城市主城区，对边远地区的收货地址有一定的限制。未来天猫超市将会不断完善并升级配送范围以满足更多消费者的需要。

根据上述材料分析以下问题。

（1）天猫超市的物流配送属于哪种？

（2）天猫超市的物流配送有什么优势？还需要在哪些方面进行改进？

实践训练

为了更好地理解电子商务物流配送的概念，并掌握相关的基础知识，下面我们将通过一系列实践训练来加以练习。

【实训目标】

（1）了解电子商务环境的物流形式。

（2）了解电子商务环境下的物流配送流程。

（3）了解配送中心的相关知识。

【实训内容】

（1）查询京东商城、当当网和淘宝网等电子商务平台的物流配送方式，试比较其异同。

（2）了解以上电子商务平台的物流作业流程，并在平台上进行购物体验。

（3）查询以上电商平台是否存在配送中心，若有，试着了解并进行分析。

【实训要求】

（1）分析电子商务平台的物流配送方式的异同，以表格的形式进行书面表达。

（2）对电子商务平台的物流流程的体验进行评价，并说说其优缺点。

（3）了解配送中心前，需要做好相关的准备工作，并分析其运作模式。

课后习题

1．名词解释

（1）第三方物流　　（2）快递　　（3）专业配送中心　　（4）流通型配送中心

2．单项选择题

（1）下面对于物流中的“物”的说法，正确的是（　　）。

A．人们生活所需的生活物资　　B．进行生产活动的劳动资源

C．一切拥有经济意义的物质资料　　D．用于社会生产和消费的自然资源

（2）下面不属于物流的基本功能的是（　　）。

A．运输　　B．配送　　C．储存　　D．制造

（3）下面不属于电子商务物流特点的是（　　）。

A．信息化　　B．自动化　　C．程序化　　D．智能化

（4）物流在电子商务环境中的地位越来越重要。一些大型的电子商务平台为了使用户有更好的购物体验，保证产品的物流配送时间以及配送品质，会选择（　　）模式。

A．外包物流　　B．自营物流　　C．第三方物流　　D．仓储物流

（5）下面不属于因为商品质量问题而导致退货情况的有（　　）。

A．商品破损　　B．商品过期　　C．商品信息不符　　D．延时配送

3．多项选择题

（1）电子商务环境下物流服务的特点有（　　）。

A．面向顾客　　B．提供服务与消费的同时性

C．复杂性　　D．合理性

（2）要完成一项电子商务活动，需要下面（　　）角色。

A．供应商　　B．物流中心　　C．快递公司　　D．客户

（3）商品入库有两种作业方式，下面属于这两种方式的是（　　）。

A．商品入库上架　　B．直接出库

C．中转入库　　D．分配入库

（4）一个合格的物流配送中心应该符合下面（　　）条件。

A．主要为特定的用户服务　　B．配送功能健全，具有完善的信息网络

C．辐射范围小，多品种，小批量　　D．以配送为主，储存为辅

（5）按内部特性划分，可以将配送中心划分为（　　）。

A．储存型配送中心　　B．流通型配送中心

C．专业型配送中心　　D．加工配送中心

4．思考题

（1）电子商务环境下物流有哪些特点？实现方式主要有哪些？

（2）电子商务下的物流配送作业流程是怎样的？试着绘制出来。

（3）物品退货策略有哪些？

5．技能实训题

（1）在网络上搜索第三方物流的相关知识，了解其最新动态。

（2）杨女士最近在淘宝网上开了一家服装店，通过淘宝系统能够完成订单、发货和配送等一系列的电子商务活动。但杨女士发现最近多了许多退货申请，了解分析后，杨女士发现大部分都是由于物流运输速度太慢而导致的。现在请你为杨女士设计一个解决的方案，并说明其实施方法。

第 8 章　无线网络与移动电子商务

【学习目标】

- 了解无线网络的相关知识。
- 掌握移动通信技术的相关知识。
- 熟悉移动电子商务的特点和分类。
- 掌握移动电子商务的应用。

引导案例

由于工作时间的原因，王女士不方便乘公交上下班，一般都是乘出租车。以往王女士打车时，经常出现人太多打不到车，或时间太晚了不好打车等情况，但随着电子商务和移动通信的快速发展，出现了很多的打车软件，其中以“滴滴出行”最为典型。王女士现在出门只需在手机上打开“滴滴出行” App，就可以选择出租车、专车、快车和顺风车等多种方式出行，不仅价格便宜而且十分方便。

“滴滴出行”是第一家商业银行通过与移动互联网公司合作进入移动支付场景领域的移动电子商务平台，它改变了传统路边拦车的打车方式，使用户足不出户就可通过手机预定出行路线和乘坐车辆。滴滴出行不仅优化了乘客的打车体验，对司机来说也是一种崭新的体验。当乘客在滴滴出行中下单后，司机即可根据订单自愿接单，改变了传统方式下出租车司机被动接客的方式，降低了空驶率、时间与沟通成本，最大限度地为乘客和司机带来便利。

像滴滴出行这样的移动 App 还有很多，如美团外卖 App 可以实现手机订餐，高德地图 App 可以实现实时导航。其次，很多基于计算机的应用也纷纷开发了手机移动版本，如手机淘宝、QQ、微博和大众点评等常见的应用。这些应用的出现与广泛使用，是随着移动互联网与智能手机的普及而自然而然出现的，这也预示着移动电子商务时代已经到来，并会成为未来主流的电子商务模式。

【本章要点】

无线网络　　移动通信　　移动电子商务

8.1 无线网络

无线网络是基于无线通信技术实现的网络。与有限网络相比，无线网络不再需要网线，只要具备无线网络，用户可以在任何地方任何时间通过笔记本电脑、手机等设备上网，不再受限于网络接口的布线位置。下面我们将对无线网络的基础知识进行介绍，包括无线网络的概念和特点、无线网络的分类和无线网络连接设备。

8.1.1 无线网络的概念和特点

无线网络是指使用无线通信技术将地理上分散的计算机连接起来，实现数据通信和资源共享的网络。无线网络是在有线网络的基础上，基于无线通信技术的快速发展而产生的，其传输媒介是无线电波。与有线网络不同的是，无线网络解决了有线网络的布线问题，且在网络覆盖范围和移动性等方面存在极大优势。具体来说，无线网络的特点主要包括灵活性、可扩充性和经济实用性等。

（1）灵活性：无线网络一般通过安装一个或多个无线访问接入点设备，就能保证所覆盖区域连接到无线网络，位于无线网络覆盖范围内的各种设备的位置可以随时发生变化，不受空间和时间的限制。无线网络的灵活性使其广泛应用于移动会议、移动搜索和移动电子商务等领域。

（2）可扩充性：与有线网络一个接口只能接入一个设备的特点相比，无线网络对接入设备的数量限制则宽泛得多，它允许多个无线终端设备同时接入无线网络。无线网络的网络规模更加具有优势，并且能够很方便地组建更加广泛的大型网络，具有很强的可扩充性。

（3）经济实用性：由于无线网络非常灵活，不用像有线网络一样需要准备大量的接入点以备不时之需，因此减少了资源浪费，节约了资金成本。

8.1.2 无线网络的分类

从不同的角度进行分类，可以将无线网络分为不同的类型。一般主要从覆盖范围的角度进行分类，可以将无线网络分为无线广域网、无线城域网、无线局域网和无线个人网，下面分别进行介绍。

扫码看视频：

无线网络类型

1. 无线广域网

无线广域网（Wireless Wide Area Network，WWAN）是通过无线网络把物理距离极为分散的局域网（LAN）连接起来的通信方式。其覆盖范围很大，常以国家或城市为单位进行覆盖。无线广域网通过无线服务提供商负责维护的若干天线基站或卫星系统来保持局域网的连接，其结构包括末端系统（两端的用户集合）和通信系统（中间链路）两部分。

无线广域网的重要标准 IEEE802.20，是一种适用于高速移动环境下的宽带无线接入系统空中接口规范，具有性能好、效率高、成本低和部署灵活等特点。在物理技术上，该标准以正交频分复用技术（OFDM）和多输入多输出技术（MIMO）为核心，充分挖掘时域、频域和空间域的资源，大大提高了系统的频谱效率。基于 IEEE802.20 标准，无线广域网能够实现大范围的局域网互联，被广泛应用于电力、医疗、税务、交通、银行和调度系统等领域。

2. 无线城域网

无线城域网（Wireless Metropolitan Area Network，WMAN）是指通过无线技术实现在城区的多个场所之间创建无线连接。无线城域网一般使用无线电波或红外线进行数据传送，当有线宽带不能使用时，可以将无线城域网当作备用网络来使用。

无线城域网的网络标准是 IEEE 802.16，它又称为无线城域网空中接口标准，是主要用于规范工作于不同频带的无线接入系统空中接口的标准。该标准推动了无线城域网技术的发展，即 WiMAX 技术。WiMAX 技术是 2001 年 4 月，由 Intel、富士通和诺基亚等公司共同组建的非营利性的全球微波接入互操作性论坛，其主要职能是根据 IEEE 802.16 和 ETSI HIPeRMAN 标准形成一个可互操作的全球统一标准，对接入无线网络的产品进行兼容性和互操作性的测试和认证，发放 WiMAX 认证标志。WiMAX 技术同时具有基于线缆的传统宽带接入和无线接入的优势，具有传输距离远，接入速度快、系统容量大和提供广泛的多媒体通信服务、安全性高等特点。

3. 无线局域网

无线局域网（Wireless Local Area Networks，WLAN）是通过无线技术在一定局部范围内建立的网络，它同时具备局域网和无线网络的特征，既能提供传统有线局域网（LAN）的功能，又能让用户不受时间、地理和空间的限制随时随地接入宽带网络。无线局域网的覆盖范围一般在 100m 左右，适合于公司或校园大楼、某个公共场所（如地铁站、机场等）等场合。

无线局域网的整个局域网系统由计算机、服务器、网络操作系统、无线网卡和无线接入点（Access Point，AP）等组成，其技术标准主要包括 IEEE802.11 和 HiperLAN。IEEE802.11 标准又被称为 Wi-Fi（Wireless Fidelity），是在有线局域网技术的基础上发展而来的。随着技术的不断发展，美国电器电子工程师协会陆续推出了 IEEE 802.11b 标准、802.11g/a 标准、802.11n 标准，Wi-Fi 的无线传输速率也逐渐变得更快。HiperLAN 标准是 ETSI（欧洲典型标准化协会）提出的，与 IEEE802.11 标准主张采用无连接的 WLAN 不同的是，HiperLAN 标准更注重基于连接的 WLAN。无线局域网是目前人们日常生活使用最广泛的无线网络方式，具有安装便捷、使用灵活、维护方便、经济节约和扩展方便等特点。

4. 无线个人网

无线个人网（Wireless Personal Area Network，WPAN）为用户提供了一种小范围内无线通信的手段。该方式可以将电子设备用无线技术连接起来实现自组网络，而不需要使用无线接入点，其中最典型的就是蓝牙（Bluetooth）。蓝牙是一种短距离、低成本的无线传输应用技术，用于实现固定设备、移动设备和楼宇个人域网之间的短距离数据交换。

提个醒

随着无线网络应用范围的不断扩展，无线网络的使用越来越普遍，目前最常用的无线网络技术主要有 Wi-Fi、3G、4G 和蓝牙等。

8.1.3 无线网络连接设备

无线网络的使用需要相关的无线网络连接设备，下面主要介绍无线网卡、无线路由器和无线 AP。

1. 无线网卡

无线网卡是无线网络终端设备，是一种不通过有线连接、采用无线信号进行连接的网卡。根据用途和需求的不同，无线网卡有 PCMCIA 无线网卡、PCI 无线网卡、PCI-E 无线网卡、MiniPCI 无线网卡、USB 无线网卡、CF/SD 无线网卡等几种。

（1）PCMCIA 无线网卡只支持笔记本电脑使用，可热插拔。图 8-1 所示为型号为 SMC WCB-G 的 PCMCIA 无线网卡，该网卡覆盖范围室内最远 180 米，室外最远 400 米。

（2）PCI 无线网卡尺寸较大，适合普通的台式计算机使用，具有稳定性较高的特点，图 8-2 所示为型号为“TP-LINK TL-WN851N”的 PCI 无线网卡。

（3）PCI-E（PCI Express）无线网卡是新一代的总线接口，采用点对点串行连接。与 PCI 的并行连接方式相比，PCI-E 允许每个设备建立独立的数据传输通道而无须向整个总线请求带宽，因而具有更加快速的传输速度和带宽。图 8-3 所示为型号为“华硕 PCE-AC68”的 PCI-E 无线网卡。

图 8-1　PCMCIA 无线网卡

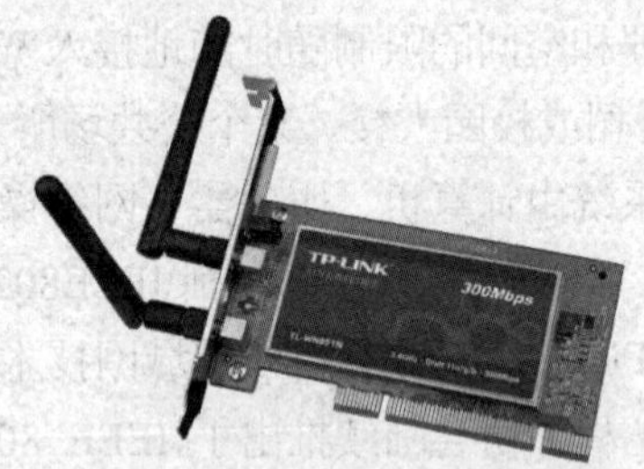

图 8-2　PCI 无线网卡

图 8-3　PCI-E 无线网卡

（4）MiniPCI 无线网卡是笔记本电脑的专用接口，只能支持笔记本电脑使用，与 PCMCIA 无线网卡不同的是，MiniPCI 无线网卡只能在笔记本内部使用，不支持热插拔，并且 MiniPCI 无线网卡的性能和版本更高，选择时需要注意笔记本电脑是否支持这种接口。图 8-4 所示为型号为“B-Link BL-LW03”的 MiniPCI 无线网卡。

（5）USB 无线网卡通过内置的无线 WiFi 芯片和 USB 接口来连接计算机，既支持台式计算机又支持笔记本电脑使用，可热插拔。USB 无线网卡接口主要包括 USB 2.0 和 USB 3.0，USB 3.0 接口的传输速度更快、价格更昂贵。图 8-5 所示即为一款 USB 接口的无线网卡。

（6）CF（Compact Flash）无线网卡按照 ATA 标准进行制造，主要应用于 PDA 等设备。CF 无线网卡的接口是 50 针的孔型接口，不像硬盘那样容易损坏。它一般有两种型号，分别是 Type Ⅰ 和 Type Ⅱ，这两种型号在规格和特性等方面基本相同，区别主要在于卡的厚度。SD（Express Card）无线网卡要求接入的设备具有 SDIO 接口，这种接口只有少数 PDA 设备拥有且价格昂贵，因此不建议使用。图 8-6 所示为一款应用于 PDA 设备的 CF/SD 无线网卡。

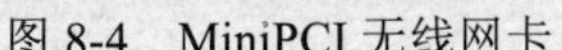

图 8-4　MiniPCI 无线网卡

图 8-5　USB 无线网卡

图 8-6　CF/SD 无线网卡

2. 无线路由器

无线路由器是带有无线覆盖功能的路由器，不仅具备无线 AP 的所有功能，还能进行网络地址转换，支持无线网络中的 Internet 连接共享，ADSL、Cable Modem 和小区宽带的无线共享接入。

无线路由器可以看作是单纯性无线 AP 与有线宽带路由器的结合，可以与所有以太网接的 ADSL MODEM 或 CABLE MODEM 直接相连，也可以在使用时通过交换机/集线器、宽带路由器等局域网方式再接入。无线路由器一般有多个以太网接口，其中一个 RJ45 口为 WAN 接口，即用于连接外部网络的接口，其余为 LAN 接口，用来连接普通局域网。这些接口通过无线路由器中的网络交换机芯片来进行 LAN 接口之间的信息交换，以实现局域网连接共享。目前，无线路由器的的种类非常丰富，图 8-7 所示为不同的无线路由器。

图 8-7　无线路由器

3. 无线 AP

无线 AP（Access Point）即无线接入点，用于把接入的有线网络转换为无线网络，使无线设备通过接受它发射的信号接入无线局域网。无线 AP 一般由路由器交换接入一体设备和纯接入点设备。一体设备用于进行接入和路由工作，纯接入点则负责无线客户端的接入，常作为无线网络的扩展，以达到延伸网络覆盖范围的目的。无线 AP 如图 8-8 所示。

图 8-8　无线 AP

无线 AP 包括单纯性 AP 和扩展性 AP。单纯性 AP 类似于无线交换机，用于提供无线信号发射功能，其工作原理是通过双绞线来传送网络信息，再通过无线 AP 进行编译，将电信号转换成为无线电信号发送出来，形成无线网的覆盖。扩展性 AP 即通常所说的无线路由器，用来实现 Internet 连接共享或小区宽带的无线共享接入。

提个醒

除了以上介绍的 3 种无线网络连接设备外，无线控制器、无线网桥和无线连接器等也是十分常见的设备。

8.2 移动通信

目前无线网络最主流的应用包括无线局域网和通过公共移动通信网实现的无线网络（如 GPRS、3G、4G）。通过移动通信网实现的无线网络主要是借助移动电话接入 Internet 的一种上网方式，需要开通 GPRS 上网业务才能接入网络。下面我们将主要对移动通信的相关知识进行介绍，包括移动通信介质、移动通信技术的发展和无线应用协议等。

8.2.1 移动通信的概念

移动通信（Mobile Communication）是移动体之间的通信，需要通信双方至少有一方在运动中进行信息的交换。移动通信包括两种情况：一种是移动体之间的通信；另一种是移动体与固定点之间的通信。

移动通信从网络角度来进行分类，可以分为专用移动通信网和公共移动通信网。专用移动通信网是一个独立的移动通信系统，最具代表性的是集群系统（Trunking System）。集群系统可以将有限的通信资源（信道）自动分配给大量用户共同使用，是一种十分高效的移动通信网。公共移动通信网一般采用蜂窝系统，其结构为覆盖半径在 10 km 以内的六角形。公共移动通信系统一般由 4 个部分组成，分别是移动台（MS）、基站（BS）、移动业务交换中心（MSC）和传输路线。MS 是移动过程中使用的终端设备，可以是手机、平板电脑等便携设备，也可以是安装在车辆等移动物体上的设备。BS 是移动无线系统中的固定站台，用于和 MS 进行无线通信。BS 包含无线信道和安装在高建筑物上的发射、接收天线。每个基站都配置有对应的无线小区服务范围，其覆盖范围主要由基站的发射功率和天线的高度决定。MSC 是移动业务的交换中心，用于进行信息处理与交换，以及对整个系统的集中控制管理。传输路线主要包括交换中心与基站之间、交换中心之间和固定网络之间的连接路线等。一般我们日常生活所需的移动、联通等通信系统都是公共移动通信系统。

8.2.2 移动通信的传播介质

为了保证移动方能够接受到信号，移动通信必须通过无线电波进行传输。无线电波传播特性复杂，容易受到城市中高大建筑物的阻挡，因此，信号的传播途径一般较多，移动台可以从多种途径接收信号。但信号的幅度会发生快速和剧烈的变化，信号会因为移动台的距离远近而产生不同程度的干扰，这就要求移动台具备良好的抗干扰和自动调整能力，以更好地接收和调整信号。

无线电波是指在自由空间（包括空气和真空）传播的射频频段的电磁波，类似于池塘的波纹，可以看作是一种能量的传输形式。与光波类似，它的传播速度受到传播介质的影响，在空气中的传播速度略小于光速，但一般我们认为它等于光速。无线电波在空间中的传播方式主要包括直射、反射、折射、穿透、绕射（衍射）和散射 6 种，不同的传播方式下无线电波的信号强度不同，其中直射是在没有阻挡物的自由空间中传播的方式，但实际情况下，由于地面或室内存在各种物体，使得电波的传播发生了不同方式的变化。因此，无线电波在移动通信环境中具有以下 3 个特点。

扫一扫：

无线电波的传播方式

（1）复杂性：移动通信的移动终端的天线高度一般较低，因此无线电波的传播路径容易受到地形（如建筑物）和人为环境（如工业噪声、机动车噪声等）的影响，使信号变得更加复杂，容易发生散射、反射或叠加等情况。

（2）随机移动性：移动通信的移动终端会随着环境的变化而变化，这就使基站与移动终端之间的传播路径不断发生变化，导致信号发生变化。

（3）传播的开放性：无线电波一般在空气中传播，具有开放的特点，这也是电波信号干扰现象严重的原因，如同频干扰、邻频干扰等。

8.2.3 移动通信技术的发展

移动通信技术大致经历了 4 个阶段，分别是第一代移动通信技术（1G）、第二代移动通信技术（2G）、第三代移动通信技术（3G）和第四代移动通信技术（4G）。

1. 第一代移动通信技术（1G）

第一代移动通信技术（1G）制定于 20 世纪 90 年代初，是一种蜂窝电话通信标准，主要用于提供模拟语音业务。Nordic 移动电话（NMT）、美国的高级移动电话系统（AMPS）、英国的总访问通信系统（TACS）等都是典型的第一代移动通信技术。中国主要采用的是 TACS。

第一代移动通信技术主要通过模拟技术和频分多址（FDMA）技术来进行信息传播，但由于受到系统容量、安全性和干扰性的限制，它不能进行大规模的普及和应用。同时，由于不同国家的技术标准并不统一，国际漫游功能不能使用，只能作为一种区域性的移动通信系统。由于第一代移动通信技术具有容量不足、制式太多、兼容性和保密性差、通话质量不高、没有数据业务和自动漫游功能等缺点，新的移动通信技术的发展已经代替了它，使得它逐渐被淘汰。

2. 第二代移动通信技术（2G）

为了解决第一代移动通信技术中遇到的问题，1982 年欧洲邮电主管部门会议成员国一致赞成采用统一的制式，因此成立了一个新的标准化组织——移动通信特别小组（Group Special Mobile，GSM），用于制定欧洲 900MHz 数字 TDMA 蜂窝移动通信系统（GSM 系统）技术规范，以使欧洲移动电话用户在欧洲境内实现自动漫游。1986 年，在 GSM 的协调下，欧洲国家的有关厂商向 GSM 提供了 8 个系统建议和大量的技术成果，并就 GSM 的主要技术规范达成共识。1990 年，GSM 第一期规范确定，GSM 系统开始试运行。1991 年，GSM 系统正式在欧洲开通运行，其规范为 DCS1800。1992 年，北美 ADC（IS-54）和日本 PDC 投入使用；GSM 系统重新命名为全球移动通信系统（Global System For Mobile Communication）；CDMA（IS-95）系统标准被批准，并继续进行现场实验。1994 年，CDMA 系统开始使用。1995 年，DCS1800 开始推广应用。至此，第二代移动通信技术开始全范围的应用。

GSM 是应用最为广泛的第二代移动通信技术，但由于业务的发展，GSM 的传输速度（最高为 8.6kbit/s）难以满足需要，因此，推出了通用分组无线业务（General Packet Radio Service，GPRS）技术。GPRS 是从 2G 到 3G 技术的过渡，也被称为 2.5G，它在 GSM 的基础上新增了高速分组数据的网络，以向用户提供 WAP 浏览、邮件接收等功能，实现了移动通信技术与数据通信技术的结合，是移动数据业务的最初发展形态。其后，GPRS 后续技术——增强数据速率的 GSM 演进（Enhanced Data for GSM Evolution，EDGE）也叫 2.75GB 技术，也开始投入研究和使用。GPRS 和 EDGE 技术推动了 GSM 向 3GB 的发展。

与第一代模拟蜂窝移动通信相比，第二代通信技术以数字技术为主体，具有更高的网络容量、语音质量、保密性和漫游功能。在中国，第二代移动通信技术主要包括中国移动的 GSM 和中国联通的 CDMA（IS-95），目前，第二代移动通信技术已经逐渐被淘汰。

3. 第三代移动通信技术（3G）

第三代移动通信技术（3G）是一种支持高速数据传输的蜂窝移动通信技术，能够提供语音和多媒体数据通信、各种宽带信息业务和全球漫游等功能，是无线通信与国际互联网等多媒体通信结合的新一代移动通信系统。第三代移动通信技术存在 3 种标准，分别是 CDMA2000、WCDMA、TD-SCDMA。这 3 种标准的基础技术参数如表 8-1 所示。

表 8-1 3G 的三种技术标准

制式 基础技术参数	CDMA2000	WCDMA	TD-SCDMA
继承基础	窄带 CDMA（IS-95）	GSM	GSM
采用国家和地区	美国、中国、韩国等	欧洲、美国、中国、日本、韩国等	中国
核心网	ANSI-41	GSM WAP	GSM MAP
双工方式	FDD	FDD	TDD
同步方式	同步	同步/异步	同步
信号带宽	2×1.25MHz	2×5MHz	2.6MHz
标准化组织	3GPP2[1]	3GPP	3GPP

第三代移动通信技术已经完全发展成熟，广泛应用于宽带上网、视频通话、手机商务、手机电视、无线搜索、手机办公和网上购物等领域。

提个醒

WCDMA 和 CDMA2000 是较为通用的国际 3G 制式，TD-SCDMA 则是中国独立研究的 3G 制式，适合在中国大陆和台湾地区使用。

4. 第四代移动通信技术（4G）

第四代移动通信技术（4G）是集3G与WLAN于一体的，能够提供高速数据传输、高质量的视、音频和图像的技术。第四代移动通信技术在业务、功能和频带等方面进行了更高的提升，是一种多功能集成的宽带移动通信技术，包括软件无线电技术、OFDM技术、MIMO技术和智能天线等核心技术，具有更高的服务质量和安全性。

4G技术是目前最新、最主流的移动通信技术，截至2015年12月底，4G用户总数达3.86225亿户，随着数据通信与移动数据、移动多媒体的需要，4G用户将越来越多。

8.2.4 移动终端

移动终端也叫移动通信终端，常见的手机、笔记本电脑、平板电脑和POS机等都属于移动终端。从广义上讲，一切可以在移动中使用的计算机设备都可以看作移动终端，其移动性主要表现在移动通信能力和便携化上。

随着网络技术、集成电路技术等技术的快速发展，移动终端的功能越来越强大，逐步从功能简单的通话工具发展成一个智能化的综合信息处理平台。移动终端的智能化主要体现在以下4个方面。

（1）移动终端具备开放的操作系统平台，如目前主流的智能手机主要包括安卓（Android）和iOS操作系统平台。程序人员可以在这些操作系统平台中灵活开发各种实用的应用程序，普通用户可以在系统中下载、安装并运行这些应用程序。

（2）移动终端的操作十分简单、快捷，通过采用触摸屏TP技术来实现操作命令的选择与应用程序的使用，无须接入其他设备或使用按钮操作。

（3）移动终端通过无线网络进行连接，具有高速数据网络接入能力与信息共享功能，能够实时处理信息。

（4）在显示技术、语音识别和图像识别等多模态交互技术越来越成熟的环境下，移动终端的人机交互功能将越来越完善，未来将朝着以人为核心的更智能的方向发展。

阅读材料

苹果智能手机

iPhone是目前主流的智能手机，于2007年1月9日发布了第一代iPhone手机，并于2007年6月29日正式发售。之后，苹果公司陆续发布了第二代iPhone 3G、第三代iPhone3GS、iPhone 4、iPhone 5、iPhone 5s及iPhone 5c、iPhone 6及iPhone 6 Plus、iPhone 6s及iPhone 6s Plus、iPhone SE、iPhone 7及iPhone7 Plus，截至2017年3月21日，苹果推出了一款红色外观的特别版iPhone 7和iPhone 7 Plus，起售价格为6 188元。

iPhone手机采用苹果公司研发的iOS移动操作系统，默认情况下，该操作系统的主屏幕显示大部分苹果公司内置的应用程序。主要包括信息、日历、相机、时钟、设置、计算器、设置、App Store和Safari等应用程序，这些程序不能删除。其中“App Store”为应用商店，用于向智能移动终端用户提供下载第三方开发商的应用软件服务。

iOS操作系统采用多点触控和手势操控技术，其触摸屏具有热感功能，用户可以直接使用手指在屏幕上滑动来操作手机。同时，在手机屏幕下方有一个圆形的按钮“Home键”，用于关闭使用中的应用程序、导航到主屏幕界面或唤醒手机。

第一代 iPhone 手机能够通过 WiFi 或 2G 和 3G（GSM 或 EDGE）等方式连接互联网。目前主流的 iPhone 6s 及 iPhone 6s Plus、iPhone SE、iPhone 7 及 iPhone7 Plus 等版本的 iPhone 手机主要以 WiFi 或 4G 的方式接入网络，通过网络用户可以随时随地了解信息并享受网上购物、网上查询等服务。iOS 操作系统内置的 Safari 应用程序就是一款浏览器，用户可以通过它来进行信息查询与浏览，也可下载第三方应用程序进行操作。

iOS 操作系统并不单供 iPhone 使用，苹果公司开发的其他设备，如 iPod touch、iPad 等都是采用的该系统。并且当 iOS 操作系统更新后，会在联网环境下提示用户，用户可以下载和更新，以保证系统的正常使用并体验更丰富的功能。

8.3 移动电子商务概述

在无线通信技术的带动下，传统的以桌面互联网为主的有线电子商务逐渐发展成移动电子商务。电子商务在移动网络中的应用越来越广泛并成为人们日常生活中越来越重要的一部分。

8.3.1 移动电子商务的概念

移动电子商务就是使用手机、PDA 及平板电脑等无线终端进行的电子商务活动，它完美地结合了互联网、移动通信技术和其他信息处理技术，使人们能够随时随地开展各种活动，如移动购物、移动支付、移动银行和移动办公等。

移动电子商务是在无线网络技术、移动通信技术和计算机应用技术的不断发展下逐渐兴起的，主要经历了 3 个阶段的发展过程。

1. 第一阶段的移动电子商务

第一阶段的移动电子商务访问技术主要是以短信为基础，这种技术的实时性较差，不能立即回复用户的查询请求。并且，由于短信信息长度的限制，用户的查询请求也不能得到完整的回复。因此，这一阶段的移动电子商务存在着严重的问题，这也使移动商务系统部门发出了升级和改造移动电子商务系统的需求。

2. 第二阶段的移动电子商务

第二阶段的移动电子商务主要基于 WAP（无线应用协议），这种技术可以使移动终端通过浏览器访问 WAP 所支持的网页，以实现信息的查询，这种方式初步解决了第一阶段的移动电子商务的问题。但由于访问 WAP 所支持的网页的交互能力较弱，移动电子商务系统的灵活性和便捷性不足，不能很好地满足用户的需求。

3. 第三阶段的移动电子商务

第三阶段的移动电子商务是目前最新的移动电子商务，它充分结合了 WAP、移动 IP

技术、GPRS、第三代移动通信技术、数据库同步技术、移动定位系统技术、基于 SOA 构架的 Web Service、智能移动终端和移动 VPN 技术相结合的第三代移动访问和处理技术，大大提高了移动电子商务系统的交互性和安全性，为用户提供了一种快速、安全的移动商务办公机制。

随着智能终端和移动互联网的快速发展，移动电子商务的发展越来越快，带来的便利性越来越突出。《北京商报》中有关移动电子商务的相关内容表明，2015 年移动电商成交额首次超过 PC 端，移动端将成为电子商务主要的交易渠道。

8.3.2 移动电子商务的特点

移动电子商务是在电子商务的基础上延伸出来的，是对有线电子商务的整合与发展。与传统的基于 PC 端的电子商务相比，移动电子商务主要使用移动终端进行商务活动，其特点主要有以下 5 点。

扫码看视频：

移动电子商务的特点

（1）移动电子商务由于采用移动终端进行商务活动，不受时间、地点等因素的影响，可以随时随地进行电子商务活动。且由于移动终端一般体积较小，便于携带，可以随着用户的移动而变化。

（2）第 39 次《中国互联网络发展状况统计报告》显示，截至 2016 年 12 月，中国网民规模达 7.31 亿，手机网民规模达 6.95 亿，占比达 95.1%，增长率连续 3 年超过 10%。台式计算机、笔记本电脑等设备的使用率均出现下降，手机成为使用率最高的个人上网设备。由此可见，基于手机等移动终端设备的用户规模巨大，其消费能力已经超过了传统有线电子商务。

（3）移动终端具有比 PC 端更高的连通性与定位性，能够更好地发挥电子商务的个性化特征，为用户提供更多定制化服务，以满足不同用户的需求。

（4）移动电子商务灵活、便利的特点，使得它拥有更广泛的用户基础和应用领域。

（5）移动电子商务基于互联网的诸多技术，可以保证交易的安全，但又由于网络的开放性，移动电子商务交易也具有一定的安全隐患。

8.3.3 移动电子商务的发展

移动电子商务在 2015 年和 2016 年保持着高速发展的态势，据艾瑞咨询统计，2015 年，中国移动端购物规模达 2.1 万亿元，同比增长 123.8%，占网购规模比重 55.5%。2016 年，中国移动网购占整体网络购物交易规模比重的 68.2%，比 2015 年增长 22.8 个百分点。这说明近两年来，中国移动终端已超过 PC 端成为网购市场主要的消费手段，并且，各大电商平台、品牌商陆续加大对移动端市场的投入，通过移动端进行消费的用户不断增长，未来移动电子商务市场仍将保持较快的增长速度。

扫码看视频：

移动电子商务的发展

移动电子商务环境下，消费者的习惯和需求逐渐发生变化，用户希望能够随时随地精准地享受到各项个性化服务，这就需要更完善的移动电子商务技术体系的支持，如目前的移动定位技术、二维码技术和移动支付等技术。未来，移动电子商务的技术体系还要朝着更加智能化、全面化的方向发展，移动设备也需要向更加适应移动终端的方向发展，这也为广大应用开发商和企业提供了更多的商业机会。

8.3.4 移动电子商务的分类

从应用的角度对移动电子商务进行分类，主要包括信息服务类、交易服务类、娱乐服务类和行业应用服务类等。

（1）信息服务类：移动电子商务信息服务主要指通过移动网络提供的信息服务，主要包括移动信息服务（新闻资讯、天气预报等）、移动电子邮件服务和基于位置的服务（如位置查询、定位）等内容。

（2）交易服务类：移动电子商务所涉及的交易服务类业务按照交易方向的不同，可以分为移动金融服务和移动购物服务。移动金融服务主要包括银行业务、移动支付业务和移动电子薪水等业务。移动购物服务主要包括移动零售业务、移动售票业务和移动拍卖等业务。

（3）娱乐服务类：娱乐服务类业务主要包括移动音乐、视频观看和下载及移动游戏等服务。

（4）行业应用服务类：主要是指面向行业的专门移动应用系统，如安全生产监控服务、公共事业缴费服务等。

8.4 移动电子商务的应用

移动电子商务的移动性、开放性和便捷性等特点，使其能够全面支持移动网络的各项应用，如图 8-9 所示。下面我们主要从移动电子商务的应用市场、应用层次和各行业应用等方面进行介绍。

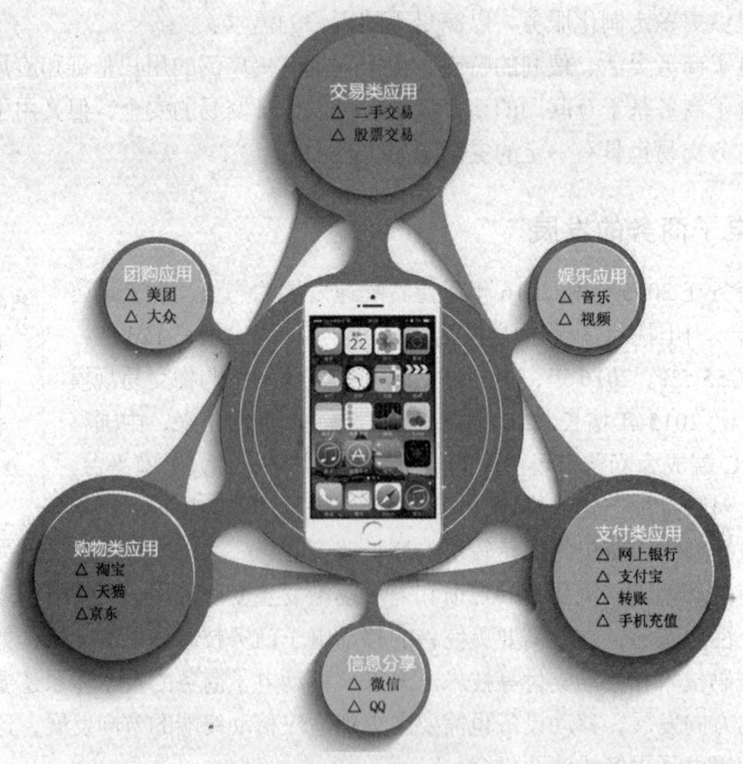

图 8-9 移动电子商务的常见应用

8.4.1 移动电子商务的应用市场

移动电子商务的应用市场主要包括个人应用市场和企业应用市场。

（1）个人应用市场：是指个人对象通过无线终端设备接入到互联网，以获取各种所需服务的应用市场，如娱乐服务、生活服务等。

（2）企业应用市场：以企业为对象，提供企业管理和服务的应用市场，如信息数据服务、营销与广告服务和企业管理服务等。

8.4.2 移动电子商务的应用层次

移动电子商务的应用层次主要是通过商务层次来进行划分，主要包括核心交易层、包装服务层和交易支持层。图 8-10 所示为每层的关系与大致内容。

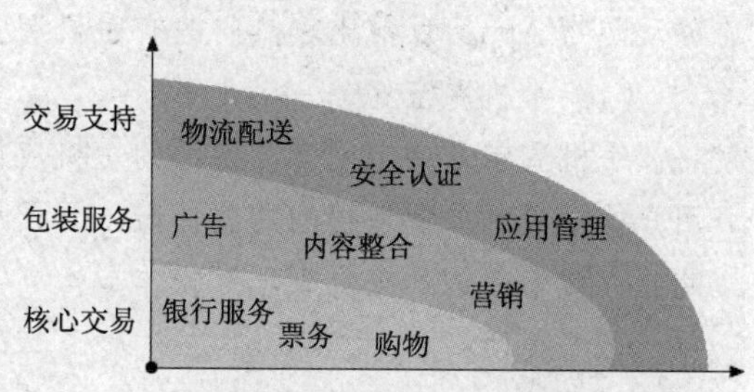

图 8-10　移动电子商务的应用层次

（1）核心交易：是指通过移动电子商务向用户提供的核心服务。如通过各类电子商务平台 App 进行购物，汽车、飞机票订购，手机网游和转账缴费等。

（2）包装服务：是指辅助核心交易的服务，主要包括广告、内容整合、营销和搜索服务等。

（3）交易支持：是指保证交易活动正常进行所提供的服务，如物流配送、安全认证等。

8.4.3 移动电子商务在各行业中的应用

移动电子商务现已渗入人们工作生活的方方面面，所涉及的领域非常广泛。下面主要从移动娱乐、移动办公、移动购物、移动金融、无线医疗和移动营销等方面进行介绍。

扫码看视频：

移动电子商务在各行业中的应用

1. 移动娱乐

移动电子商务环境不再受空间和时间的限制，只需通过手机等移动终端设备即可接入，娱乐方式变得更加简单和方便。同时，娱乐的种类也更加丰富，如移动微信、移动 QQ 等以即时沟通为主的移动服务；移动微博、移动广播等以信息服务为主的移动服务；移动音乐、移动游戏和移动视频等为主的纯娱乐移动服务。这些娱乐服务可以直接在网站或应用商店中下载或共享，并且能够为移动运营商、内容提供商和服务商带来附加的收入，是影响范围最广的移动电子商务应用服务。

2. 移动办公

移动办公是通过手机、平板电脑等移动终端设备中的移动信息化软件，与企业的办公系统连接，将原本的公司内部局域网变为安全的广域网，摆脱传统办公时间和场所对工作的限制，实现随时随地移动办公的需求，如短信提醒服务、远程会议、信息浏览与查询、远程内部办公网络访问等。移动办公有效地解决了企业管理与沟通的问题，使企业整体运作更加协调。

3. 移动购物

随着移动电子商务的发展，传统电子商务商家纷纷进军移动市场，如淘宝、京东和当当网等大型电商平台开发的手机淘宝、手机京东和当当等购物 App。用户下载并安装这些手机 App 后，即可直接在其中进行网上购物，如购买服装、鲜花预订和快餐订购等。其次，除了传统的商品类购物外，车票、机票、电影票和入场券等票务购物也逐渐兴起并成为移动购物的一大主要业务。移动购物改变了用户的传统购物方式，为用户提供了更加方便和快捷的服务。

阅读材料

主流手机购物App

手机是人们最常使用的移动终端设备，通过手机可以方便地下载、安装并使用各种移动购物 App。目前比较热门的有手机淘宝、美团、闲鱼、蘑菇街和唯品会等。

（1）手机淘宝

手机淘宝是淘宝网官方出品的手机应用软件，依托淘宝网强大的自身优势，能够为用户提供更加方便快捷的购物体验，方便用户随时随地进行搜索比价、宝贝浏览、移动购物、订单查询和宝贝管理等操作。

（2）美团

美团手机 App 是美团团购网官方出品的手机应用软件，是国内成立较早、口碑较好、综合实力较强的大型团购软件，能够随时随地为用户提供各个城市的美食、酒店和娱乐等众多信息及电子兑换卷。像美团这样的手机团购软件还有很多，如大众点评、百度糯米等。

（3）闲鱼

闲鱼也叫淘宝二手，是基于淘宝平台开发的用于闲置交易的 App 客户端。用户可以直接使用淘宝或支付宝账号登录闲鱼 App，然后根据需要自主上传二手闲置物品售卖，或进行在线交易或管理宝贝等操作。闲鱼 App 为用户提供了更加方便的闲置物品的处理方法，并且基于淘宝网强大的功能，能够最大程度保障用户的交易安全。

（4）蘑菇街

蘑菇街是一个专为时尚女性提供服装、鞋包、配饰和美妆等商品的电子商务平台，受到众多年轻女性的喜爱。2016 年 6 月 15 日，美丽说、蘑菇街和淘世界合并，并宣布新集团为美丽联合集团。蘑菇街 App 就是基于美丽联合集团旗下，融合了蘑菇街、美丽说、淘世界的特色功能而打造的一款集购物、生活和玩乐于一体的社交购物应用。

（5）唯品会

唯品会是一家专门做特卖的网站，主营业务是在线销售品牌折扣商品。其包含的商品种类丰富，如服饰、鞋包、美妆、母婴和家居等。唯品会 App 是唯品会针对移动终端用户推出的一款移动购物软件。通过唯品会 App，用户不仅能够购买到正品行货，还能享受更多低价优惠和折扣。

4. 移动金融

移动金融包含的内容较多，如移动银行、移动支付和移动股票等，用户可以随时随地通过移动终端设备进行金融业务服务，如账户余额查询、转账付款、话费充值、水电气缴纳、股市行情查询和股票交易等。其次，还能获得实时财务信息并进行金融信息的查询和浏览，快速掌握金融市场动向。常见的移动金融应用有支付宝、中国建设银行、同花顺、中国工商银行和大智慧等。

5. 无线医疗

医疗一直是备受人们关注的领域，随着医疗技术与无线技术的进步，无线医疗技术开始逐步出现并融入全球医疗系统。通过无线医疗系统，可以实现以下功能。

（1）实现不同医疗机构之间的信息共享，加快疾病诊断和治疗方案出台的速度。

（2）方便远程监控病患，确保医疗机构及时了解患者的情况。

（3）更先进的技术和设备，能够帮助病患更好地进行治疗，降低由于医疗环境低下带来的误诊率。

目前，无线医疗主要是通过传感器和无线通信设备来进行病情监测和体征数据的提取，随着技术的发展和投入的增加，未来无线医疗将成为重要的移动电子商务应用领域。但要想真正应用这种技术，还需要注意一些问题。

（1）无线连接：无线信号容易受到其他物体的阻碍，如高大建筑物，这样会使无线信号不稳定，信息接受出现一定障碍。其次，在没有无线信号覆盖的地方无法正常运行无线医疗系统。因此，要保证无线连接的稳定、高速，这样才能更好地使用无线医疗系统。

（2）安全性：网络的开放性特征容易使无线医疗系统中的病患数据及其他信息泄露或遭破坏，一定要保证系统的所有硬件设备的访问安全、数据传输安全和数据存储安全，避免出现这种问题。

（3）互操作性：无线技术设备的种类繁多，怎样实现这些不同设置之间的互操作性，使无线医疗系统进一步得到发展是一个重要的问题。

6. 移动营销

电子商务业务向移动终端的转移带动了营销的移动化，通过移动营销可以更加快速、便利地进行信息传递与消费者互动，能够帮助企业更快抢占移动互联网市场，促进消费市场的线上线下整合。移动营销具有受众目标群体明确、信息传递及时和互动性强等特点，是目前非常流行的营销方式，如微博营销、微信营销等。

8.5 案例分析——钉钉移动办公平台

钉钉是阿里巴巴旗下的一款专门为中国企业打造的集通信、协同办公为一体的免费智能移动办公平台，以帮助企业更好地实现内部和商务沟通，全方位提升企业的工作效率。

钉钉提供了PC版、Web版、iPad版、App watch版和手机版等多个终端的版本，方便用户在不同的设备上进行协同办公，实现真正的智能移动办公。钉钉的功能与服务十分丰富，能够保证企业成员之间的正常沟通，帮助企业进行人员和业务管理，并且还能接入企业自定义的应用，使工作更加简单。

8.5.1 沟通功能

钉钉提供了丰富的企业沟通功能，主要包括视频电话会议、智能办公电话、DING 和统一通信录等。

视频电话会议是一种多人电话/视频会议沟通方式，能够随时随地发起与同事、客户的会议，实现面对面沟通的效果。视频电话会议拥有高清稳定的画面，支持3~5人同时加入，且不需要支付多余的话费。

智能办公电话是对传统座机办公的升级，它免去了传统复杂的申请、布线过程，只需企业在线申请一个办公电话专号，即可通过钉钉免费拨打或接听办公电话。

DING是一种消息通知功能，钉钉发出的DING消息一般以免费电话、短信或应用内消费的方式进行通知，当接收人收到DING消息提醒后，可以以语音或文字的形式回复，实现消息的快速和无障碍传达。

统一通信录是钉钉内集成的企业组织构架管理软件，通过它，企业可以导入企业内外部联系人和组织构架进行统一管理，方便企业管理人员随时随地添加、删除、查找和联系企业内外部的任何成员，真正实现企业管理的扁平化。

8.5.2 内部协同功能

为了方便企业进行内部管理，钉钉还专门提供了内部协同功能，主要包括C-SmartWork、C-Space、C-Mail和工作往来。

C-SmartWork主要提供了考勤、日志智能报表和审批支持自定义3种功能。C-SmartWork支持无网络信号打卡，企业可以任意选择提供的多种考勤方式进行考勤管理，并且还能自动生成考勤报表，随时随地了解各种出勤状况。日志智能报表提供了随时随地掌握企业人、财、物的管理方法，如企业内部人员出勤、客户情况和销售业绩等，并能结合最近的企业现状进行趋势分析，帮助企业管理人员更好地做出管理决策。审批融合了通信移动办公，可以随时随地进行申请，也可根据企业的个性化需要自己建立模板表单。

C-Space 是基于阿里云服务的企业云盘，不仅能为用户提供可靠、稳定和安全的企业基础诉求，还能自由设置自己文件的权限。C-Space 可以实现多端跨平台存储共享，因此不管是在计算机、手机还是iPad等设备上都可以随意存储和读取。除此之外，C-Space还提供了文件权限保护功能，已离职或调职员工无法进行文件的访问和其他操作。

C-Mail是E-Mail的升级，是一种与即时通信高度融合的商务办公邮箱。通过C-Mail发送邮件，企业能够更加准确地进行投递，并同时在接受人的聊天窗口中进行提示。同时，对于已读未读的邮件会进行标记，使用户能够第一时间获得邮件的状态。当遇到通过邮件传送无法解决的问题时，还能通过电话会议的方式自动联系所有的邮件收件人。

工作往来功能可以将企业间的业务往来和同事间的工作往来，无缝地整合进聊天场景，方便成员之间的沟通。

8.5.3 外部协同功能

外部协同功能使企业不仅能与企业内部人员进行沟通和协同，还将业务扩展到企业与企业之间。外部协同能够实现以下一些功能。

（1）快速建立与外部客户的业务往来，方便企业间进行业务管理，如随时随地订货、下单，共享消息等。

（2）收集外部上传的文件，并可对文件设置权限，保证文件的安全。

（3）提供了智能客服功能，为用户提供了更多学习与解决问题的方案。

（4）集成展示企业间的业务往来，轻松掌握客户信息。

8.5.4 开放平台

除了自身集成的这些功能，钉钉还逐渐开始与其他开放平台合作，如硬件品牌得力。通过这样的方式，钉钉能够更加全面地为企业提供智能移动办公服务，帮助企业提高运营效率和管理水平。

钉钉支持多种语言，在 WiFi 无线局域网、2G、3G 和 4G 移动数据网络下都能使用。截至 2016 年 8 月 31 日，已经有超过 240 万家企业及组织选择使用钉钉来进行移动办公，钉钉的各项功能保证了企业内外部的高效沟通，让业务连接更加紧密。钉钉以企业自身作为平台，通过企业来连接内外部，从而为企业提供更加高效便捷的协同环境。

根据上述材料分析以下问题。

（1）钉钉属于移动电子商务哪个领域的应用？

（2）钉钉为什么能够实现移动电子商务应用？

（3）谈谈你对移动办公的认识并试述钉钉的优缺点。

实践训练

为了更好地理解无线网络与移动电子商务，并掌握相关的基础知识，下面我们将通过一系列实践训练来进行练习。

【实训目标】

（1）了解无线网络的基本知识。

（2）了解移动通信的相关知识。

（3）了解移动电子商务的基础知识与应用。

【实训内容】

（1）收集无线网络的相关知识并进行总结。

（2）收集移动通信的相关知识并对移动通信进行分析。

（3）掌握移动电子商务的基本概念并对应用领域进行研究。

【实训要求】

（1）通过对无线网络知识的相关研究与分析，制作一张表格来说明无线网络与有线网络的区别以及各自的优势。

（2）通过对移动通信知识的相关研究与分析，列举 3 个目前主流的移动终端设备，说说它们接入网络的方式、采用的技术。

（3）通过对移动电子商务知识的研究，从移动电子商务的概念、优势和应用领域等方面进行总结和分析。

课后习题

1. 名词解释

（1）无线局域网　（2）无线路由器　（3）4G　（4）移动办公

2. 单项选择题

（1）无线局域网的主要通信标准是（　）。

A. IEEE 802.16　B. IEEE 802.11　C. IEEE 802.20　D. IEEE 802.13

（2）无线局域网可以转换为有线局域网，但需要通过（　）设置。

A. 无线 AP　B. 无线网卡　C. 无线路由器　D. 以上皆可

（3）WPAN 最典型的应用是（　）。

A. 手机　B. 小灵通　C. 无线传输　D. 蓝牙

（4）移动通信通过（　）进行传输。

A. 红外线　B. 微波　C. 无线电波　D. 激光

（5）下面哪项不是常见的移动终端（　）。

A. 手机　B. 车载电脑　C. POS 机　D. 对讲机

3. 多项选择题

（1）无线网络从覆盖范围的角度进行分类，可以分为（　）。

A. 无线广域网　B. 无线城域网　C. 无线局域网　D. 无线个人网

（2）常见的无线网络连接设备包括（　）。

A. 无线路由器　B. 无线网卡　C. 无线 AP　D. 无线网桥

（3）第三代移动通信技术的 3 种标准分别是（　）。

A. FDMA　B. CDMA2000　C. WCDMA　D. TD-SCDMA

（4）无线电波在空间中的传播方式主要有（　）。

A. 直射和反射　B. 折射和绕射　C. 穿透和散射　D. 漫射和平射

（5）移动电子商务的应用市场包括（　）。

A. 个人应用市场 B. 公共应用市场 C. 企业应用市场　D. 私有应用市场

4. 思考题

（1）移动电子商务的应用领域有哪些？结合本章内容谈谈你对移动电子商务的看法。

（2）移动通信技术的发展阶段有哪些？请具体说说。

5. 技能实训题

（1）下载并安装手机淘宝应用软件，体验使用手机进行移动购物的操作。

（2）选择不同的方式接入无线网络，如 Wi-Fi 或 4G，并在不同环境下进行娱乐体验。

（3）在 iOS 和 Android 操作系统的应用商城中查看第三方软件，并比较这两者。

第 9 章　电子商务支付

【学习目标】

- 了解电子支付的相关知识。
- 掌握网上银行的概念与应用。
- 熟悉网上支付的相关知识。
- 掌握移动支付的相关知识。

引导案例

刘女士是一名普通的在职员工，很喜欢商场购物。但一遇到节假日，人流量非常大，购物不便，随身还不能携带大量的现金，非常不方便。自从能够网上购物后，刘女士只要在网络商店中选购好商品，再利用网上银行或第三方支付工具就能非常方便的付款，不用再支付现金，也不用在拥挤的人潮中挑选商品，十分省心。

不仅如此，刘女士还说，除了网上购物外，她还能在网上进行车票预定，水、电、气缴费，手机充值，转账和个人理财等多种活动。以前必须要到实体店中进行的商务活动，现在几乎都能在网上完成，非常方便。并且随着智能手机的出现，现在还能直接通过手机进行购物和支付，到超市、餐厅等场所付款时，直接掏出手机扫一扫就能付款了，完全不用担心现金不够。

网络购物与电子支付为刘女士的生活带来了极大的便利，这也是目前大多数人的现状。可以说，网络购物与电子支付已经成为人们的主流生活方式，未来其覆盖和应用范围会越来越广泛。本章就将对电子商务支付的相关知识进行介绍，让读者更加深入了解目前为我们生活服务的各种支付手段。

【本章要点】

电子支付　　电子货币　　第三方支付　　网络银行

9.1　电子商务中的电子支付

电子商务活动的正常开展离不开电子支付，如网上银行转账、在线支付等。无论是电子商务企业、消费者还是银行等金融机构，都需要电子支付来进行连接，从而为整个活动画上完美的句号。而随着网络技术的不断发展，电子支付的方式也向多样化的方向发展，其前景非常可观。

9.1.1 电子支付的概念

电子支付（Electronic Payment，E-Payment）是指电子交易的当事人，包括消费者、厂商和金融机构，使用安全电子支付手段，通过网络进行的货币支付或资金流转。在普通的电子商务中可以理解为：消费者、商家、企业、中间机构和银行等通过 Internet 进行的资金流转，其实现方式很多，如信用卡、电子支票和电子钱包等。

最早的电子支付是银行间的业务办理结算。在此基础上不断发展和演变，形成了如今的网上支付。其发展阶段和主要功能如下。

（1）第一阶段的电子支付主要是银行和银行之间通过计算机办理结算。

（2）第二阶段的电子支付是银行与其他机构之间通过计算机进行资金的结算，常见业务包括工资代发、水电气费代交等。

（3）第三阶段的电子支付是网络终端向用户提供的各项银行服务，最典型的就是用户通过自动柜员机（ATM）进行资金的存、取操作。

（4）第四阶段的电子支付是银行销售终端（POS）向用户提供的自动扣款业务，如超市、商场中的 POS 支付系统。

（5）第五阶段的电子支付可以简单地用网上支付来表示。网上支付是指在 Internet 环境中，通过各种电子化工具来实现资金的流通和支付。

电子支付的应用需要功能完整的电子支付系统，以保证参与者之间的金融活动正常进行。例如，验证消息、银行转账对账、电子证券和交易处理等全方位的金融服务和金融管理信息系统。

9.1.2 电子支付与传统支付方式的区别

电子支付是在传统支付的方式上逐渐发展起来的，两者之间的区别主要有如下几点。

（1）电子支付采用先进的技术手段，通过数字化方式来完成相关的支付信息传输。而传统的支付方式则是通过现金、票据或银行汇兑等方式来实现资金的流转。

（2）电子支付基于 Internet 环境，是一种开放、方便的环境，其覆盖面非常广。而传统支付方式的环境则比较封闭，如信用卡只能在某些特定的经销商处使用。

（3）电子支付拥有先进的通信手段，并且对软、硬件设施的要求很高，要能保证交易的安全性。而传统支付方式则比较简单。

（4）电子支付的使用条件相对简单，只需要一台能上网的计算机或能联网的手机，就可以随时随地完成整个支付过程。而传统支付方式则需要较长的时间、一定数额的支付费用才能完成。

9.1.3 电子支付系统的主要参与者

电子支付系统的主要参与者包括直接参与者、间接参与者和特许参与者 3 种。

（1）直接参与者：中国人民银行地市以上中心支行（库）、在中国人民银行开设清算账户的银行和非银行金融机构，与城市处理中心直接连接。

（2）间接参与者：中国人民银行县（市）支行（库）、未在中国人民银行开设清算账户而委托直接参与者办理资金清算的银行和经人民银行批准经营支付结算业务的非银行金融机构。不与城市处理中心直接连接，其支付业务提交给其清算资金的直接参与者，由该直接参与者提交支付系统处理。

（3）特许参与者：经中国人民银行批准通过支付系统办理特定业务的机构。在人民银行当地分支行开设特许账户，与当地城市处理中心连接。

9.1.4 电子支付系统的要求

电子支付系统为参与电子商务活动的各方提供电子支付服务，不同的参与者对系统的要求不同，下面以参与对象为出发点简述对电子支付系统的要求。

（1）个人消费者：个人消费者具有支付频繁、金额不大等消费特点。因此对支付系统的要求比较简单，满足其方便、有效和使用简便的需求即可。

（2）零售商：零售商常常进行支付货款的接收，因此要求支付工具方便、灵活，且具有信用担保。

（3）工商企业：工商企业具有支付金额大、时间紧迫等特点，因此要求支付系统快速、安全，最大限度地降低流动资金的占用额和占用时间。

（4）金融机构：金融机构具有支付金额大、笔数少和时效性高的特点，因此要求支付系统必须能保证资金的安全，防止不必要的风险和流动资金的占用。

不管参与对象是谁，都需要保证电子支付系统最基本、最关键的要求，即电子支付系统的安全性。这是因为电子支付主要依靠互联网进行，由于计算机安全、网络安全等问题的存在，造成了电子支付的安全隐患。电子支付系统的安全要求主要包括有效性、真实性、保密性、数据完整性和不可否认性等。

阅读材料

四则网络支付风险案例

网络支付基于互联网进行操作，可能因为支付系统漏洞、账户信息泄露等问题导致支付风险，使用户的利益受损。以下摘取《第一财经日报》的部分支付机构风险事件案例。

1. 利用黑客手段盗取支付宝客户资金

2015 年 6 月，一伙不法分子通过网上购买他人提供的账号、密码等信息，使用扫号软件批量测试是否与支付机构支付账号、密码一致，比对成功后即使用这些信息进行盗窃。据统计，这伙人的计算机硬盘中存储了各类公民个人信息 40 多亿条，涉及支付宝、京东和 PayPal 等支付账户达 1 000 多万个，初步估算账户涉及资金近 10 亿元。

2. 网络融资平台用户资金被盗

不法分子通过购买某银行 600 余万条账户信息，将储户账户绑定到上海陆家嘴国际金融资产交易市场股份有限公司所运营的“稳赢”融资交易平台，并通过该平台将资金转移到用假军官证开立的同名银行账户，再通过支付机构以购物退款的方式将资金转移到被控制的他名银行“网络账户”，以盗取资金。

不法分子能够成功盗取资金主要有以下几方面的原因。

（1）绑定账户时，交易平台无需提供密码且可一人同时绑定多个账户的漏洞。

（2）银行违反账户管理规定和实名审核要求，开立假名账户。

（3）支付机构账户实名制落实不到位，对特约商户管理不严。

3. 网店店主利用某支付公司漏洞制作营业执照盗取资金

张某、刘某是一家购物网站的店主，在经营过程中二人发现，修改网店的支付账户用户名和密码，只需在网上向该家支付公司客服提交电子版营业执照即可。由于手续简单，实现性强，二人通过 Photoshop 软件伪造其他公司的电子版营业执照，修改密码，进而控制账户并盗窃资金共 20 余万元。

4. 快捷支付验证不足导致的客户资金被盗案件

由于业务需要，李先生托人代办信用卡，将预留手机号码、身份证与储蓄卡的高清照片都泄露给了对方，不料 3 日后卡内现金全部被盗。经查，李先生卡内的账款是通过快捷支付扣除的，但李先生并未收到任何银行卡支付密码的验证。这是因为开通快捷支付十分简单，只需在支付机构快捷支付页面提供本人的姓名、身份证号码、银行卡号以及银行预留手机号等有效个人信息即可。并且后期支付时，无须经过原有银行卡的支付密码验证，只需在支付页面上输入支付密码或关联银行卡信息即可完成资金交易。

9.1.5 电子支付的方式

现金支付是传统支付方式最主要的表现形式，具有小额支付和交易笔数多等特点。而随着电子支付的广泛应用，用户可以通过越来越多的电子支付工具来进行交易的支付，如电子现金、电子钱包、银行卡和电子支票等。

扫码看视频：

电子支付的方式

1. 电子现金

电子现金是现实货币的电子化或数字模拟，以数字信息的形式在互联网中流通。它将现金的数值转换为一系列加密序列数，然后用这些序列来表示各种金额的币值，以实现电子支付。

电子现金兼有纸币和数字化的优势，具有安全、方便和经济等特点，使用过程中需要涉及商家、用户和银行 3 个主体，需要经过提取、支付和存款 3 个过程。电子现金的基本流通模式可以表示为：（1）用户与银行执行提款协议从银行提取电子现金；（2）用户与商家执行支付协议支付电子现金；（3）商家与银行执行存款协议，将交易所得的电子现金存入银行。

（1）取款协议（Withdrawal Protocol）：通过执行取款协议，用户可以从自己的银行账户上提取电子现金，以便进行商务活动。取款协议需要保证在用户匿名提取的前提下获得带有银行签名的合法电子现金，同时用户还将与银行交互执行盲签名协议。在这个过程中，银行必须确保电子现金上包含必要的用户身份信息。

（2）支付协议（Payment Protocol）：支付协议用于实现用户使用电子现金从商店中购物

的活动。在这个过程中，需要验证电子现金的签名，以确保电子现金的合法性。同时还通过知识泄露协议来防止买家滥用电子现金。

（3）存款协议（Deposit Protocol）：用户及商家将电子现金存入自己的银行账户。在这个过程中，银行将检查存入的电子现金是否被合法使用，如果不合法，银行将使用检测协议跟踪非法用户的身份，并对其进行惩罚。

2. 电子钱包

电子钱包是一种支付结算的工具，可以看作是一个由持有人在线进行电子交易和储存交易记录的软件，是一种网上购物的新型“钱包”。电子钱包不仅具有普通钱包的功能，能够存放电子现金、信用卡等，还能进行电子安全证书的申请、存储和删除等管理操作，存储电子商务网站中收款台上所需的其他信息、存放地址簿，以及保存用户交易的信息记录，方便日后查询。

在电子商务活动中，使用电子钱包需要基于电子钱包服务系统，用户可以使用与自己银行账号连接的电子商务系统服务器上的电子钱包软件，也可以使用互联网上的其他电子钱包软件，这些软件一般都是免费的。

3. 银行卡

银行卡支付是电子商务发展过程中使用频率一直比较高的一种支付方式，在 B2C、C2C 和小额的 B2B 电子商务活动中，银行卡使用很广泛。银行卡是由银行发行的金融交易卡，如信用卡、借记卡和复合卡等。

（1）银行卡的应用领域

银行卡的广泛使用不仅推动了电子资金转账（Electronic Funds Transfer，EFT）系统和电子银行的建立和发展，也推动了社会信息化和经济全体化的进程。银行卡主要应用于以下领域。

① 使用银行卡，人们不用携带大量现金就能购物，直接通过 EFT 或 POS 系统即可进行资金的转移。

② 银行卡持卡人可以通过 ATM 系统进行存取款、转账和查询等操作，也可使用信用卡预支现金。

③ 不同对象可以银行联机。如企事业单位可以与银行的主机系统联机，联机后即可使用单位内部的终端系统与银行进行商务交易活动。个人可以通过个人计算机与银行主机联机，以实现查询、转账和投资理财等商务活动。

④ 在互联网中进行各种电子商务活动可以通过银行卡账户来实现资金的消费或转移。

（2）银行卡的分类

随着电子支付的发展，银行卡的种类逐渐丰富起来，但不同银行卡的结算方式、使用权限和使用范围等都有所不同。通常按照银行卡的结算方式进行分类，可将银行卡分为贷记卡、借记卡和复合卡 3 种。

① 贷记卡是最早出现的一种银行卡，也叫信用卡。它是银行等金融机构发放给持卡人为其提供自我借款权的一种银行信用方式。信用卡由银行或专门的信用卡公司签发，持卡人凭卡可以在银行规定的信用额度内消费或支取现金。信用卡根据持卡人的资信等级，设有不同的信用额度，一般等级越高额度越高。信用卡要求持卡人在规定的期限内结清余额，否则将

支付多余的利息。

② 借记卡是在信用卡的基础上推出的，它要求持卡人必须在发卡行有存款。借记卡主要用于消费和ATM存取，是目前使用最多的一种银行卡。

③ 复合卡是一种兼具贷记卡和借记卡功能的银行卡，它要求持卡人必须事先在发卡行缴存一定金额的备用金，当备用金不足时，可以透支复合卡内一定信用额度的资金。

提个醒

按照银行卡的信息载体材料进行分类，可以将银行卡分为塑料卡、磁卡、集成电路卡、复合介质卡和激光卡等。

4. 电子支票

电子支票是纸质支票的电子化，通过借鉴纸质支票转移支付的优点，将其改变为带有数字签名的电子报文，使资金以数字的形式从一个账户转移到另一个账户的一种电子支付方式。电子支票必须保证其合法性，目前一般是通过专用网络、设备、软件及一套完整的用户识别、标准报文和数据验证等规范化协议完成数据传输。

电子支票的支付过程包括开具电子支票、电子支票付款和资金清算3个方面。用户首先要在提供电子支票服务的银行注册，获得电子支票。其次才能使用电子支票向卖方支付，最后卖方根据自己的需要定期将电子支票存到银行，进行资金清算。

9.2 网上银行

随着电子商务的快速发展，1995年10月，全球第一家网上银行SFNB（安全第一网上银行）产生，它的出现对传统金融业产生了巨大的冲击，由此开启了网上银行的快速发展。目前，网上银行已经彻底融入人们的日常生活，使人们足不出户就能安全、便捷地完成各项金融业务。

9.2.1 网上银行的概念

网上银行又称网络银行、虚拟银行或在线银行，是指金融机构利用网络技术在Internet上开设的银行。网上银行实质上是传统银行业务在网络中的延伸，它采用Internet数字通信技术，以Internet作为基础的交易平台和服务渠道，为用户提供开户、销户、查询、对账、转账、信贷、网上证券和投资理财等全方位的服务。

网上银行也可以理解为传统银行柜台的网络化，它不用像传统银行柜台那样设置众多的分支机构，只要建立一个统一的网上银行网站，用户就能通过Internet在任何地点、任何时刻获得银行提供的个性化的全方位服务。网上银行的快速发展和推广应用，极大地降低了银行的经营成本，提高了资金的周转速度，是目前主流的电子支付方式。

提个醒

网上银行通过互联网上的虚拟银行来代替银行大厅和营业网点，其本质还是银行作为引用中介和支付中介在起作用。

9.2.2 网上银行的特点

与传统银行柜台相比，网上银行具有以下几种特点。

（1）个性化：网上银行是银行根据自身市场定位和用户需求，为用户量身打造的具有自身特色的网上银行，以增加银行在各大商业银行中的竞争力，提高银行效益。

（2）智能化：网络银行借助互联网和数字技术，用户无须银行工作人员的帮助就能在短时间内完成各项金融业务，如资金转账、账户查询等。其次网上银行还提供了和用户的交互沟通渠道，用户可以在访问网上银行时根据需要提出具体的服务要求，网上银行将给出对应的解决方案，这一过程完全通过互联网来实现，充分实现了银行业务的智能化。

（3）多样化：网上银行在传统柜台业务的基础上进行延伸和创新，不断设计出新的业务品种和新的业务方式，以满足用户多元化的需求。同时，不断扩充银行的业务范围，增加银行的企业竞争力。

（4）简单化：网上银行的使用十分简单，只要在 Internet 环境下根据网络银行网页的提示即可选择自己需要的各项业务。网上银行的操作界面一般都十分简单、清晰，方便用户查看和操作。任何具有互联网基础知识的用户都能够很快掌握网上银行的操作方法。

随着互联网的快速普及，网上银行的使用范围更加广泛，越来越多的银行业务被整合到网上银行，以便为用户提供更加快捷、高效和可靠的全方位服务。同时也会促进银行在服务质量、客户满意度等方面的提升，增强银行的核心竞争力，最终使网上银行向业务综合化、国际化和高科技化的方向发展。

9.2.3 网上银行的分类

按照不同的标准，可以将网上银行分为不同的类型。通常，我们可以按照服务对象和经营组织形式来分类。

1. 按服务对象进行分类

按照服务对象进行分类，可以将网上银行分为个人网上银行和企业网上银行。

个人网上银行主要用于为个人提供网上银行服务，如账户查询、投资理财和在线支付等，使个人客户足不出户就能安全、便捷地完成各项金融服务的操作。个人使用网上银行需要持卡人本人携带身份证、银行卡到开卡银行申请开通个人网上银行，获得电子证书并成功安装后即可通过 Internet 进行访问。

企业网上银行主要用于为企业、政府部门等企事业单位服务。企事业单位通过企业网上银行可以了解企业的财务运作情况，进行企业内部资金调配、账户管理、收付款、贷款和投资理财等金融服务。

2. 按经营组织形式分类

按照经营组织形式，可以将网上银行分为分支型网上银行和纯网上银行两类。

（1）分支型网上银行

分支型网上银行是指现有的传统银行利用互联网作为新的服务手段，建立银行站点、提供在线服务而设立的网上银行。这种类型的网上银行可以看作传统银行的一个特殊分支机构或营业点，又称为网上分行、网上柜台或网上分处理等。

分支型网上银行不仅可以独立开展金融业务，主要包括财务查询、转账和在线支付等，还能为其他非网上机构提供辅助服务。并且，随着互联网技术和电子商务的快速发展，网上银行和电子支付工具已经逐渐被人们所熟知并熟练使用，分支型网上银行的业务也随之更加丰富，目前除了不能进行现金的存取，其他的业务基本都能实现，如网上开户、网上贷款、电子支付或资产、证券交易等。分支型网上银行已经成为一种最常见的网上银行。

（2）纯网上银行

纯网上银行又称虚拟银行，是指仅以互联网为依托提供服务的网络银行。它本身就是一家银行，除了后台处理中心外，一般只有一个具体的办公场所，没有具体的分支机构、营业柜台和营业人员，所有的业务都通过网络来完成。全球第一家网上银行 SFNB（安全第一网上银行）就是完全依赖 Internet 发展起来的纯网上银行，用户进入该网站后即可选择所需服务的业务。腾讯的微众银行是中国第一家正式获准开业的网上银行，主要为用户提供消费金融、财富管理和平台金融 3 大服务。

9.2.4 网上银行的功能

网上银行的功能随着互联网与用户需求的变化而不断发展与创新，不同银行的网上银行其服务功能有所不同。但综合来看，一般都具有下面几项功能。

1. 信息类服务

网上银行是传统银行的网络化，其表现形式一般为网站、手机 App 等平台。为了让用户了解银行的相关业务和服务，网上银行一般会在网站上提供基本的信息，主要包括银行的历史背景、企业文化、经营范围、网点分布、业务品质、经营状况，以及最新的国内外金融新闻和企业资讯。这些信息不仅能够让用户更加了解银行的相关业务和操作方法，还能很好地对银行起到宣传推广的作用，进一步树立银行的形象，加深银行在用户心中的印象。

2. 决策咨询类服务

网上银行与传统柜台一样可以为用户提供决策咨询类服务。一般情况下，网上银行会以电子邮件或电子公告的形式提供银行业务的疑难咨询及投诉服务。这些都是建立在网上银行的市场动态分析反馈系统基础上的，通过该系统，网上银行可进行信息的收集、整理、归纳和分析活动，从而及时提供问题的解决方案。同时，它对市场动向进行关注和分析，以便为银行决策层提供新的经营方式和业务品种的决策依据，进一步为用户提供更加完善和周到的服务。

3. 账务管理类服务

网上银行能够提供完善的账务管理服务，包括用户的账户状态、账户余额、交易明细等查询服务；账户自主管理，如新账户追加、账户密码修改和账户删除等；账户挂失与申请等服务。通过网上银行，用户可以清楚了解这些业务的办理方法并免除了去柜台办理的麻烦，通过在线填写信息、提交资料的方式简化了办理手续。

4. 转账汇款类服务

转账汇款是用户使用最频繁的网上银行的功能。通过网上银行，用户可以实现多种账户之间的转账汇款，收款人既可以是个人客户，也可以是企业客户，或者其他商业银行的个人客户，甚至全球汇款等。同时网上银行可记录用户的转账记录，可保存收款人的信息，通过收款人名册可以直接选择收款人信息，免去了信息重复输入造成的失误。

5. 网上支付类服务

网上支付功能是随着电子商务的发展应运而生的，是一种向用户提供的互联网上的资金实时结算功能。用户在进行电子商务活动时，需要使用网上支付功能来进行资金的转移，保证交易的完整与正常。除此之外，还能通过网上银行进行网上缴费服务，如为本人或他人缴纳水费、电费、煤气费、手机话费、市话费和学费等各种日常生活费用。或预先制定缴费的交易时间和交易频率，由系统定时按设置的交易规则自动发起缴费交易。

提个醒

还可开通快捷支付业务，以实现与指定商户的直接支付功能。这样，用户无须登录网上支付页面就可支付交易。

6. 金融创新类服务

网上银行的功能并非一成不变，它随着互联网、科学技术的发展而逐渐向更全面和互动性的方向发展，以便为用户提供更加智能化、个性化的服务。如金融产品的网上销售、企业集团客户内部资金的调度与划拨、信贷资产证券化、互联网金融、小微金融和众筹金融等。

互联网金融是指传统金融机构与互联网企业利用互联网技术和信息通信技术实现资金融通、支付、投资和信息中介服务的新型金融业务模式。小微金融主要是指专门向小型和微型企业及中低收入阶层提供小额度的可持续的金融产品和服务的活动。众筹金融则是通过在互联网上发布筹资项目来吸引资金支持，它需要筹资项目足够吸引人。需要注意的是，众筹不等于捐款，如果项目失败，众筹的资金需要退还给支持者，如果项目成功，支持者则会获得相应的回报。

阅读材料

餐饮业众筹失败案例

在政府政策的大力扶持下，2015 年众筹金融迎来了快速发展，不同形式、不同规模的众筹项目开始雨后春笋般地出现。餐饮业因为投资门槛低和方便操作等特点，成为不少中小投资者所青睐的项目。其中最典型的就是长沙的“印象湘江”和杭州的“聚咖啡”。但在市场需求旺盛的同时，许多众筹项目纷纷以失败而告终。

（1）长沙众筹餐馆“印象湘江”关店

“印象湘江”是长沙以“众筹”方式开办的最大的一家餐馆，其股东有93位，共筹集了100万元的启动资金。而时隔一年之后，这项曾引发舆论广泛关注的项目却因为资金断链、债务缠身难以为继，最终决定停业清算，关门大吉。

（2）杭州首家众筹咖啡店“聚咖啡”停业

“聚咖啡”成立于2014年，成立之初共有110名股东出资，共筹得60万元资金。但在随后的经营中，由于店铺房租昂贵、股东意见不统一和股东热情消减等原因，店铺经营困难，最终以咖啡店的停业而告终。

“印象湘江”“聚咖啡”的失败并非个例，其他类似的众筹项目也因为经营不善而倒闭。究其原因，一般都是由项目质量、股东决策效率低、财务不透明、缺乏第三方监管、行业利润率低和缺乏投资者教育等因素导致。在众筹金融快速发展，带来便捷与高收益的的同时，也需要人们思考，怎样才能避免和解决由于众筹行业本身特性所带来的风险，使众筹项目走向成功。

9.3　网上支付

网上支付属于电子支付的一种，又称为网络在线支付，它通过计算机、互联网实现买卖双方的资金清算、查询统计和资金转移等。

9.3.1　网上支付的产生与发展

网上支付是在电子支付的基础上发展起来的，是电子支付的最新发展阶段。网上支付比ATM存取款、POS支付结算等基于专线的电子支付方式更加方便、先进，是目前主流的电子支付方式。中国互联网络信息中心发布的第39次《中国互联网络发展状况统计报告》中显示，截至2016年12月，中国网上支付的用户规模达到4.75亿，较去年增加了5 831万人，中国网民使用网上支付的比例从60.5%提升至64.9%。其中，手机支付用户规模增长迅速，达到4.69亿，网民手机网上支付的使用比例由57.7%提升至67.5%。造成网上支付用户规模高速增长的原因主要有以下几点。

（1）电子商务应用的高度发展促进了网上支付需求的增加。

（2）网上支付手段的方式更加丰富，并有一些补贴政策，吸引了更多的非网上支付用户改变支付方式。

（3）网上支付厂商的大力营销增加了网上支付的影响力，带动非网上支付用户的转化，如支付宝春晚“集福”活动。

网上支付毫无疑问是目前最流行的电子支付方式，未来商业银行将形成以网银支付为基础，移动支付为主力，电话支付，自助终端、微信银行等多种电子渠道为辅助的电子银行业务结构。

9.3.2　网上支付的特点

网上支付可以进行资金清算、查询等业务，它具有如下特点。

（1）基于互联网环境：网上支付通过计算机和互联网进行在线支付，操作人一般为账户本人。

（2）快捷高效：网上支付无需到银行即可办理银行的相关业务，在线转账、资金查询等都通过网上银行办理，缩短了用户工作周期，提高了资金的周转速度。

（3）成本低：网上支付的时间成本和资金成本都更低，一般根据用户的信用等级与各个银行的标准来收取手续费。一般手续费很低，有的还为零。

（4）提高资金管理水平：通过网上支付方式，用户可建立自己的消费记录，进行账单分析、预测市场趋势，使企业可高效率地进行资金清算和分析，提高资金的管理水平。

9.3.3　网上支付系统的基本构成

网上支付系统是基于互联网公共网络平台的电子商务电子支付体系，其支付与结算的过程一般包括客户、商家、银行或其他金融机构、商务认证管理部门等，它们在电子支付系统中的关系如图 9-1 所示。其中，客户与商家分别代表在网上开展商务交易的双方，即买方与卖方。客户的开户银行是指支出行或付款行；商家的开户银行则指接受行或执行行。认证中心则是第三方认证机构。

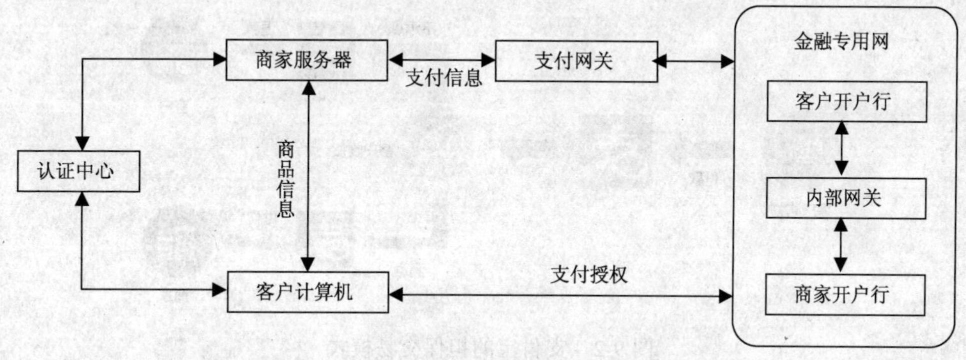

图 9-1　电子支付系统中各组成要素的关系

电子支付系统中各构成要素的含义分别介绍如下。

（1）客户：客户是电子商务活动的发起者，通过各种电子支付工具发起支付请求。

（2）商家：接受客户的电子支付手段请求并为客户提供商品或服务。商家一般设置专门的服务器来处理这一过程。

（3）客户开户行：客户开户行是指拥有客户资金的银行，用于提供客户进行电子支付的工具，并同时提供一种银行信用，保证支付工具的真实与可兑付。

（4）商家开户行：商家开户行是商家开设的资金账户银行，用于支付授权的请求与自己的清算工作，是整个支付与结算过程中资金的最终流向地。

（5）支付网关：支付网关（Payment Gateway）是银行金融网络系统与 Internet 网络之间的安全接口。它用于处理所有的 Internet 支付协议、Internet 安全协议、交易交换、信息及协议的转换以及本地授权和结算处理，以保证电子支付过程的安全。

（6）金融专用网：金融专用网是专供银行内部及各个银行之间进行通信的专用网络，具有很快的网速和很高的安全性，如中国人民银行电子联行系统、工商银行电子汇兑系统、银行卡授权系统等。

（7）认证中心：认证中心用于为参与电子商务活动的各方发送数字证书，以确认各方的真实身份，保证电子支付的有效与安全。

9.3.4 第三方支付

“第三方支付”就是买卖双方在交易过程中的资金“中间平台”，这些平台与各大银行进行签约，具备一定实力和信誉保障。随着电子商务的发展，各个水平商务平台的兴起，第三方支付现已成为中国电子商务活动中的主流支付方式。

1. 支付宝

支付宝（www.alipay.com）是阿里巴巴旗下的第三方支付平台，也是目前国内最大的第三方支付平台。自 2003 年 10 月淘宝网首次推出支付宝服务，2004 年 12 月支付宝率先推出了“担保交易”的模式，后又推出“全额赔付”支付，提出“你敢用，我敢赔”的承诺，使得网上支付的安全得到了最大的保障。支付宝最大的特点在于“客户收货满意后，商家才能拿到钱”，从而保证了交易过程的安全和可靠。图 9-2 所示为支付宝的担保交易模式。

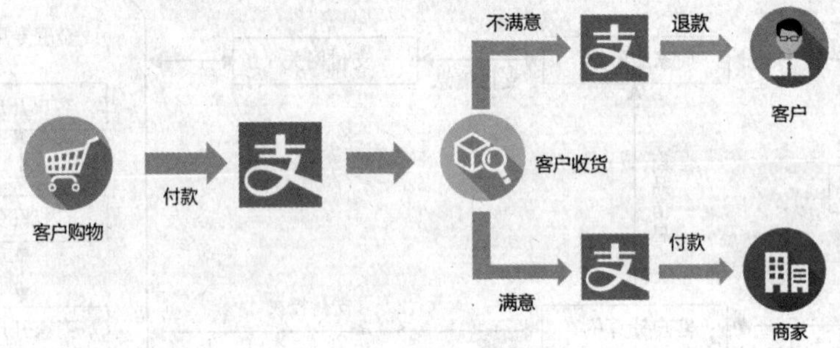

图 9-2　支付宝的担保交易模式

从 2010—2013 年，中国的第三方支付方式的交易额从 1.01 万亿元迅速增长到 5.37 万亿元，这里面支付宝就贡献了约 50% 的份额。2014 年，支付宝交易达 3.87 亿元，其中移动支付领域支付宝在第三方支付市场中占 76% 的份额。

支付宝之所以有如此的成绩，除了它“出道早”之外，与支付宝“可以办到的事情多”分不开。支付宝主要提供支付及理财服务，包括网购担保交易、网络支付、转账、信用卡还款、手机充值、水电气缴费和个人理财等多个领域。据不完全统计，截至 2016 年 6 月，支付宝平台的实名用户数已经超过 4 亿。支付宝与超过 200 家金融机构合作，覆盖了绝大部分的线上消费场景，同时大力拓展各种线下业务，包括出租车、公共交通、超市、便利店和餐饮等。在境外超过 30 个国家和地区，近 2 000 个签约商户已经支持支付宝收款，覆盖 14 种主流货币支付。在跨境购物退税方面，2013 年支付宝开始支持韩国购物退税，2014 年支付宝更将退税服务扩展到了欧洲。在金融理财领域，支付宝还推出了余额宝、招财宝和股票等理财产品，目前支付宝理财用户数超过 2 亿。

提个醒

支付宝作为阿里巴巴推出的支付工具，对客户来说是一种服务工具，对阿里巴巴来说是赢利工具。支付宝除了为自己旗下的电子商务业务提供支付服务外，还涉足多个电子商务平台，所有使用支付宝的商家都需支付手续费，费率为收到款项的 0.7% ~ 1.2% 不等。同时，客户在购物时付款至商家真正收到货款，这之间有一定的时间差，由于流量大、用户多，积少成多，故而形成一个连续不断的、拥有大量资金注入的资金池。这个资金池可作为资本运作、投资，其收益将不可估量。

2. 财付通

财付通是腾讯公司于 2005 年 9 月推出的在线支付平台，其市场份额仅次于支付宝，排在第二位。财付通依靠腾讯拥有 8 亿多 QQ 活跃用户，同时借助微信支付、QQ 钱包两种新支付入口的快速发展，市场占比进一步扩大。现在财付通拥有的个人用户数量已超过 2 亿，覆盖的企业包括腾讯游戏、网上购物、保险、物流和旅游等。

9.4 移动支付

移动支付是电子支付方式的另一种表现形式，由于具有携带方便、操作简单等特点，受到了广大消费者的青睐。下面我们将对移动支付的相关知识进行介绍，主要包括移动支付的定义、移动支付的发展现状、移动支付的交易过程和移动支付的方式。

扫码看视频：

移动支付

9.4.1 移动支付的定义

关于移动支付，国内外移动支付相关组织都给出了自己的定义，主要包括如下 3 种。

（1）国外调研机构 Gartner 认为：移动支付是在移动终端上使用包括银行账户、银行卡和预付费账号等支付工具完成交易的一种支付方式。但其中不包括基于话费账户的手机支付、IVR 支付（电话银行语音系统支付）以及智能手机外接插件实现 POS 功能的 3 种方式。

（2）国外调研机构 Forrester 认为：移动支付是通过移动终端进行资金划转来完成交易的一种字符方式，但其中不包括移动终端语音支付方式。

（3）国外学者德勤认为：移动支付是指用户使用移动终端，接入通信网络或使用近距离通信技术完成信息交互，资金从支付方向受付方转移从而实现支付目的的一种方式。这种看法比较全面，可以作为目前对移动支付较为正式的定义。

移动支付的形式非常多，不同的形式所采用的方法也不相同。一般来说，可以将其分为如下 3 种类型。

（1）按照是否先指定受付方进行分类，可以将移动支付分为定向支付（如公用事业缴费）和非定向支付（如商场购物缴费）。

（2）按照支付金额的大小，可以将移动支付分为大额支付和小额支付。

（3）按照通信方式可以将移动支付分为远程支付和近场支付。远程支付也叫线上支付，是指利用移动终端通过移动通信网络接入移动支付后台系统，完成支付行为的方式。近场支付是通过移动终端，利用近距离通信技术实现信息交互，从而完成支付的非接触式支付方式。

9.4.2 移动支付的发展现状

随着电子商务与智能手机的广泛普及，手机网民快速增长并促进了移动支付的发展。移动支付提供了更加简单、快捷的支付方式，是一种更加符合消费者需求的支付方式。由于具有方便、快捷、安全和低廉等特点，其发展非常迅速。央行数据显示：2016 年，网上支付业务 461.78 亿笔，金额 2 084.95 万亿元，同比分别增长 26.96% 和 3.31%；移动支付业务 257.10 亿笔，金额 157.55 万亿元，同比分别增长 85.82% 和 45.59%。中国移动支付的发展呈现如下态势。

（1）移动支付的业务规模保持着高速增长的势头，支付机构处理的移动支付业务笔数多、金额小。

（2）移动支付在网上支付中所占的比重逐渐上升，远程业务支付发展逐渐成熟，受众规模较大。

（3）移动电话用户规模的提高和 4G 移动电话的普及，为移动支付用户数量的稳步增长提供了基础。

（4）移动支付的监管制度越来越完善，市场发展越发规范、合理。

阅读材料

移动支付领跑全球

据研究机构艾瑞咨询统计分析，中国移动支付的发展主要经历了 3 个阶段：一是电商线上消费带动了移动支付的发展；二是余额宝等金融理财服务的兴起；三是线下消费和支付的崛起。在这些因素的共同作用下，中国移动支付迎来了高速发展的阶段。艾瑞咨询统计，2016 年中国第三方移动支付金额达 38 万亿元人民币，规模扩大了两倍多；而福雷斯特研究公司的数据显示，全年美国移动支付金额为 1120 亿美元，规模增长为 39%。与其他国家占比 43%的非现金支付行为比例相比，中国 86%的消费者使用并信赖移动支付，中国移动支付的发展速度和使用范围领先全球。

移动支付在国内主要以手机作为支付媒介，手机和互联网的结合带来了非常便捷的生活方式，特别是对于小微企业来说，这一支付方式更加便捷。《2016 年移动支付用户调研报告》显示，2016 年，移动支付的用户有 77.25%每次支付的金额小于 100 元，19.8%的用户每次支付金额在 100~500 元。移动支付目前以小额支付为主，且支付场景趋于日常化和平民化，如超市、餐厅和百货，甚至是大街小巷中的任意一家杂货店都可以使用手机进行支付。

移动支付无须烦琐的手续和门槛，是对传统金融机构提供的大额支付服务的补充和细化。总的来说，人们对移动支付的接受度和信任度越来越高，它在日常生活各个领域中的使用范围越来越广。

9.4.3 移动支付的交易过程

移动支付与普通支付最大的不同在于，交易资格审查的处理过程需要涉及移动网络运营商以及其所使用的浏览协议。移动交付的交易流程如图 9-3 所示。

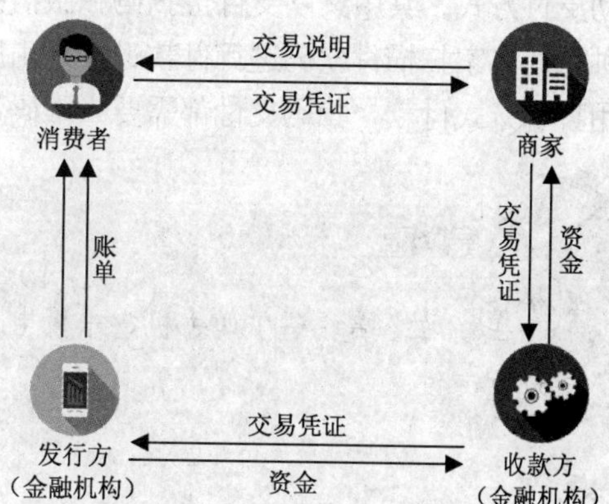

图 9-3 移动支付的交易流程

移动支付的具体交易过程如下。

（1）消费者通过 Internet 在商家提供的消费平台上选择商品，然后将购买指令发送到商家管理系统。

（2）商家管理系统将购买指令发送到无线运营商综合管理系统，再通过系统将信息发送至消费平台或消费者手机上请求确认。

（3）消费者通过手机或消费平台将确认购买指令发送到商家管理系统。

（4）商家管理系统将消费者确认购买指令转交给无线运营商综合管理系统，请求缴费操作。

（5）无线运营商综合管理系统缴费后将信息发送至商家管理系统，告知可以交付商品或服务，并保留记录。

（6）商家管理系统交付商品或服务给消费者，并保留交易记录。

9.4.4 移动支付的方式

移动支付的方式主要包括运营商计费、NFC（近距离无线通信）支付和扫码支付 3 种。

1. 运营商计费

运营商计费的支付方式由运营商来包办整个支付过程，用户一般通过短信支付来完成交易。运营商计费方式非常方便，使用门槛较低，对于没有银行卡或信用卡的用户，也可通过发送短信授权来进行这个支付过程，但采用该方式支付时运营商会抽取一部分利润。运营商计费是早期较为流行的移动支付方式，随着移动支付的发展与支付技术的更新，这一方式可能将逐渐淡出市场。

2. NFC 支付

NFC 支付是指消费者在支付时通过采用近距离无线通信（Near Field Communication，NFC）技术来在手机等手持设备中完成支付行为。NFC 支付需要在线下面对面支付，但不需要使用无线网络，是一种新兴的移动支付方式。使用 NFC 支付需要支付设备支持 NFC 技术，目前市面上包括该功能的支付设备主要有NFC手机[如三星I9308（S3）、中兴U807N、华为T8950N、小米3等机型]、NFC支付终端[如NFC收款机（NFC POS机）、NFC自动售货机和NFC读卡设备等]。随着NFC技术的逐步完善，未来，NFC支付方式将逐渐流行。

3. 扫码支付

扫码支付是一种基于账户体系搭建的无线支付方式，通过把账号、商品价格等交易信息汇集到一个二维码中，然后通过手机扫描二维码来完成交易。扫码支付是目前国内主流的移动支付方式，其中又以支付宝扫码和微信扫码最为典型。扫码支付主要有两种支付方式：一种是让商家扫描付款码进行付款；二是由顾客扫描商家给出的二维码进行转账付款。不管采用哪种方式付款，扫码支付都需要二维码、扫码设备和网络3个要素。

提个醒

在移动终端设备（如手机、平板电脑）中也可采用网上银行与第三方支付工具的方式进行支付。

阅读材料

移动支付无处不在

63岁的陈益是一家杂货店的老板，在他的店铺中立了一块大大的公告，上面有支付宝和微信支付的二维码，来到店铺消费的客户可以自由选择现金、支付宝和微信进行支付。而随着智能手机与移动支付的广泛普及，陈益发现很多年轻人都喜欢使用支付宝和微信进行支付，中老年用户更倾向于现金支付。不过，这并不影响陈益对移动支付的热情，在他的手机中早已经装上了支付宝和微信应用，到其他地方消费时，他基本上只带100元人民币应急，其余基本都可以通过手机支付来完成。

移动支付已经渗透到人们生活的方方面面，除了带来生活上的便利外，也带来了更多的机遇与挑战。越来越多的基于互联网的应用被普及，如通过微信查询周边停车泊位服务信息、滴滴打车随叫随到呼车服务、医疗服务在线预约挂号等。这些都可以通过移动支付的方式来进行交易的结算，可以说，移动支付无处不在，未来，移动支付的发展速度将更快，普及程度将更高。

9.5 案例分析——微信支付

微信支付是集成在微信客户端上的支付功能。通过该功能，用户可以将手机作为一个全能钱包，快速完成各项消费活动和货款支付。微信支付需要先绑定银行卡并完成身份认证，不同的对象开通微信支付的条件不同，主要包括个人用户和商家账户。

9.5.1 个人用户微信支付

个人用户开通微信支付比较简单，只需打开微信，在菜单中选择“我”，在打开的页面中单击“钱包”按钮，打开“我的钱包”页面，在其中单击右上角的“银行卡”选项，然后根据提示添加银行卡并输入对应的银行卡持卡人姓名、卡号和手机号码等信息，待收到短信验证码并填写正确后，再设置支付密码即可成功绑定银行卡。绑定成功后个人用户只需在支付时输入密码，即可进行各项支付活动，如图 9-4 所示。

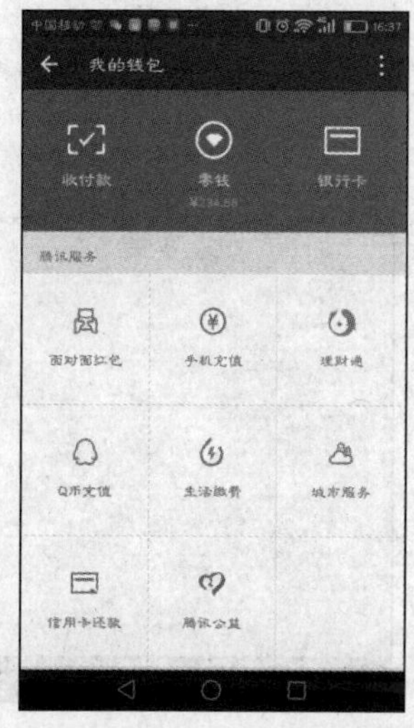

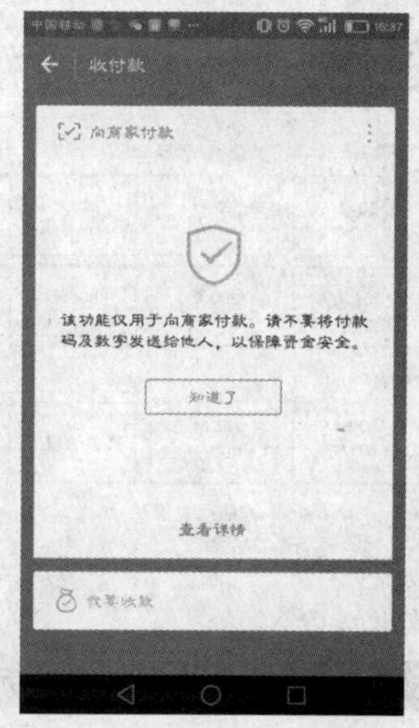

图 9-4　个人用户微信支付

从图 9-4 中可以看出，个人用户可以进行的活动主要包括 3 种，即收付款、腾讯服务和第三方服务。

（1）收付款：收付款包括“向商家付款”和“我要收款”两种方式。向商家付款功能将向个人用户生成一个条形码和对应的数字，将条形码提供给商家扫描后即可成功付款，如图 9-5 所示。“我要收款”通过生成二维码来进行货款的转移，收款时需要单击二维码下方的“设置金额”选项来手动设置收款的金额，完成后“设置金额”选项将变为“清除金额”选项，如图 9-6 所示。

图 9-5　向商家付款

图 9-6　我要收款

（2）腾讯服务：微信客户端是由腾讯开发的一款手机应用，其中集成了部分腾讯服务，如面对面红包、理财通、Q 币充值和腾讯公益等。除此之外，个人用户还能进行其他的日常生活服务，如手机充值、水电气缴费、信用卡还款、交通出行服务和车辆服务等，如图 9-7 所示。

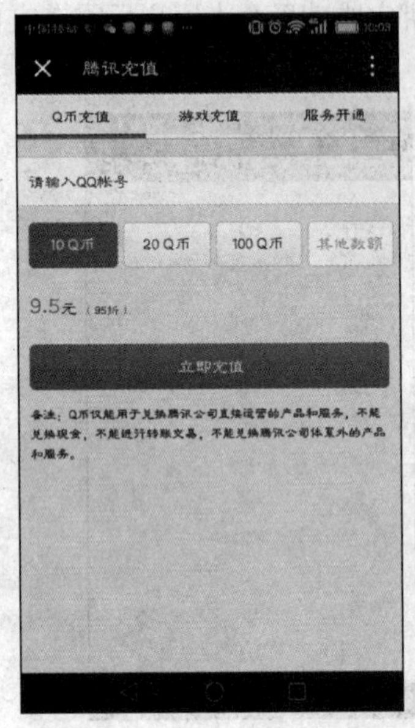

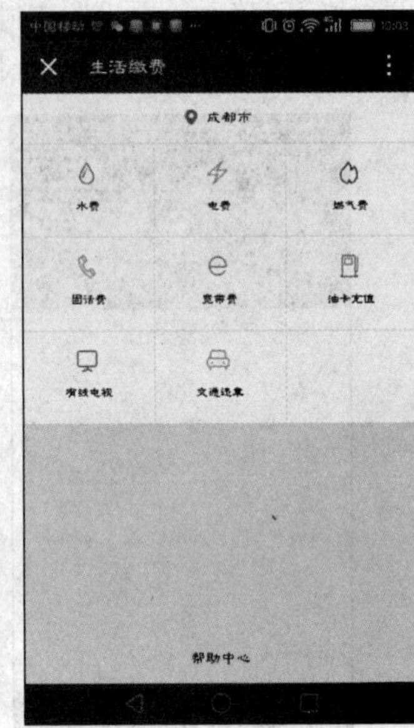

图 9-7　腾讯服务

（3）第三方服务：第三方服务中集成了一些第三方应用平台，这些应用平台一般都与微信合作，可以通过微信打开并在这些应用平台中使用微信进行在线支付。图 9-8 所示为在“美团外卖”应用中通过微信付款的界面。

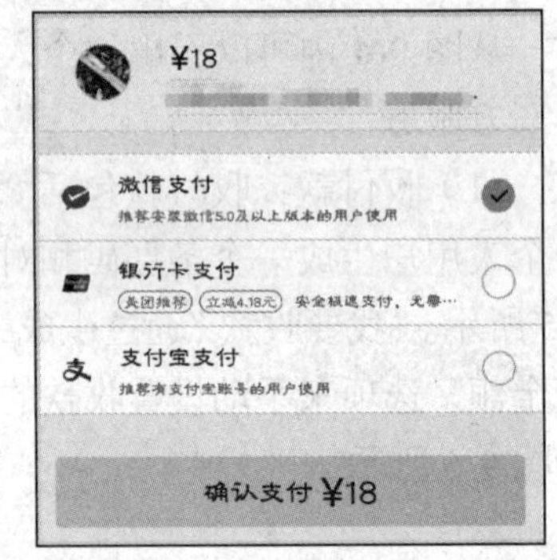

图 9-8　在美团外卖中使用微信支付

9.5.2　商家账户微信支付

商家账户要实现微信支付功能，需要在公众平台的微信支付页面中申请，填写商户基本资料、业务审核资料和财务审核资料等信息并进行审核。审核通过后，用户按照提示下载承诺函模板并签署盖章，然后确认商户信息，签署微信支付服务协议即可开通微信支付功能。

开通微信支付功能后，商家可以通过自定义菜单、关键字回复等方式向订阅用户推送商品消息，用户选购商品后即可实现在线支付。同时，商家也可将页面转换成二维码，用户扫描二维码在微信浏览器中打开页面进行在线购买和支付，如图 9-9 所示。

提个醒

其他用户在朋友圈、聊天窗口中分享商家页面链接，单击该链接也可打开商家页面，在其中即可进行商品的购买和支付。

图 9-9　商家扫描支付方式

根据上述材料分析以下问题。

（1）微信支付属于哪种支付方式？有哪些优势？

（2）微信支付的方式主要有哪几种？每种的实现方法是什么？

实践训练

为了更好地理解电子商务支付的概念，并掌握相关的基础知识，下面我们将通过一系列实践训练来练习。

【实训目标】

（1）了解电子商务支付的发展及基本理论知识。

（2）了解网上银行并掌握网上银行的相关业务功能。

（3）了解网上支付的工作流程。

（4）了解移动支付的发展现状及支付方法。

【实训内容】

（1）收集相关的电子支付资料，总结电子支付的发展阶段。

（2）收集网上银行的相关资料，并选择一家网上银行进行深入研究。

（3）了解第三方支付的相关知识，并选择一种第三方支付方式进行实际操作。

（4）结合实际体验移动支付的操作过程，总结移动支付的含义与使用方法。

【实训要求】

（1）了解电子支付，掌握电子支付各发展阶段的特点，并掌握电子支付的不同支付方式。

（2）了解网上银行，总结网上银行目前的发展情况，并研究选择的网上银行，从开办时间、业务类型和服务特色等方面进行说明。

（3）总结常用的第三方支付方式，并从支付的市场比例、优缺点等方面进行对比分析。

（4）选择不同的移动支付方法来体验移动支付，并从支付的方式、种类和使用环境等方面进行分析总结。

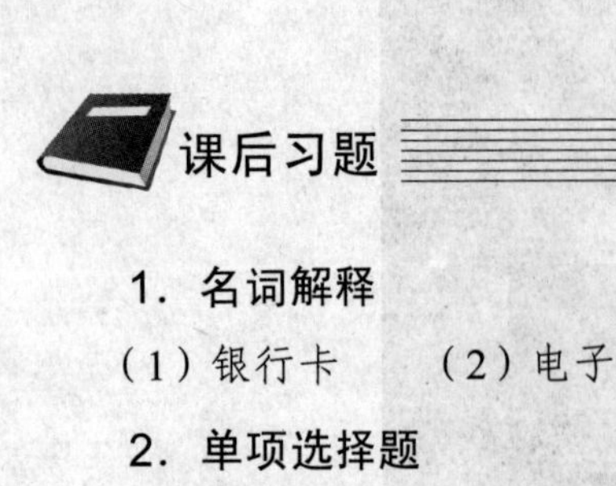

课后习题

1．名词解释

（1）银行卡　（2）电子钱包　（3）第三方支付　（4）移动支付

2．单项选择题

（1）目前电子支付的几种方式中，使用频率最高的是（　　）。

A．电子现金　B．电子钱包　C．银行卡　D．电子支票

（2）电子支付最基本、最关键的要求是（　　）。

A．技术　B．安全　C．成本　D．交互

（3）基于移动终端，通过接入通信网络或使用近距离通信技术完成电子支付的方式是（　　）。

A．网上支付　B．手机支付　C．移动支付　D．电子支付

（4）电子商务的快速发展促进了网上银行的产生，世界上第一家纯网上银行是（　　）。

A．SFNB　B．微众银行　C．花旗银行　D．人民银行

（5）下面属于第三方支付平台的是（　　）。

A．淘宝　B．易贝　C．微信　D．支付宝

3．多项选择题

（1）与传统支付方式相比，电子支付具有以下哪些特点（　　）。

A．电子支付通过数字化方式来完成，其技术手段更加先进

B．电子支付的环境是一种封闭的环境，更加安全

C．电子支付对软、硬件设施的要求更高

D．电子支付的使用条件比较简单，并且支付费用低廉

（2）网上银行的特点有（　　）。

A．个性化　B．智能化　C．多样化　D．简单化

（3）按照经营组织的形式可以将网上银行分为（　　）。

A．分支型网上银行　B．个人网上银行

C．企业网上银行　D．纯网上银行

（4）按照银行卡的结算方式分类，可以将银行卡分为（　　）。

A．信用卡　B．借记卡　C．复合卡　D．储值卡

（5）下面对于网上支付的说法，正确的是（　　）。

A．网上支付通过计算机和互联网进行在线支付，操作人一般为账户本人

B．网上支付方式无须用户到银行即可办理银行的相关业务，缩短了用户工作周期，提高了资金的周转速度

C．网上支付不需要支付手续费，大大降低了传统方式下的成本费用

D．网上支付方式可以建立用户自己的消费记录，方便进行账单分析；也可提高企业的资金清算和分析能力

4. 思考题

（1）电子支付系统的要求有哪些？

（2）第三方支付的概念是什么？以某一个第三方支付工具为例进行简述。

（3）简述移动支付的概念与交易过程。

5. 技能实训题

（1）访问中国建设银行网站，完成以下练习。

① 登录个人网上银行，了解个人账户能够完成的各项业务。

② 查看账户余额，并进行明细查询。

③ 进行水、电、气等缴费支付业务。

④ 进行基金买卖查询。

（2）登录支付宝，完成以下练习。

① 注册支付宝账号，并开通网上银行。

② 在支付宝中绑定开通了网上银行的银行卡，并在账户中充值一定金额。

③ 通过支付宝进行在线购物或日常费用缴纳。

④ 查看交易记录。

（3）登录美团外卖网站，完成以下练习。

① 下载手机版美团外卖客户端，并定位到当前城市。

② 任选一家商家进行消费，提交订单并观察付款方式。

第 10 章　电子商务安全

【学习目标】

- 了解电子商务安全的概念和管理策略。
- 熟悉电子商务威胁和攻击的种类。
- 了解电子商务通信安全的相关知识。

引导案例

银川市公安局接到某公司财务人员的报警电话，称骗子通过 QQ 骗走了公司的 96 万元工程汇款。事件经过是这样的：财务人员小刘上班时，突然 QQ 弹出公司老板发来的消息，询问工作进度并要求他将公司的工程汇款转到一个账号上。小刘见 QQ 头像、昵称等与平时一样便未在意，直接去银行完成了汇款。小刘回到公司后，正好碰到老板，便告诉老板工程汇款已经汇到他发送的银行卡上了，但老板却说没有让他汇款。此时，两人意识到遇上了骗子。

公安部门的调查发现，小刘的 QQ 邮箱中有一封携带病毒的陌生邮件，小刘打开邮件后被盗取了 QQ 信息。不法分子利用盗取的 QQ 信息顺利登录了小刘的账号，观察后找到并删除了公司老板的 QQ 账号，同时添加了一个和老板 QQ 头像、昵称等完全一样的 QQ 号。再通过这个新的 QQ 号与小刘交谈，就这样小刘轻易被骗取了 96 万元的工程汇款。

公安部门说，这样的网络安全案件时有发生。骗子在网上购买盗号木马软件，然后搜索各类财务人员的 QQ 群，以财务人员的名义加入群内，再在群内发送各种携带病毒的财务考试、会计师考试等邮件，只要打开邮件，病毒便会进入计算机盗取 QQ 密码。由于小刘报警及时，警方及时冻结了骗子账户上的 30 万元。随后经过详细调查，抓获了犯罪嫌疑人，同时追回 10 万余元被骗款项。然而剩余的 50 余万元，早已不知去向。

邮件病毒是威胁电子商务安全的一种常见类型，用户在进行电子商务活动的过程中，还可能因为系统漏洞、流氓软件、网络钓鱼和黑客入侵等造成资金或信誉损失。因此，要了解电子商务安全的相关知识，提高网络活动的警惕性，保证自身财产安全。

【本章要点】

电子商务安全威胁　　病毒　　加密技术　　认证技术

10.1 电子商务安全概述

随着电子商务的不断普及与发展，电子商务逐渐渗入人们工作生活的各个领域，成为人们工作生活不可缺少的一部分。但随之而来的就是电子商务的安全问题。如何让用户在安全、可靠的环境中进行电子商务活动，保障自身权益不受损害，是目前电子商务安全需要着重解决的问题。下面我们主要从电子商务安全的概念、面临的安全威胁、基本需求和安全管理策略等方面进行介绍。

10.1.1 电子商务安全的概念

传统电子商务由于面对面进行商务活动，很容易保证交易过程的安全性并建立起信任的关系。而电子商务是基于网络的不谋面的商务活动，这个过程容易因为网络环境、人员素质和数据传输等因素的影响而面临各种各样的安全问题。那么什么是电子商务安全呢？从狭义上讲，电子商务安全是指电子商务信息的安全，即信息的存储和传输安全。从广义上讲，它包含电子商务运行环境中的各种安全问题，如电子商务系统的软硬件安全、运行和管理安全、支付安全和电子商务安全立法等内容。

10.1.2 电子商务面临的安全威胁

网络技术的不断发展，使电子商务所面临的安全威胁逐渐变得多样化，主要包括计算机病毒、流氓软件、木马程序、网络钓鱼和系统漏洞等，下面我们分别介绍。

扫码看视频：

电子商务面临的安全威胁

1. 计算机病毒

计算机病毒（Computer Virus）是编制者在计算机程序中插入的破坏计算机功能或者数据的代码，是一种能够影响计算机使用，并能进行自我复制的一组计算机指令或者程序代码。计算机病毒具有传播性、隐蔽性、感染性、潜伏性、可激发性、表现性或破坏性。一旦感染了病毒，计算机中的程序将受到损坏，病毒还能非法盗取用户的信息，使用户自身权益受到损害。病毒可以通过杀毒软件进行清除与查杀，建议用户养成定期检查计算机病毒的习惯，以保证自己的切身利益。

提个醒

不仅个人计算机容易受到病毒的侵害，手机端也容易感染病毒。一般手机病毒可以通过短信、电子邮件、浏览网站、下载铃声和应用蓝牙等方式进行传播，可导致手机关机、死机、自动拨打电话、自动发送短信和资料被盗取等情况。

2. 流氓软件

流氓软件是介于正规软件与病毒之间的软件，其目的一般是散布广告，以达到宣传的目的。流氓软件一般不会影响用户的正常活动，但可能出现以下 3 种情况。

（1）上网时会不断有窗口弹出。

（2）浏览器被莫名修改增加了许多工作条。

（3）在浏览器中打开网页时，网页会变成不相干的其他页面。

流氓软件一般是在用户根本没有授权的情况下强制安装的，当出现上述情况时需要用户警惕，尽快清除网页中保存的账户信息资料，并通过软件管理软件进行清除。因为流氓软件会恶意收集用户信息，并且不经用户许可卸载系统中的非恶意软件，甚至捆绑一些恶意插件，造成用户资料泄露、文件受损等。

3. 木马程序

木马程序（Trojan Horse Program）通常称为木马、恶意代码等，是指潜伏在计算机中，可受外部用户控制以窃取本机信息或者控制权的程序。木马程序是比较流行的病毒文件，但不具有自我繁殖性，也不会“刻意”感染其他文件，一般通过伪装来吸引用户下载执行，使木马程序的发起人可以任意毁坏、窃取被感染者的文件，甚至远程操控用户的计算机。

4. 网络钓鱼

网络钓鱼（Phishing）是一种通过欺骗性的电子邮件和伪造的 Web 站点来进行网络诈骗的一种方式。它一般是通过伪造或发送声称来自于银行或其他知名机构的欺骗性信息，以引诱用户泄露自己的信息，如银行卡账号、身份证号和动态口令等。

网络钓鱼是目前十分常见的一种电子商务安全问题，其实施途径多种多样，可通过假冒网站、手机银行和运营商向用户发送诈骗信息，也可以手机短信、电子邮件、微信消息和 QQ 消息等形式实施不法活动，如常见的中奖诈骗、促销诈骗等。用户在进行电子商务活动时要细心留意，不要轻信他人发送的消息，不要打开来路不明的邮件，不要轻易泄露自己的私人资料，尽量减少交易的风险。

阅读材料

免费WiFi导致消息泄露

免费 Wi-Fi 虽然能够为用户带来便利，但其实往往也带着风险。特别是很多公共场所，如酒店、餐馆和商场等的免费 Wi-Fi，很容易被黑客利用，通过网络钓鱼的方式来窃取用户的信息，甚至盗刷银行卡。

2016 年 3 月 15 日，央视曝光了恶意软件随意扣费、利用免费公共 Wi-Fi 盗取个人隐私的相关事件。在晚会现场，主持人通过手机连接无线网络 Wi-Fi，然后在一个应用软件中订购了一个美甲服务，但下单后主持人的个人信息却被泄露，包括预约时间、地址、电话、姓名、身份证号和银行卡号等信息。

据专业人士解释，造成用户信息泄露的原因有两个，一个是无线网络登录加密的等级较低，或路由器本身存在安全漏洞，容易被黑客入侵，截获无线路由器所传输的数据。另一个是，手机上的某些应用软件没有按工信部有关规定的要求，对信息数据采取必要的保护措施，使黑客能直接从截获的数据中提取用户的私人信息。因此，建议消费者养成良好的网络使用习惯，通过官方正规渠道获取应用软件；同时，软件开发商也要加大数据存储与传输的加密力度，保证用户信息的安全。

5. 系统漏洞

系统漏洞（System Vulnerabilities）是指应用软件或操作系统软件在逻辑设计上的缺陷或错误。不同的软、硬件设备和不同版本的系统都存在不同的安全漏洞，容易被不法分子通过木马、病毒等方式进行控制，窃取用户的重要资料。不管是计算机操作系统、手机运行系统，还是应用软件都容易因为漏洞问题而遭受攻击，因此，建议用户使用最新版本的应用程序，并及时更新应用商提供的漏洞补丁。

阅读材料

iOS系统漏洞

美国国家网络安全和通信集成中心在 2014 年 11 月 13 日发布了针对 iOS 操作系统漏洞的在线通知，称黑客可能利用最新的“面具攻击”技术攻击系统并窃取用户敏感数据。iOS 的这个漏洞是一个应用安装验证漏洞，黑客通过向用户发送被感染的短信、电子邮件或网页链接，诱导用户安装恶意应用程序。安装后即可接管通过苹果应用商店安装的所有应用程序，包括电子邮件和银行应用。因此，美国政府建议 iOS 用户不要安装非苹果商店的应用程序，并且不要在浏览网页时随意单击网页中的“安装”按钮。若操作系统提示用户某应用为“不信任程序开发商”时，应立即卸载。

10.1.3 电子商务对安全的基本要求

电子商务安全是一个系统的概念，其中最主要的就是电子商务的信息安全。要保证交易安全可靠地进行，需要实现以下 5 个方面的安全性。

（1）机密性：机密性也叫保密性，是指信息在传输或存储时不被他人所窃取。一般可通过密码技术对传输的信息进行加密处理。

（2）完整性：完整性主要包括两个方面，一是保证信息在传输、使用和存储等过程中不被篡改、丢失和缺损；二是保证信息处理方法正确，不因不正当操作导致内容丢失。

（3）认证性：是指在独立、公正和客观的原则上，采用科学合理的方法，经过权威机构的认证，保证个人或电子商务经营主体的真实性和有效性。在电子商务环境中一般通过 CA 认证中心来进行处理。

（4）不可否认性：不可否认性也叫不可抵赖性，是指电子商务活动的双方不能否认自己的行为与参与活动的内容。传统方式下，用户可以通过在交易合同、契约或贸易单据等书面文件上手写签名或使用印章来进行鉴别。在电子商务环境下，一般通过数字证书机制的时间签名和时间戳来进行验证。

（5）可靠性：电子商务的可靠性直接关系到活动双方的权益，因此要保证计算机、网络硬件和软件工作的可靠性，尽量排除网络故障、操作错误、应用程序错误和病毒等威胁因素对电子商务的影响，营造一个安全、可靠的交易环境，以保证商务活动是有效的。

10.2 电子商务安全技术

电子商务安全问题一直受到国内外的高度关注，并且随着电子商务的发展已经出现了相应的各种解决方法。一个完整的电子商务系统的安全应该包括网络安全、信息安全和应用安全 3 个方面。图 10-1 所示为电子商务系统的安全示意图。下面将对常用的电子商务安全技术进行介绍，包括防火墙技术、加密技术、认证技术和安全协议。

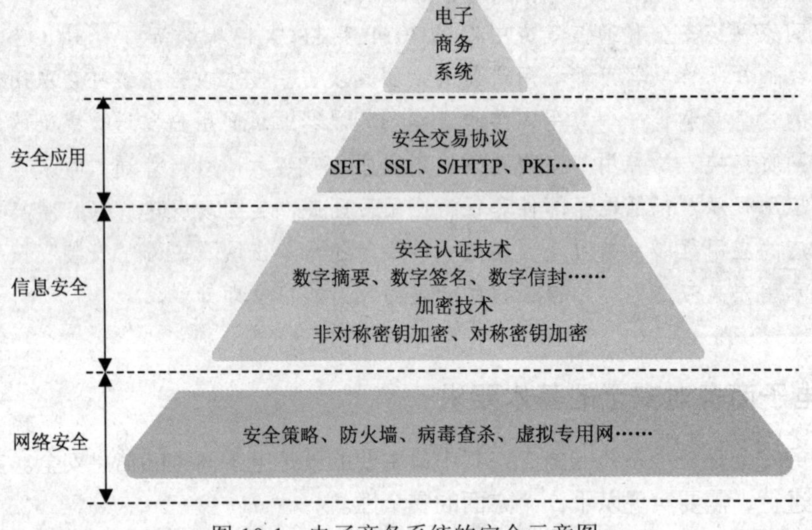

图 10-1　电子商务系统的安全示意图

10.2.1　电子商务防火墙技术

防火墙技术是一种针对 Internet 不安全因素所采取的一种保护措施，用于在内部网与外部网、专用网与公共网等多个网络系统之间构造一道安全的保护屏障，阻挡外部不安全的因素，防止未授权用户的非法侵入。防火墙主要由服务访问政策、验证工具、包过滤和应用网关 4 个部分组成，任何程序或用户都需要通过层层关卡才能进入网络，过滤不安全的服务从而降低风险。

在实际应用防火墙时可以设置防火墙的保护级别，对不同的用户和数据进行限制。设置的保护级别越高，限制越强，可能会禁止一些服务，如视频流。并且用户会发现，在受信任的网络上通过防火墙访问互联网时，经常会存在延迟且需要多次登录的情况。

随着现代通信技术与信息安全技术的不断发展，防火墙越来越成熟，功能更加丰富，主要包括以下 3 个方面。

（1）模式的变化：传统防火墙一般设置在网络的边界位置，以数据流进行分隔，从而形成了很好的针对外部网络的防御方式。但内部网络同样会遭受恶意攻击，因此现在的防火墙产品开始采用分布式结构，通过网络节点来最大限度地覆盖需要保护的对象，大大提高了防火墙的防护强度。

（2）功能多样化：防火墙不仅完善了自身已有的功能，如信息记录功能，还进行了功能扩展，如虚拟专用网、认证、授权、记账、公钥基础设施、互联网协议安全性等功能也被集成到防火墙中，有些甚至还添加了防病毒和入侵检测等功能。未来，防火墙的功能将更加多元化，且朝着入侵防御系统的方向发展。但在扩展防火墙功能的同时，要注重不要忽略防火墙本身的性能与安全问题。

（3）性能的提高：防火墙模式与功能的改变必然会引起性能的提高，因为只有更强的性能处理能力才能保证这些功能的正常运作。在未来，一些经济实用且经过验证的技术手段，如并行处理技术，将被应用到防火墙中，以提升防火墙的性能，这将影响防火墙的过滤能力。同时，规则处理的方式和算法等软件性能也将得到提升，以衍生出更多的专用平台技术。

10.2.2 电子商务加密技术

加密技术是实现电子商务信息保密性、真实性和完整性的前提。它是一种主动的安全防御策略，通过基于数学方法的程序和保密的密钥对信息进行编码，将计算机数据变成一堆杂乱无章难以理解的字符，即将明文变为密文，从而阻止非法用户对信息的窃取。

加密技术与密码学息息相关，涉及信息（明文、密文）、密钥（加密密钥、解密密钥）和算法（加密算法、解密算法）3 种基本术语。“明文”是指传输的原始信息，对信息进行加密后，明文则变为“密文”。密钥和算法都是加密的技术，密钥是进行明文与密文转换时算法中的一组参数，可以是数字、字母或词语。算法是明文与密钥的结合，通过加密运算则成为密文；若是密文通过揭秘算法运算，则变为明文。

1. 对称加密技术

对称加密采用对称密码编辑技术，要求发送方和接收方使用相同的密钥，即文件加密与解密使用相同的密钥。采用这种方法进行信息加密，需要双方都知道这个密钥，并在安全通信前将密钥发送给对方。对称加密的工作流程如图 10-2 所示。

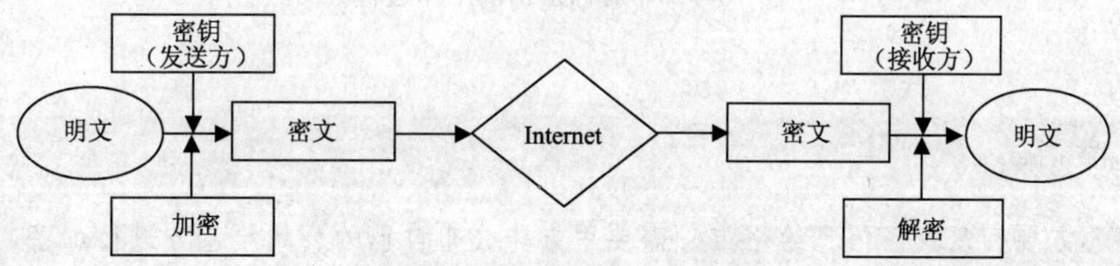

图 10-2 对称加密的工作流程

对称加密算法较常用的有数据加密标准（DES）、高级加密标准（AES）和三重 DES。

（1）数据加密标准（DES）：DES 是一种使用密钥加密的块算法，于 1997 年被美国联邦政府的国家标准局确定为联邦资料处理标准（FIPS），并授权在非密级政府通信中使用。DES 的算法是把 64 位的明文输入块变为 64 位的密文输出块，其密钥也是 64 位，但由于密钥表中每个字节的第 8 位（第 8、16、24、32、40、48、56、64 位）都用作奇偶校验，因此，密钥的实际有效长度为 56 位。

（2）高级加密标准（AES）：AES 是基于比利时密码学家 Joan Daemen 和 Vincent Rijmen 设计的 Rijndael 密钥系统来定义的，目的是取代 DES，解决某些 DES 使用过程中的缺陷。AES

是一种区块加密标准，其固定区块长度为128位，密钥长度则可以是128、192或256位。

（3）三重DES：三重DES又叫作3DES，是一种三重数据加密算法块密码的通称。它使用3条56位的密钥对数据进行3次加密，以增加DES的有效密钥长度。3DES的加密过程为：先用密钥a对64位的信息块加密，再用密钥b对加密的结果解密，然后用密钥c对解密结果再加密。3DES比最初的DES更加安全，但需要使用更多的处理器资源。

2. 非对称加密技术

与对称加密技术使用相同的密钥进行加密、解密不同的是，非对称加密技术使用公开密钥（简称公钥）和私有密钥（简称私钥）来进行加密和解密。公钥是公开的，私钥则由用户自己保存，它们之间进行信息传输的工作过程如图10-3所示，具体介绍如下。

（1）乙方生成一对密钥（公钥和私钥）并向其他方公开公钥。

（2）得到公钥的甲方使用该密钥对机密信息进行加密，然后再发送给乙方。

（3）乙方用自己保存的另一把专用密钥（私钥）对加密后的信息进行解密。

非对称加密比对称加密的安全性更好，就算攻击者截获了传输的密文并得到乙方的公钥也无法进行破解。但非对称加密需要的时间更长，速度更慢。因此，非对称加密只适合对少量数据进行加密，目前互联网中常用的电子邮件和文件加密软件PGP就是采用了非对称加密技术。

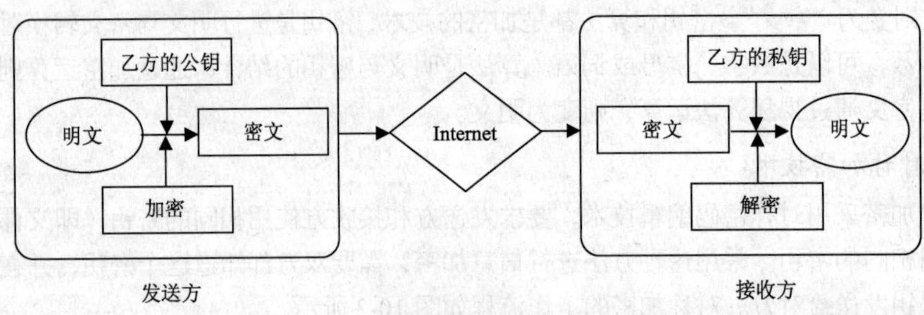

图10-3　非对称密钥的工作过程

提个醒

若乙方要回复加密信息给甲方，需要甲方先公布自己的公钥给乙方进行加密，再用自己的私钥进行解密。

10.2.3　电子商务认证技术

加密技术主要用于网络信息传输的通信保密，不能保证网络通信双方身份的真实性，因此还需要认证技术来验证电子商务活动对象是否属实与有效。常见的电子商务认证技术主要包括身份认证技术、数字摘要、数字信封、数字签名和数字时间戳。下面对这些认证技术进行介绍。

1. 身份认证技术

身份认证技术是一种用于鉴别、确认用户身份的技术。通过对用户的身份进行认证，判断用户是否具有对某种资源的访问和使用权限，以保证网络系统的正常运行，防止非法用户冒充并攻击系统。

身份认证技术主要基于机密技术的公钥加密体制，普遍采用 RAS 算法。身份认证的过程只在两个对话者之间进行，它要求被认证对象提供身份凭证信息和与凭证有关的鉴别信息，且鉴别信息要事先告诉对方，以保证身份认证的有效性和真实性。身份认证是网络安全的第一道关口，其认证方法主要包括以下 3 种。

（1）根据所知道的信息认证：一般以静态密码（登录密码、短信密码）和动态口令等方式进行验证，但密码和口令容易泄露，安全性不高。

（2）根据所拥有的信息认证：通过用户自身拥有的信息，如网络身份证（EID）、网络护照（VIEID）、密钥盘（Key Disk）、智能卡等进行身份认证，认证的安全性较高，但认证系统较为复杂。

（3）根据所具有的特征认证：通过用户的生物特征，如声音、虹膜和指纹等进行认证，其安全性最高，但实现技术更加复杂。

为了保证身份认证的有效性，常采用两到 3 种认证方法结合的方式进行认证。

2. 数字摘要

数字摘要可以用于证实消息来源的有效性，以防止数据的伪造和篡改。它通过采用单向 Hash 函数（单向散列函数）将需要加密的明文“摘要”成一串固定长度（128 位）的密文，这个密文就是所谓的数字指纹，并在传输信息时将密文加入文件一并传送给接收方，接收方收到文件后，使用相同的方法进行变换运算，若得到相同的摘要码，则判定文件未被篡改。

3. 数字信封

数字信封又称数字封套，是一种结合了对称加密技术与非对称加密技术来进行信息安全传输的技术。使用数字信封只有规定的特定收信人才能阅读通信的内容，信息发送方采用对称密钥来加密信息内容，然后用接收方的公钥加密，形成“数字信封”，并将它和加密后的信息一起发送给接收方。接收方先用相应的私有密钥打开数字信封，得到对称密钥，然后使用对称密钥解开加密信息。数字信封具有算法速度快、安全性高等优点，可以很好地保证数据的机密性。

4. 数字签名

数字签名是基于公开密钥加密技术来实现的，因此又叫公钥数字签名。我们可以将数字签名简单地理解为附加在数据单元上的一些数据，或是对数据单元所做的密码变换。它可以帮助数据单元的接收者判断数据的来源，保证数据的完整性并防止数据被篡改。

数字签名采用双重加密方法，即消息摘要和 RSA 加密来保证信息安全，其工作过程如下。

（1）报文发送方采用 Hash 编码加密产生一个 128 位的数字摘要。

（2）发送方用自己的私钥对报文摘要进行加密，形成发送方的数字签名。

（3）将数字签名作为报文的附件和报文一起同时传输给接收方。

（4）接收方使用发送方的公钥对摘要进行解密，同时从接收到的原始报文中使用同样的 Hash 算法加密得到一个报文摘要。

（5）将解密后的摘要和接收方重新加密产生的摘要进行对比，若两者相同，则判断消息在传送过程中没有被破坏、篡改。

5．数字时间戳

为了保证电子商务活动的参与方与交易方不能否认其行为，避免随意修改交易时间，需要一个权威第三方来提供可信赖的且不可抵赖的时间戳服务——数字时间戳。数字时间戳（Digital Time-stamp，DTS）是一种对交易日期和时间采取的安全措施，由专门的机构提供。数字时间戳是一个经加密后形成的凭证文档，它包括以下 3 个部分。

（1）需加时间戳的文件的摘要。

（2）数字时间戳发送和接收文件的日期和时间。

（3）数字时间戳的数字签名。

10.2.4 电子商务安全协议

电子商务安全传输协议是以密码学为基础的消息交换协议，用于保障计算机网络系统信息的安全传递与处理。常见的电子商务安全协议有安全套接层协议（SSL）、安全电子交易协议（SET）和公钥基础设置（PKI），下面我们分别进行介绍。

1．安全套接层协议（SSL）

安全套接层协议（Secure Sockets Layer，SSL）是基于 Web 应用的安全协议，主要用于解决 Web 上信息传输的安全顾虑。它指定了一种在应用程序协议（如 HTTP、Telnet、NNTP 和 FTP 等）和 TCP/IP 之间提供数据安全性分层的机制，为 TCP/IP 连接提供数据加密、服务器认证、消息完整性以及可选的客户机认证。

SSL 是一个层次化的协议，包括 SSL 记录协议（SSL Record Protocol）和 SSL 握手协议（SSL Handshake Protocol）。SSL 记录协议建立在可靠的传输协议上，用于为上层协议提供数据封装、压缩和加密等支持；SSL 握手协议建立在 SSL 记录协议上，用于完成服务器和客户之间的相互认证、协商加密算法和加密密钥等发生在应用协议层传输数据之前的事务。

SSL 的具体实现过程包括两个方面：一是将传输的信息分成可以控制的数据段，并对这些数据段进行压缩、“文摘”和加密等操作，然后进行结果的传送；二是对接收的数据进行解密、检验和解压操作，并将数据传送给上层协议。

2．安全电子交易协议（SET）

安全电子交易协议（Secure Electronic Transaction，SET）是电子商务中安全电子交易的一个国际标准。SET 是以信用卡为基础的安全电子交付协议，用于实现电子商务交易过程中的加密、认证和密钥管理等，以保证在线支付的安全。

SET 协议在保留对客户信用卡认证的前提下，增加了对商家身份的认证，保证了客户、商家、银行之间通过信用卡交易的数据完整性和不可抵赖性。SET 支付系统包括 6 个组成部分，分别是持卡人、商家、发卡行、收单行、支付网关和认证中心。与之对应的，基于 SET 协议的网上购物系统至少需要电子钱包软件、商家软件、支付网关软件和签发证书软件。

3．公钥基础设施（PKI）

为了解决互联网环境的一系列安全问题，实现密码技术的变革，需要一套完整的 Internet

安全解决方案来支持，即公钥基础设施技术（Public Key Infrastructure，PKI）。

公钥基础设施是一组安全服务的集合，采用证书管理公钥，通过第三方的可信任机构——认证中心（Certificate Authority，CA）将用户的公钥和其他标识信息（如身份证号、姓名和 E-mail 等）捆绑在一起，用以验证用户在互联网中的身份。

公钥基础设施是利用公钥理论和技术建立的提供安全服务的基础设施，其系统组成部分包括权威认证机构（CA）、数字证书库、密钥备份及恢复系统、证书作废系统和应用接口（API）等。

（1）认证机构（CA）：认证机构是数字证书的申请及签发机关，也是 PKI 系统最核心的组成部分。CA 用于负责管理 PKI 结构下的所有用户（包括各种应用程序）的证书，并进行用户身份的验证。为了保证验证结构的准确性，要求 CA 必须具备权威性。

（2）数字证书库：用于存储已签发的数字证书及公钥，并为用户提供所需的其他用户的证书及公钥。

（3）密钥备份及恢复系统：为了避免用户丢失解密数据的密钥，导致数据无法解密，PKI 需要提供备份与恢复密钥的功能。并且，为了保证密钥的唯一性，只能使用解密密钥进行备份与恢复，私钥不能作为其备份与恢复的依据。

（4）证书作废系统：与纸质证书一样，网络证书也有一定的有效期限，在有效期内，证书能够正常使用并用于用户身份的验证。但若发生密钥介质丢失或用户身份变更等情况，则需要废除原有的证书，重新安装新的证书。

（5）应用接口（API）：应用接口为众多应用程序提供了接入 PKI 的接口，使这些应用能够使用 PKI 进行身份的验证，确保网络环境的安全。

10.3 电子商务安全管理措施

电子商务安全问题是电子商务发展过程中不可避免的一个问题，为了更好地规避风险，保证用户在电子商务活动中的利益，需要对电子商务的安全问题进行处理，采用综合防范的思路，全方位进行电子商务的安全管理。

10.3.1 提高电子商务的安全防范意识

很多用户认为，只要有了完善的技术防范机制就能完全杜绝网络威胁，这种想法是完全错误的。网络威胁存在的方式多种多样，可以通过各种伪装来迷惑用户，使用户不知不觉主动激发安全威胁。并且，由于人们对互联网的依赖性，在大部分用户都缺乏网络安全知识、网络法律和道德意识淡薄的情况下，更容易受到非法用户的攻击。因此，提高电子商务的安全防范意识十分有必要。

安全防范意识是最基本的电子商务安全管理措施，用户要在进行网络活动时时刻保持防范意识，才能最大限度地降低风险。以下是一些提高安全防范意识的防范措施。

（1）了解必要的电子商务安全知识，做到有备无患。

（2）养成良好的上网习惯，不要打开陌生的电子邮件、广告网页。

（3）谨慎保管交易密码并定期进行修改。

（4）不要浏览非法网站，随意泄露个人信息。

（5）定期清理计算机垃圾，并查杀病毒。

除此之外，还需要国家对电子商务安全实行政策的引导，帮助用户加深网络安全意识。只有树立正确的网络安全观，提高个人网络安全防范意识，构建防范信息风险的心理屏障，才能增加网络安全的防御能力。

10.3.2 建立电子商务安全管理组织体系

电子商务企业应该建立并完善自身的电子商务安全管理组织体系，明确各职能部门的职责，并做好电子商务的风险控制。电子商务安全管理组织体系的日常工作主要包括以下 4 个方面。

（1）组织相关人员学习并参加电子商务安全会议，对信息安全问题进行讨论。

（2）对电子商务信息进行审查与分配，保证信息来源的准确性与真实性。

（3）识别与评估电子商务信息系统的安全漏洞，保证电子商务系统的正常运行。

（4）提供电子商务安全的实施方案，并检测信息安全措施的实施及安全事故的处理。

电子商务安全管理组织体系包含信息安全与技术安全等多方面内容，要求队伍成员各司其职，相互帮助，以便更好地营造一个安全的企业电子商务环境，为企业组织的信息安全提供指导与支持。

10.3.3 建立电子商务安全管理制度

建立科学合理的电子商务安全管理制度，可以帮助企业更好地进行安全管理，提高企业人员的电子商务安全防范意识，如人员管理制度、保密制度、跟踪审计制度和病毒防范制度等。

（1）人员管理制度：主要包括人员的选拔、工作责任的落实和安全运作所必须遵循的基本原则等相应的工作制度。

（2）保密制度：主要包括电子商务系统涉及企业的市场、生产、财务和供应链等多方面的机密。建议对这些信息进行安全级别划分，并加大重点防范对象的监督，制定不同的保密措施。

（3）跟踪审计制度：即网络交易日志机制，用来记录网络交易过程。通过对系统日志进行检查、审查，发现隐藏的安全隐患，监控各种安全事故，维护和管理系统安全。

（4）网络系统的日常维护制度：主要包括硬件和软件的日常维护。硬件维护主要是指定期巡查、检修相关的网络设备服务器、客户机和通信线路；软件维护主要是定期清理和整理、监测软件，并对过期软件进行卸载，升级软件性能等。

（5）病毒防范制度：建立完善的防病毒系统的整体安全规划和安全策略，做好防病毒系统的安装、调试、检测、监控、维护、版本升级和病毒代码库更新等工作。

（6）数据备份与恢复制度：为了避免电子商务系统受到意外自然灾害或黑客攻击而遭受重大破坏，需要建立相应的数据备份与恢复制度。数据备份一般包括对信息系统数据的存储，定期为重要信息备份、系统设备备份，同时要对这些备份进行定期更新。数据恢复是在数据遭受破坏时最大程度地保证数据资源的完整性，降低活动的风险。

每个企业都应该根据自身的特点和人员配置要求来建立相应的制度，明确每个制度的具体实施方法与执行力度。同时，做好制度的维护与更新，要保证制度能够适用于不断发展变化的电子商务环境。

10.3.4 电子商务安全的日常防范

对于普通用户来说，做好电子商务安全的日常防范十分重要。它可以帮助用户在一定程度上降低安全风险，保证用户免受非法用户的侵害。常用的电子商务安全的日常防范手段如下。

电子商务安全的日常防范

（1）安装合适的防火墙与杀毒软件，阻挡来自外界的威胁。

（2）禁止磁盘或文件自动运行，在网络中下载的文件、程序或手机应用软件，应该经过杀毒软件查杀后再打开。

（3）重要的文件要加密，并进行备份。

（4）密码设置尽量复杂，不要使用生日、身份证号等容易被破解的密码。且养成定期修改密码的习惯。

（5）对于收到的陌生文件，不要出于好奇心理随意接收和打开。最好先进行病毒查杀或拒收。

（6）使用手机上网时，不要随意连接公众场所的免费 WiFi，避免信息泄露。

（7）及时更新运行系统，防止因系统流动而造成损失。

10.4 案例分析——手机银行安全管理

随着智能手机的普及，传统网上银行延伸出了新的终端——手机银行。基于手机便于携带、随时上网等特点，手机银行的使用范围较为广泛。但对于部分人来说，仍然比较担心手机银行的安全问题，下面以建设银行的手机银行为例，分析手机银行的安全措施、安全常识等内容。

10.4.1 手机银行的安全措施

手机银行用户最担心的问题一般是个人信息、银行账户密码等资料的泄露，而手机银行基于网上银行的功能，主要采取了以下安全措施。

扫一扫：

网上银行系统的安全认证

1. 身份信息与手机号码绑定

手机银行是专为手机用户定制的，其安全性最大的特点就是构建了基于手机号码的硬件身份识别体系，通过将用户的身份信息与手机硬件信息进行绑定，确立了用户账户的唯一性。只有通过绑定的手机号码登录手机银行，才能进行各项业务操作，如查看账户信息、转账汇款和水电气缴费等。

2. 采用国际先进的加密手段

手机银行系统采用了国际先进的加密手段——1024 位 RSA 非对称密码算法，建立起了端对端的安全通道，使数据在传输过程中全程加密，确保客户交易信息在传递过程中的安全、可靠和完整。

3. 多种业务安全手段

为了防止非法用户盗用手机银行账号，手机银行采取了登录密码保护、预留信息设置、签约机制、交易额度限制、短信动态口令和动态口令卡等多种业务安全手段，最大限度地保障用户账户的安全。并且用户退出手机银行后，账号、密码等关键信息不会保留在用户手机内存中，而是在银行核心主机中，避免用户手机丢失时非法用户通过手机内存中保存的信息登录手机银行并盗取资金。

10.4.2 手机银行安全常识

使用手机银行时要了解必要的安全常识，养成良好的使用习惯，尽量减少自身原因造成的安全威胁。以下为常用的手机银行安全常识，用户可以此为依据进行改善。

（1）必须使用自己的手机号码来开通手机银行，以防资金损失。千万不要相信以低息贷款验资等为借口，让你使用他人手机号码开通手机银行的说法。

（2）手机银行的登录密码建议设置得稍微复杂一些，不要使用生日、电话号码等简单数字组合，也不要与 QQ、微博和邮箱等其他网站的登录密码相同，减少密码被盗的风险。一般建议设置成“字母+数字”的组合。

（3）手机银行的登录密码和银行账户密码应该妥善保存，且不要轻易告诉任何人。

（4）若发生手机丢失、手机号码更换或手机号码异常等情况，应及时到银行办理注销业务。

（5）手机中应安装防病毒或安全检测软件，定期进行手机查杀，检测系统是否存在安全问题。并且及时更新手机系统，防止因系统漏洞造成不必要的损失。

（6）手机银行应用软件使用完成后应及时退出，不要保留在后台运行，避免他人借用手机时造成资金损失。

（7）安装各种手机应用软件时，一定要到正规的应用商店或软件官方网站中下载。

（8）提高警惕心，留心假冒应用程序和假冒银行信息，对于伪装成来自银行网站的电子邮件、手机短信等信息不要访问或回复。

根据上述材料分析以下问题。

（1）手机银行的安全保护手段有哪些？

（2）手机银行的安全常识有哪些？结合自身情况谈谈。

（3）结合你身边实际发生的网上银行安全案例，谈谈你对目前网上银行安全的看法。还能在哪些地方进行改进？

实践训练

为了更好地理解电子商务安全的概念，并掌握相关的基础知识，下面我们将通过一系列实践训练进行练习。

【实训目标】

（1）了解电子商务安全事件的情况与所面临的威胁。

（2）了解防火墙的原理与设置方法。

（3）了解数据加密的原理与方法。

（4）掌握日常维护电子商务安全的方法。

【实训内容】

（1）收集身边或网络上的电子商务安全实践案例。

（2）在计算机中安装防火墙，并进行防火墙设置。

（3）收集相关网络数据传输与加密的方法，分析其运作机制。

（4）执行电子商务安全的日常维护操作，培养自己的良好习惯。

【实训要求】

（1）收集电子商务安全事件的案例，分析安全事件产生的原因与所面临的威胁。

（2）下载并安装网络防火墙，如360网络防火墙、瑞星个人防火墙等，启动防火墙并设置允许连接的应用程序。

（3）对网络数据传输与加密方法进行分析，说明其具体方法，并对比分析不同方法的优缺点。

（4）在计算机、手机和平板电脑等设备中安装合适的杀毒软件，并进行设备的检测。同时备份重要的文件，清理设备中的垃圾文件和历史记录信息。

课后习题

1．名词解释

（1）计算机病毒　（2）非对称加密　（3）数字签名　（4）SSL　（5）PKI

2．单项选择题

（1）下面不属于计算机病毒的特点的一项是（　　）。

A. 传播性　B. 隐蔽性　C. 感染性　D. 自发性

（2）下面对于电子商务安全的说法正确的是（　　）。

A. 电子商务安全就是指电子商务信息的安全，即信息的存储和传输安全

B. 木马程序是一种特殊的病毒，具有病毒的所有特征，并能远程操控用户的计算机

C. 网络钓鱼是电子商务面临的一种常见安全威胁，常通过假冒网站、手机银行和运营商向用户发送诈骗信息

D. 应用程序和系统漏洞对用户使用的影响不大，因此可以暂不更新

（3）数字摘要主要采用（　　）方法来进行消息的验证，以证实消息来源的有效性，防止数据的伪造和篡改。

A. Hash　　B. DES　　C. PKI　　D. RSA

（4）数据加密后称为（　　）。

A. 密文　　B. 密钥　　C. 算法　　D. 明文

（5）用户身份认证可以采用下面哪种方法（　　）。

A. 年龄　　B. 姓名　　C. 信用卡　　D. 指纹

3. 多项选择题

（1）电子商务安全要满足以下哪些基本原则（　　）。

A. 机密性　　B. 完整性　　C. 认证性　　D. 不可否认性

（2）加密技术主要包含（　　）。

A. 对称加密技术　　B. 非对称加密技术

C. 数据保密技术　　D. 数字签名技术

（3）电子商务安全协议主要包括（　　）。

A. SSL　　B. SET　　C. HTML　　D. PKI

（4）进行用户身份认证时，可以通过（　　）生物特征进行验证。

A. 声音　　B. 指纹　　C. 虹膜　　D. 签名

（5）数字时间戳是一个权威的第三方，用于对交易日期和时间进行验证。它需要经过加密后形成凭证文档，主要包括（　　）。

A. 数字时间戳的标志机构

B. 需加时间戳的文件的摘要

C. 数字时间戳发送和接收文件的日期和时间

D. 数字时间戳的数字签名

4. 思考题

（1）电子商务面临的主要威胁有哪些？

（2）防火墙是怎么工作的？

（3）SSL、SET 和 PKI 分别是什么？有什么作用？

（4）用户进行日常电子商务活动时，应该如何采取措施来进行安全维护？

5. 技能实训题

（1）在网络中查询最新的互联网安全事件，并分析其产生的原因和解决措施。

（2）通过 360 安全卫士、金山毒霸等杀毒软件检测计算机，并修复系统漏洞。

（3）登录中国工商银行的官方网站，查看“安全专区”中的内容，了解最新的网上银行安全知识。

第 11 章　电子商务相关法律法规

【学习目标】

- 了解电子商务法的概念、立法原则和立法状况。
- 熟悉电子商务环境下的法律法规。
- 了解电子商务纠纷的法律解决途径。

引导案例

2014 年 4 月 8 日，某公司在其官方网站上发布的广告显示：10 400mAh 移动电源，特价 49 元。当日，王某在该网站上订购了以下两款移动电源：金属移动电源 10 400mAh 银色 69 元，移动电源 5 200mAh 银色 39 元。王某提交订单后，于当日通过支付宝向该公司付款 108 元。同月 12 日，王某收到上述两个移动电源及配套的数据线。同月 17 日，王某发现使用 5 200mAh 移动电源的原配数据线不能给手机充满电，故与公司的客服联系，要求调换数据线。公司同意调换并已收到该数据线。此后，王某以公司对其实施价格欺诈为由向北京市海淀区人民法院起诉，请求撤销网络购物合同，王某退还两套涉案移动电源，并请求公司：（1）赔偿王某 500 元；（2）退还王某购货价款 108 元；（3）支付王某快递费 15 元；（4）赔偿王某交通费、打印费和复印费 100 元。

一审法院认为，涉案网络购物合同有效，某公司的行为不构成欺诈，王某的诉讼请求证据不足，故判决驳回其诉讼请求。王某不服，向北京市第一中级人民法院提起上诉，称某公司提前一周打出原价 69 元电源卖 49 元的广告，欺骗消费者排队抢购，销售当天广告还在，但商品却卖 69 元，某公司为网购设定了定时抢购，抢购时间不到 20 分钟，其行为已构成价格欺诈。二审法院认为，涉案网购合同有效，消费者拥有公平交易权和商品知情权。由于某公司网络抢购此种销售方式的特殊性，该广告与商品的抢购界面直接链接且消费者需在短时间内做出购买的意思表示。王某由于认同某公司广告价格 49 元，故在当日做出抢购的意思表示，其真实意思表示的价格应为 49 元，但从网站订单详情可以看出，王某于 2014 年 4 月 8 日 14 时 30 分下单，订单中 10 400mAh 移动电源的价格却为 69 元而非 49 元。某公司现认可其商城活动界面显示错误，存在广告价格与实际结算价格不一致的情况，但其解释为计算机后台系统出现错误。由于某公司事后就其后台出现错误问题并未在网络上向消费者作出声明，且无证据证明当天其计算机后台出现故障，故二审法院认定某公司存在欺诈消费者的嫌疑，王某关于 10 400mAh 移动电源存在欺诈请求撤销合同的请求合理，对另一电源双方当事人均同意解除合同，二审法院准许。据此，该院依法判决王某退还某公司上述两个移动电源，某公司保底赔偿王某 500 元，退还王某货款 108 元，驳回王某其他诉讼请求。

电子商务作为一种全新的、发展迅猛的贸易方式，在给传统商业贸易带来了巨大冲击的同时，也给传统法律规范带来了重大挑战和研究课题。了解电子商务相关法律法规的立法情况和规则，能够帮助用户更好地保护自己的权益。

【本章要点】

电子商务立法状况　　消费者保护权益　　在线解决机制

11.1　电子商务法概述

电子商务的快速发展带来了许多新的法律问题，如网络支付、电子合同、网络知识产权和网络隐私权等，这就使得以往的法律法规不能完全适应网络环境，新的、适合于电子商务的法律法规需求迫在眉睫。下面将对电子商务法的基础知识进行介绍，包括电子商务法的概念和特征、电子商务法的立法原则和电子商务法的立法状况。

11.1.1　电子商务法的概念和特征

电子商务法是政府调整、企业和个人以数据电文为交易手段，通过信息网络所产生的，因交易形式所引起的各种商事交易关系，以及与这种商事交易关系密切相关的社会关系、政府管理关系的法律规范的总称。

电子商务法具有两个特征，一是以商家的行业惯例为规范标准；二是具有跨越国界、地域的全球化特征。除此之外，电子商务法作为一个全新领域的法律法规，与传统商业贸易法律法规相比，还具有以下特征。

（1）程式性。电子商务法主要用于解决电子交易的形式问题，而不直接涉及交易的具体内容。所谓电子交易的形式，就是指进行商务活动使所使用的具体的电子通信手段；交易的内容是用户所享有的一定的权利和义务。

（2）技术性。电子商务是在各种通信技术与网络技术的支持下发展起来的，这些技术本身就具有一定的规范性，如电子签名、网络协议标准等。这些技术规范本身也具有一定的约束性，电子商务的很多规范都是间接或直接地在这些技术规范的基础上演变而来的，因此说电子商务法具有一定的技术性。

（3）开放性。电子商务法是基于电子商务环境的开发的，其基本定义、基本制度和法律结构具有开放的特点。

11.1.2　电子商务法的立法原则

电子商务法的宗旨是为电子商务提供一套透明的、稳定的和有效的行为规则，以保证交易的安全，使参与电子商务活动的用户有一个公平、安全、和谐和稳定的法律环境，保护消费者权益、知识产权和个人隐私。基于这个目的，电子商务的立法应该满足以下 5 个基本原则。

1. 与国际电子商务规范接轨原则

电子商务具有跨地域性、超越国界的特点，因此不能局限于小范围，应尽量从大范围的角度来考虑。联合国贸易法委员会在这方面率先确立了《电子商务示范法》，制定了一些电子商务立法的基本统一原则。因此，中国的电子商务立法应该在此基础上，吸收其他国家的成熟立法经验，并结合中国的实际情况来进行考虑，以更好地融入全球电子商务环境。

2. 技术中立原则

任何法律法规都应该保持中立的原则，对于电子商务法来说，除了一般的中立原则外，还应该特别注意技术中立原则。所谓技术中立原则，就是指对有关电子商务的各种技术、软件和媒体等采取中立态度，从事电子商务者或提供信息服务的中介商可以根据实际需要、资金情况选择新的和国际社会接轨的技术，政府不排斥某项技术或优先推广某项技术，以建立开放的、全球性的电子商务运行环境。

3. 促进交易原则

促进交易原则可以从账册和法律规范两个角度来理解。从政策的角度看，电子商务需要法律法规的约束来创造一个良好的运行环境，但同时电子商务的快速发展带动了国家经济的快速成长，国家应该鼓励并支持电子商务，同时适当降低市场的准入门槛，并规范交易行为。从法律法规角度来看，应尽可能地为参与人留有全面表达和实现自己意愿的空间，这种态度可激发用户不断探索电子商务运行的经验和习惯，促进电子商务法律法规的形成。

4. 安全原则

不管是电子商务法还是其他的商法，都需要保障最基本的安全。特别是电子商务，在虚拟的网络环境中活动，参与活动的双方不谋面，以信息或数据进行通信，不能完全保证通信双方的真实性和履行能力，具有较大的风险。因此，电子商务法要具有能够保障交易安全的规范，如交易条款规范、网络广告监督和认证机构规范条款等。

5. 消费者权益保护原则

消费者是电子商务活动的主体，电子商务法必须在保障消费者利益的前提下立法，不能出现损害消费者利益、影响消费者信任的情况。电子商务法对消费者权益的保护除了适用传统的消费者保护法外，还应针对电子商务这个特殊的环境来制定特殊的规范，如消费者隐私权、广告欺诈等。而且，在建立和完善各项法律法规的同时，还应培养消费者的风险防范意识，提醒消费者理性购物，增强消费者自身的维权意识，帮助他们了解维权途径和方式。

11.1.3 电子商务的立法状况

为适应电子商务的发展，让电子商务有法可依，国家制定并颁布了《中华人民共和国电子商务法》(以下简称《电子商务法》)。

2013 年 12 月 7 日，全国人民代表大会常务委员会（以下简称“全国人大常委会”）在人民大会堂上召开了《电子商务法》第一次起草组的会议，正式启动了《电子商务法》的立法进程。

2013 年 12 月 27 日，全国人民代表大会财经委员会（以下简称“人大财经委”）在人民大会堂召开电子商务法起草组的第一次全体会议，正式启动电子商务法立法工作，划定中国电子商务立法的“时间表”。

2014 年 11 月 25 日，全国人民代表大会常务委员会（以下简称“全国人大常委会”）于全国人大会议中心召开电子商务法起草组第二次全体会议，进行专题调研和课题研究并完成研究报告，形成立法大纲，就电子商务重大问题和立法大纲进行研讨。起草组明确提出，《电子商务法》要以促进发展、规范秩序和维护权益为指导思想。

2015 年 1 月—2016 年 6 月开展并完成法律草案起草。

2016 年 3 月 10 日，两会期间表示，电子商务立法已列入十二届全国人大常委会五年立法规划，目前法律草案稿已经形成，将尽早提请审议。

2016 年 12 月 19 日，十二届全国人大常委会第二十五次会议初次审议了全国人大财经委提请的《中华人民共和国电子商务法（草案）》，这是中国第一部电商领域的综合性法律。

11.2 电子商务环境下的法律法规

虽然中国现在还没有明确的电子商务法，但按目前的立法进程来看，确立一部完善的电子商务法并不遥远。并且，国家对电子商务环境下的各项关键法律法规也有一定的规范。下面我们主要从合同法、电子支付、消费者权益保护和网络隐私保护 4 个方面进行介绍。

扫码看视频：

电子商务环境下的法律法规

11.2.1 电子商务中的合同法律法规

中国 1999 年 10 月实施的新的《中华人民共和国合同法》（以下简称“合同法”）第二条规定：“合同是平等主体的自然人、法人、其他组织之间设立、变更、终止民事权利义务关系的协议。”结合联合国国际贸易法委员会 1996 年 6 月 14 日通过的《电子商务示范法》第二条的规定：“数据电文系指经由电子手段、光学手段或类似手段生成、储存或传递的信息，这些手段包括但不限于电子数据交换（EDI）、电子邮件、电报、电传或传真。”电子合同可以定义为：电子合同是双方或多方当事人通过电子信息网络以电子的形式达成的设立、变更、终止财产性民事权利义务关系的协议。电子合同是以电子形式订立的合同，是在电子商务环境下为了实现某种目的，通过数据电文、电子邮件等形式签订的明确双方权利义务关系的一种电子协议。中国合同中关于电子合同的相关规定如下。

扫一扫：

中华人民共和国合同法

第十一条　书面形式是指合同书、信件和数据电文（包括电报、电传、传真、电子数据交换和电子邮件）等可以有形地表现所载内容的形式。

第十六条　要约到达受要约人时生效。

采用数据电文形式订立合同，收件人指定特定系统接收数据电文的，该数据电文进入该特定系统的时间，视为到达时间；未指定特定系统的，该数据电文进入收件人的任何系统的首次时间，视为到达时间。

第三十四条　承诺生效的地点为合同成立的地点。

采用数据电文形式订立合同的，收件人的主营业地为合同成立的地点；没有主营业地的，其经常居住地为合同成立的地点。当事人另有约定的，按照其约定。

这说明电子合同在中国法律上具有合法性，不管采用什么载体，只要合同可以有效地表现内容，即视为合法的“书面”要求。

合同法第三十二条　当事人采用合同形式订立合同，自双方当事人在合同书上签名或者加盖公章时合同成立。

因此，不管是传统纸质合同还是电子合同，都需要双方当事人签名才能成立。在电子合同中，要让当事人签字或盖章相当困难，因此主要是通过电子签名技术来实现。电子签名采用规范化的程序和科学化的方法，用符号和代码组成电子密码来进行“签名”，以认可数据电文的内容并鉴定签名人的身份。

为了规范电子签名行为，确立电子签名的法律效力，维护有关各方的合法权益，中国于 2005 年 4 月 1 日起开始实施《中华人民共和国电子签名法》（以下简称“电子签名法”）。该法赋予了电子签名与文本签名同等的法律效力，并明确了电子认证服务市场的准入制度。并且伴随电子商务的发展与新问题的出现，不断进行修订，如今最新的电子签名法是 2015 年 4 月 24 日第十二届全国人民代表大会常务委员会第十四次会议修正后的。

扫一扫：

中华人民共和国电子签名法

11.2.2　电子支付法律法规

电子支付是电子商务活动的核心，必须要有一定的法律依据来保障双方的权益。2015 年 12 月 28 日中国人民银行发布了《非银行支付机构网络支付业务管理办法》公告（以下简称“新规”），该公告规范非银行支付机构网络支付业务，防范支付风险，自 2016 年 7 月 1 日起正式施行。该公告一经发布，引起了很大的反响。有人指出，该新规会限制整个网络购物市场的发展。

扫一扫：

非银行支付机构网络支付业务管理办法

总体来说，新规在提高安全交易门槛，特别是大额度的消费方面做足了工夫。下面将主要针对这两条内容进行解读。

1. 提高安全交易门槛

在新规发布之前，用户进行网上支付，无论是通过支付宝，还是微信，或是其他的支付手段，只需要输入 6 位密码即可。也就是说，目前支付机构采取的是不足两种要素进行验证的交易。新规针对不同级别的交易金额，做出不同级别的安全措施，保障网上支付的安全性。其中，第二十四条就很好地对交易的不同金额级别做出了规定和限制。

第二十四条　支付机构应根据交易验证方式的安全级别，按照下列要求对个人客户使用支付账户余额付款的交易进行限额管理：

（一）支付机构采用包括数字证书或电子签名在内的两类（含）以上有效要素进行验证的交易，单日累计限额由支付机构与客户通过协议自主约定；

（二）支付机构采用不包括数字证书、电子签名在内的两类（含）以上有效要素进行验证的交易，单个客户所有支付账户单日累计金额应不超过 5 000 元（不包括支付账户向客户本人同名银行账户转账）；

（三）支付机构采用不足两类有效要素进行验证的交易，单个客户所有支付账户单日累计金额应不超过 1 000 元（不包括支付账户向客户本人同名银行账户转账），且支付机构应当承诺无条件全额承担此类交易的风险损失赔付责任。

这条新规的核心是提高安全交易的门槛。要求支付机构采取传统的一种要素的支付手段，单个客户所有支付账户单日累计金额应不超过 1 000 元，基本把采取单一支付手段的安全模式限制在小额支付范围之内。

如果采取的是密码加手机验证码的安全模式，支付账户单日累计金额上限就可以上升至 5 000 元。

根据第二十四条，以后稍微大额的支付，都必须通过包括数字证书或者电子签名在内的两类（含）以上要素进行验证。也就是说，如果通过手机进行支付，可能需要安装手机数字证书或者电子签名插件。现在一般支付机构多采用手机验证码的形式来完成此项操作。

2. 未限制支付额度

支付安全度提高了，支付变得麻烦了。虽然只有第二十四条提到了 5 000 元的额度，但仔细阅读其他条例后发现，其实新规并没有限制支付的额度。

第十一条　支付机构应根据客户身份对同一客户在本机构开立的所有支付账户进行关联管理，并按照下列要求对个人支付账户进行分类管理：

（一）对于以非面对面方式通过至少 1 个合法安全的外部渠道进行身份基本信息验证，且为首次在本机构开立支付账户的个人客户，支付机构可以为其开立Ⅰ类支付账户，账户余额仅可用于消费和转账，余额付款交易自账户开立起累计不超过 1 000 元（包括支付账户向客户本人同名银行账户转账）；

（二）对于支付机构自主或委托合作机构以面对面方式核实身份的个人客户，或以非面对面方式通过至少 3 个合法安全的外部渠道进行身份基本信息多重交叉验证的个人客户，支付机构可以为其开立Ⅱ类支付账户，账户余额仅可用于消费和转账，其所有支付账户的余额付款交易年累计不超过 10 万元（不包括支付账户向客户本人同名银行账户转账）；

（三）对于支付机构自主或委托合作机构以面对面方式核实身份的个人客户，或以非面对面方式通过至少 5 个合法安全的外部渠道进行身份基本信息多重交叉验证的个人客户，支付机构可以为其开立Ⅲ类支付账户，账户余额可以用于消费、转账以及购买投资理财等金融类产品，其所有支付账户的余额付款交易年累计不超过 20 万元（不包括支付账户向客户本人同名银行账户转账）。

这一条可直观地解读为：个人客户仅拥有消费类支付账户的，其所有支付账户的余额付款交易年累计应不超过 10 万元。超出限额的付款交易应通过客户的银行账户办理。用户的单日消费额度不限制。

那么年度累计是否依然受到限制呢？并非如此，限制的是支付账户的余额付款交易。“余额付款交易”的具体内容见第七条。

第七条　支付机构应当与客户签订服务协议，约定双方责任、权利和义务，至少明确业务规则（包括但不限于业务功能和流程、身份识别和交易验证方式、资金结算方式等），收费项目和标准，查询、差错争议及投诉等服务流程和规则，业务风险和非法活动防范及处置措施，客户损失责任划分和赔付规则等内容。

支付机构为客户开立支付账户的，还应在服务协议中以显著方式告知客户，并采取有效方式确认客户充分知晓并清晰理解下列内容："支付账户所记录的资金余额不同于客户本人的银行存款，不受《存款保险条例》保护，其实质为客户委托支付机构保管的、所有权归属于客户的预付价值。该预付价值对应的货币资金虽然属于客户，但不以客户本人名义存放在银行，而是以支付机构名义存放在银行，并且由支付机构向银行发起资金调拨指令。"

由该条规定可知，支付账户的余额是指客户向支付机构购买的预付价值。这部分钱是以支付机构的名义存在商业银行的，与客户以自身名义存在银行卡里的资金有显著区别。以支付宝为例，支付宝默认的付款方式分为 3 种：一是账户余额付款；二是余额宝付款；三是银行储蓄卡付款。第七条所限制的，仅为第一种付款方式，对从货币基金账户或者从银行账户付款的额度并没有限制。

11.2.3 电子商务中的消费者权益保护

消费者权益是指消费者依法享有的权利及该权利受到保护时而给消费者带来的应得利益。《中华人民共和国消费者权益保护法》（以下简称"消费者权益保护法"）就是为了维护社会经济秩序，保护消费者的合法权益而制定的一部法律，自 1994 年 1 月 1 日起正式实施，2013 年 10 月 25 日十二届全国人大常委会第 5 次会议对其进行了第 2 次修正，并于 2014 年 3 月 15 日起施行。电子商务环境下的消费者权益保护就是在此基础上确定的，主要体现在以下 4 个方面。

扫一扫：

中华人民共和国消费者权益保护法

1. 信息知情权

消费者权益保护法第八条规定：

第八条　消费者享有知悉其购买、使用的商品或者接受的服务的真实情况的权利。

消费者有权根据商品或者服务的不同情况，要求经营者提供商品的价格、产地、生产者、用途、性能、规格、等级、主要成分、生产日期、有效期限、检验合格证明、使用方法说明书、售后服务，或者服务的内容、规格和费用等有关情况。

通过该条规定，我们可以看出国家明确规定了消费者享有信息知情权。但与传统购物方式相比，电子商务环境下消费者购物不能触摸和看到商品实物，这就要求经营者必须要以更丰富的方式来展示商品，全方位展示商品的信息，让消费者能够直观地通过网页进行了解。同时，还需要像实体店一样配备相应的业务咨询人员，即客户服务人员，方便消费者咨询。其次，还要保证所提供信息的真实性，绝不能出现欺骗、虚构等情况。

消费者权益保护法第二十八条规定：

第二十八条　采用网络、电视、电话和邮购等方式提供商品或者服务的经营者，以及提供证券、保险和银行等金融服务的经营者，应当向消费者提供经营地址、联系方式、商品或者服务的数量和质量、价款或者费用、履行期限和方式、安全注意事项和风险警示、售后服务、民事责任等信息。

以上规定就从经营者应该履行的责任角度来说明了消费者的权益，是对消费者信息知情权的补充。

阅读材料

网购三无银质水杯

李先生在某网站花费 4 560 元购买了一款银质水杯，该水杯宣称具有验毒、杀菌、保健和净化等功效。但收到货后李先生发现水杯包装盒中只有一张“验证证书”，没有任何关于杯子的生产厂家、生产日期、生产材料和产品质量检验合格证等信息。因此，李先生以产品不合格、涉嫌虚假宣传为由对网店提起诉讼，要求退货并 3 倍赔偿。

2. 产品安全使用权

消费者权益保护法中关于消费者的产品安全使用权的规定如下。

第七条　消费者在购买、使用商品和接受服务时享有人身、财产安全不受损害的权利。

消费者有权要求经营者提供的商品和服务，符合保障人身、财产安全的要求。

第十三条　消费者享有获得有关消费和消费者权益保护方面的知识的权利。

消费者应当努力掌握所需商品或者服务的知识和使用技能，正确使用商品，提高自我保护意识。

第十九条　经营者发现其提供的商品或者服务存在缺陷，有危及人身、财产安全危险的，应当立即向有关行政部门报告和告知消费者，并采取停止销售、警示、召回、无害化处理、销毁、停止生产或者服务等措施。采取召回措施的，经营者应当承担消费者因商品被召回支出的必要费用。

以上规定从两个方面说明了消费者的产品安全使用权。一是消费者应当具有安全意识，充分了解商品的安全使用方法；二是消费者享有人身、财产安全不受损害的权利，经营者不能提供存在缺陷和安全问题的产品。

3. 退换货权

消费者权益保护法中关于退换货的规定如下。

第二十四条　经营者提供的商品或者服务不符合质量要求的，消费者可以依照国家规定、当事人约定退货，或者要求经营者履行更换、修理等义务。没有国家规定和当事人约定的，消费者可以自收到商品之日起七日内退货；七日后符合法定解除合同条件的，消费者可以及时退货，不符合法定解除合同条件的，可以要求经营者履行更换、修理等义务。

依照前款规定进行退货、更换、修理的，经营者应当承担运输等必要费用。

第二十五条　经营者采用网络、电视、电话和邮购等方式销售商品，消费者有权自收到商品之日起七日内退货，且无需说明理由，但下列商品除外：

（一）消费者定做的；

（二）鲜活易腐的；

（三）在线下载或者消费者拆封的音像制品、计算机软件等数字化商品；

（四）交付的报纸、期刊。

除前款所列商品外，其他根据商品性质并经消费者在购买时确认不宜退货的商品，不适用无理由退货。

消费者退货的商品应当完好。经营者应当自收到退回商品之日起七日内返还消费者支付的商品价款。退回商品的运费由消费者承担；经营者和消费者另有约定的，按照约定处理。

以上规定针对电子商务不能触摸实物、无法直观辨别真伪的特点，规定除部分特殊商品外，消费者享有“七日无理由退货”权利。同时，若商品出现质量问题，经营者应履行退货、维修和更换等责任。

4. 公平交易权

消费者权益保护法中关于公平交易的规定如下。

第十条　消费者享有公平交易的权利。

消费者在购买商品或者接受服务时，有权获得质量保障、价格合理和计量正确等公平交易条件，有权拒绝经营者的强制交易行为。

第十六条第三款

经营者向消费者提供商品或者服务，应当恪守社会公德，诚信经营，保障消费者的合法权益；不得设定不公平、不合理的交易条件，不得强制交易。

以上规定说明消费者依法享有公平交易权，要求经营者不能擅自欺骗消费者，如价格上涨、缺斤短两，或制定某些不公平的交易款项。

11.2.4　电子商务中的隐私保护法

隐私权是指公民享有的私人生活与私人信息依法受到保护，不被他人非法侵犯、知悉、收集、利用和公开的权利。隐私权是每个公民都享有的权利，在电子商务环境中进行商务活动的网民也不例外。网络隐私权从权利形态上划分，包括不被窥视、不被侵入、不被干扰、不被非法收集利用的权利；从权利内容上划分，包括个人特质、个人资料、个人行为、通信内容和匿名等隐私权。中国目前还没有关于隐私权的具体立法，但在《宪法》《刑法》和《消费者权益保护法》等都有涉及。

《宪法》第四十条　中华人民共和国公民的通信自由和通信秘密受法律的保护。除因国家安全或者追查刑事犯罪的需要，由公安机关或者检察机关依照法律规定的程序对通信进行检查外，任何组织或者个人不得以任何理由侵犯公民的通信自由和通信秘密。

《刑法》第二百五十三条之一　国家机关或者金融、电信、交通、教育和医疗等单位的工作人员，违反国家规定，将本单位在履行职责或者提供服务过程中获得的公民个人信息，出售或者非法提供给他人，情节严重的，处三年以下有期徒刑或者拘役，并处或者单处罚金。

《消费者权益保护法》第二十九条　经营者收集、使用消费者个人信息，应当遵循合法、正当、必要的原则，明示收集、使用信息的目的、方式和范围，并经消费者同意。经营者收集、使用消费者个人信息，应当公开其收集、使用规则，不得违反法律、法规的规定和双方的约定收集、使用信息。

经营者及其工作人员对收集的消费者个人信息必须严格保密，不得泄露、出售或者非法向他人提供。经营者应当采取技术措施和其他必要措施，确保信息安全，防止消费者个人信息泄露、丢失。在发生或者可能发生信息泄露、丢失的情况时，应当立即采取补救措施。

11.3 电子商务纠纷的法律解决

电子商务相关的法律法规为商务活动双方提供了基本保障，但发生网络纠纷时又该如何处理呢？下面我们将针对网络纠纷的一系列内容进行介绍。

11.3.1 网络纠纷的司法管辖

电子商务交易的双方一般隔着遥远的距离，不能像在实体店购物那样方便地找到对方，因此，一旦发生网络纠纷，首先需要考虑的就是司法管辖的问题。

1. 双方约定管辖法院

《民事诉讼法》第三十四条　合同或者其他财产权益纠纷的当事人可以书面协议选择被告住所地、合同履行地、合同签订地、原告住所地、标的物所在地等与争议有实际联系的地点的人民法院管辖，但不得违反本法对级别管辖和专属管辖的规定。

该法规定，买卖双方可以通过书面形式约定管辖法院。但这种情况一般不常见。

提个醒

若卖家作为被告，已在网页中告知“发生争议提交卖家所在地法院管辖”，且买方对此并未表示反对并以此为由提起管辖异议时，该异议并不成立。因为这种行为是卖方单方面的告知行为，并不属于双方的约定。

2. 被告住所地法院或者合同履行地管辖

《民事诉讼法》第二十三条　因合同纠纷提起的诉讼，由被告住所地或者合同履行地人民法院管辖。

遭遇网络纠纷的原告一般不会选择被告住所地管辖，而电子商务交易中的合同履行地并不方便确定。按照有关规定，应该按照以下方式确认。

（1）双方明确约定了交货地点的，由交货地点的人民法院管辖。需要注意，收货地址与交货地点并不相同。

（2）若无法查明双方是否有约定交货地点，则需根据交货方式来确定合同履行地。若卖方包邮，则采用“卖方送货方式”，以买方所指定的收货地址为合同履行地；若卖方不包邮，则被认定为“代办托运”，应以卖方发货时的地点为合同履行地。

11.3.2 网络诉讼的证据原则

不管是什么纠纷，处理时都应该以事实为依据、以法律为准绳，以最大限度地体现审理的客观、公正。用于网络诉讼的证据也可以叫作网络证据。网络证据有两种形式，一是对网络流数据的实时获取；二是对存储在网络中的信息进行收集。

在网络诉讼中，证据一般通过网络途径来提供，如QQ聊天记录、电子邮件等，这些证据的表现形式多种多样，可以是文字、图形、声音和视频等，但由于网络的更新速度，很可能使这些信息沉没或被用户手动清除。同时又由于网络的开放性，网络信息繁杂，网络证据的真实性需要认真考查。总的来说，网络证据要符合 3 个原则：真实性原则、合法性原则和关联性原则。

（1）真实性原则：由于网络信息容易被伪造或篡改，在审查前应该交由中立的有权威的网络证据检验机构进行鉴定，并将鉴定结果提交法院。

（2）合法性原则：网络证据的合法性包括两个方面的内容，一是网络证据必须是符合法律规定的证据种类；二是网络证据的收集、调查和保全必须符合诉讼法规定的程序，否则证据将不成立。

（3）关联性原则：关联性是指网络证据要与待证实事实之间具有一定的联系，这种联系可能较微弱，也可能很直接。进行证据审查时，要认真、客观地审查，保证证据是真实、有效的。

11.3.3 网络纠纷的在线解决机制

在线纠纷解决机制（Online Dispute Resolution）是诉讼和仲裁的辅助手段，是将可以被法律程序接受的，通过协议而非强制性的有约束力的裁定解决争议的方法运用到全球电子商务中，以解决大量出现的在线纠纷的一种机制。

在线纠纷解决机制的实施方法是：当事人通过网络设备将争议提交到网上仲裁，待相关机构作出裁决后，再从网上获得裁决结果。在线纠纷解决机制是对司法机制的一种完善，提供了更多的方式解决用户的各种纠纷，其模式主要有 3 种。

（1）不公开报价和请求的处理模式（Blind Demand/Offer Claim Settlement）。这是一种通过计算机程序自动化处理的模式。纠纷双方彼此并不公开，完全通过系统交涉，这个交涉过程一般限制在 60 天内，如果在此期限内没有解决，系统允许用户将案件移送到离线仲裁调解机构。

（2）在线 ADR 模式（Online Alternative Dispute Resolution）。这是一种运用现代网络技术，如 E-mail、网络会议、视频会议等方式来营造一个虚拟的调解或仲裁的场所来解决争议的方式。其纠纷解决过程一般在 10~14 天。

（3）计算机辅助交涉模式（Decision /Negotiation Support Systems）。这种模式将各方的争议加以分解，并通过专门的计算机程序进行处理，使各方都能达成最大满意的综合解决方案。目前 Smart Settle 网站采用的就是这种模式。

阅读材料

上海“双11”纠纷可直接上巡回法庭维权

除了在线解决机制，消费者还可直接到司法机构处提出诉讼。其次，针对某些特殊的情况，国家还提供了更多的解决方法。如针对“双 11”网络纠纷大量堆砌的情况，2015 年市消保委与市高院决定先期在徐汇、普陀、虹口、闵行、嘉定、松江、青浦 7 个区消保委设立“消费纠纷巡回审判点”。以后，只要在这些辖区内，消费纠纷经调解无法达成一致的，均可通过“巡回法庭”递交诉讼文书，申请司法裁判。

扫一扫：

原文链接

11.3.4 网络纠纷的法律适用

目前，网络纠纷中最常见的网络交易纠纷可以根据《网络交易管理办法》来进行相关裁决。《网络交易管理办法》是依据《合同法》《侵权责任法》《消费者权益保护法》《产品质量法》《反不正当竞争法》《商标法》《广告法》《食品安全法》和《电子签名法》等法律法规制定的，其目的是规范网络商品交易及有关服务行为，保护消费者和经营者的合法权益。

《网络交易管理办法》由中华人民共和国国家工商行政管理总局局务会审议通过，于 2014 年 3 月 15 日起施行。除此之外，其他较为常见的网络版权纠纷、网络名誉纠纷等则是依据已有的法律法规，如《中华人民共和国著作权法》《民法通则》和《中华人民共和国合同法》等，但随着越来越多网络纠纷与问题的出现，只靠这些已有的法律法规并不足以完全解决这些问题，因此，建立完整的、统一的电子商务法才能使网络纠纷有法可依、有据可查，使电子商务环境更加和谐、安全。

11.4 案例分析——网络交易纠纷分析

材料 1：团购电影票补差价

杨先生在某团购网站团购了某电影院的 2 张特价电影票，该电影票适用于观看电影院正在放映的所有电影。杨先生于当天去电影院观看，但电影院工作人员要求杨先生另补 30 元，原因是杨先生选择的影片是 3D 效果，比普通影片的观影效果好，设备要求更高，因此需要另外收取观影费用。杨先生以影院不在团购网站中说明，到店强制消费为由提起诉讼。

材料 2：网购假货

吴女士在某购物网站中购买了一条天然珍珠手链，售价 890 元。但当吴女士收到手链后发现与网页中宣传的图片不一致，珍珠颜色黯淡、质地粗糙。吴女士随即到一珠宝店进行检测，发现果然是假货。于是她立即打电话给卖家要求退货，并给予一定补偿。卖家答应会马上处理，但之后回复说网站上宣传的是仿制珍珠项链，且以包装不完整、已经使用等理由拒绝退货。王女士于是投诉到了工商部门。

根据材料 1、2 回答以下问题。

（1）杨先生的诉讼是否成立？为什么？

（2）吴女士的要求是否合理？为什么？

（3）杨先生和吴女士应该提供哪些证据进行诉讼？

实践训练

为了更好理解电子商务法律法规的相关知识，下面我们将通过一系列实践训练来练习。

【实训目标】

（1）了解电子商务法的基本概念和立法状况。

（2）了解电子商务环境下的各项法律法规，熟悉消费者应有的权益。

（3）了解网络纠纷的解决方法。

【实训内容】

（1）根据电子商务的特点分组讨论电子商务中容易出现的纠纷，考虑如何解决出现的这些纠纷。

（2）收集网络公司或网络商店制定的不合理条款，并说明不合理的地方。

（3）收集2017年的十大网络纠纷事件，并对这些事件进行分析。

【实训要求】

（1）要求每组讨论的电子商务纠纷至少在5个以上，并针对这些问题提出改进的方案。

（2）以表格形式列出不合理条款的网络公司或网络商店的名称、条款内容；合理的合同条款内容、出处，并进行说明。

（3）分析网络纠纷事件损害了消费者的哪些利益，并对应到具体的法律法规条例。

课后习题

1．名词解释

（1）合同　　（2）数据电文　　（3）电子合同

2．单项选择题

（1）为了制定电子商务立法的基本统一原则，联合国贸易法委员会率先确立了（　　）。

A.《电子商务标准示范法》　　B.《电子商务标准法》

C.《电子商务统一法》　　D.《电子商务示范法》

（2）下面哪一项不属于书面形式（　　）。

A. 电子邮件　　B. 口信　　C. 电报　　D. 信件

（3）与文本签名具有相同法律效力，但作用于电子商务法律的是（　　）。

A.《中华人民共和国电子签名法》

B.《中华人民共和国数据签名法》

C.《中华人民共和国签名法》

D.《中华人民共和国数据电文法》

（4）《非银行支付机构网络支付业务管理办法》提高了安全交易的门槛，该规定限制密码+手机验证码的安全模式，支付账户单日累计金额上限为（　　）元。

A. 3 000　　B. 5 000　　C. 8 000　　D. 10 000

（5）消费者权益保护法中规定，网络销售的商品消费者可以无理由（　　）日退货，但部分商品除外。

A. 7　　B. 10　　C. 15　　D. 25

3．多项选择题

（1）下面属于电子商务法的立法原则的是（　　）。

A．技术中立原则　　B．与国际规范接轨原则

C．安全原则　　D．消费者权益保护原则

（2）支付宝默认的付款方式包括（　　）。

A．账户余额付款　　B．余额宝付款

C．银行储蓄卡付款　　D．货到付款

（3）消费者权益保护法规定，消费者拥有（　　）等权利。

A．信息知情权　　B．退换货权

C．产品安全使用权　　D．公平交易权

（4）以下可作为网络诉讼证据的是（　　）。

A．电子邮件　　B．QQ 聊天记录

C．网页截图　　D．交易票据

（5）为了保证网络证据能正常用于诉讼，它们应符合（　　）等原则。

A．真实性　　B．合法性　　C．民主性　　D．关联性

4．思考题

（1）什么是电子合同？如何确定电子合同中数据电文的发送与接收时间和地点？

（2）2015 年 12 月 28 日颁布的新规中，对电子支付哪些方面的内容做了规定？

（3）消费者权益保护法中退换货的相关规定是怎样的？

5．技能实训题

（1）结合自身上网的经历，从电子商务法的角度来分析对你影响较大的一件事。

（2）在中国电子商务法律网中了解电子商务法的立法动态及相关案例。

参考文献

1. [美] 施奈德. 电子商务. 张俊梅，徐礼德，译. 北京：机械工业出版社，2014.
2. 叶琼伟，孙细明，罗裕梅. 互联网+电子商务创新与案例研究. 北京：化学工业出版社，2017.
3. 曹磊. 互联网+产业风口. 北京：机械工业出版社，2015.
4. 宋文官. 电子商务基础. 大连：东北财经大学出版社，2004.
5. [美] Gary P.Schneider. 电子商务. 北京：机械工业出版社，2011.
6. 董志良，丁超，陆刚. 电子商务概论. 北京：清华大学出版社，2014.
7. 于宝琴. 电子商务与快递物流服务. 北京：中国财富出版社，2015.
8. 李飒，刘春. 电子商务安全与支付. 北京：人民邮电出版社，2014.
9. 蔡剑，叶强，廖明玮. 电子商务案例分析. 北京：北京大学出版社，2011.
10. 帅青红. 电子支付与结算（第 2 版）. 长春：东北财经大学出版社，2015.
11. 王建. 电子商务导论——商务角度. 北京：对外经济贸易大学出版社，2002.
12. 张楚. 电子商务法（第 2 版）. 北京：中国人民大学出版社，2007.
13. 杨坚争. 电子商务基础与应用（第 5 版）. 西安：西安电子科技大学出版社，2006.
14. 陈孟建，李华. 电子商务网站运营与管理. 北京：中国人民大学出版社，2015.
15. 罗慧恒. 第三方支付——中国电子商务网站支付手段的新发展. 科技情报开发与经济，2007.
16. 冯英健. 网络营销基础与实践（第 2 版）. 北京：清华大学出版社，2004.
17. 冯英健. 网络营销基础与实践（第 4 版）. 北京：清华大学出版社，2013.
18. 白东蕊，岳云康. 电子商务概论（第 3 版）. 北京：人民邮电出版社，2016.
19. 洪涛. 高级电子商务教程. 北京：经济管理出版社，2009.
20. 吴吉义. 电子商务概论与案例分析. 北京：人民邮电出版社，2008.
21. 邓顺国. 电子商务运营管理. 北京：科学出版社，2011.
22. 仝新顺. 电子商务概论. 北京：人民邮电出版社，2015.
23. 王蕾，桂学文. 电子支付原理与应用. 武汉：华中科技大学出版社，2016.
24. 丁奕盛. 网络营销实战解析——电子商务时代的掘金策略. 北京：电子工业出版社，2015.
25. 汤兵勇，熊励. 中国跨境电子商务发展报告（2015—2016）. 北京：化学工业出版社，2017.
26. [美] 特班，等. 电子商务：管理与社交网络视角（原书第 7 版）. 时启亮，等，译. 北京：机械工业出版社，2014.
27. 屈冠银. 电子商务物流管理（第 3 版）. 北京：机械工业出版社，2012.
28. 刘红军. 电子商务技术（第 2 版）. 北京：机械工业出版社，2011.
29. 蒋元涛. 国际物流运营与电子商务管理. 北京：光明日报出版社，2013.
30. 王玮，梁新弘. 网络营销. 北京：中国人民大学出版社，2016.